奈良時代にこんな事が

石田則明

栄光出版社

「まえがき」に代えて

さよう、それは千三百年も昔のことになる。藤原京から平城京に都が遷されたのは。それは、それは大変な出来事じゃった。まあ、その事はおいおい話すことにしよう。ところで、二〇一〇年四月十三日（太陰暦では三月十日）は、記念すべき平城遷都千三百年の日なのじゃよ。

「あをによし　寧楽《なら》の京師《みやこ》は　咲く花の薫《にほ》ふがごとく　いま盛りなり」

この歌は、『万葉集』の中でも最も有名な歌の一つで、七三〇年頃に太宰府の次官・小野朝臣老《あそんおゆ》が詠ったものじゃ。奈良の都の繁栄ぶりが目に浮かぶようじゃろう。しかし、華やかに見える時代でも暗い影はあるものじゃて。遷都千三百年を期に奈良時代とはどんな時代であったかを思い出してみるのも大切なのではないかの。ワシの記憶をもとに、奈良時代についてお話ししようと思ったのじゃ。人間の営みなどというものは、千三百年たっても大して変わるものではない。現代の皆さんが参考にすべき点もいっぱい有るはずじゃ。ワシの話が少しでもお役に立てばと考えておる。

なに、お前はダレジャと言わっしゃるか。ワシはの、ワシは「一言主大神《ひとことぬしのおおかみ》」じゃよ。なに！「そんなの知らん」と。何と情けない話じゃ。最近は、『古事記』も『日本書紀』も読まぬから、自分の国の神様や神話さえ知らぬようになってしまった。神話はその国の文化じゃ。よく勉強しておかぬと、真の国際人にはなれぬぞ。ワシは、『古事記』にも『日本書紀』にも登場する神様なのじゃ。雄略天皇とは共に狩りをした仲じゃよ。以来、朝廷からも大切にされてきておる。吉事も凶事も一言で実現する神として敬われてきたのじゃ。今も奈良県南部の葛城山の麓にある葛城一言主大神神社に住まいしておる。地域の人たちは、ワシを「イチゴンさん」と言って敬ってくれておる。ワシは神様じゃから寿命などないでのう、神社の社殿から、また時として葛城山の頂上から移りゆく世の中を眺めてきたわけじゃよ。

まあ、それはそれとして奈良時代に話を戻そう。奈良時代の出来事を時の流れにしたがって順に話す中から、奈良時代というものを感じてもらおうと思っておる。しかし、ワシもすべての出来事を熟知しておるわけではないし、また最近物忘れが出始めたので、全てを正確に思い出すのは、いささか自信がない。よって、この時代を記録した正史『続日本紀』を手元に置いて話すことにする。『続日本紀《しょくにほんぎ》』は知っておるじゃろう。桓武天皇の命によって菅野真道《すがのまみち》らが最終編者となって七九二年に完成させた我が国二番目の正史じゃ。朝廷に残されていたいろいろな記録をもとに作成されたので、『日本書紀』に比べてより信頼性の高い史書なのじゃ。もちろん編集の段階で削除されたり、採録されなかった事実もたくさんある。しかし、細部はべつじゃが奈良という時代を捉えることは十分出来るのじゃ。ここに記録されていなくても他の書物などから分かる事実もある。これらを組み合わせて分かり易く話してみようと思うのじゃ。『続日本紀』には、六九七年から七九一年までの九五年間の出来事が記述されておる。奈良に都があったのは七一〇年から七八四年までじゃから、それより少し長い期間が記録されておるわけじゃ。奈良時代を知る上では、大変貴重は書物なのじゃよ。この本に合わせてワシの話も、文武天皇の即位から始まり、桓武天皇の御代までとしよう。

というわけでこれから語り始めるわけじゃが、年代の前後関係や年月の経過を分かり易くするため、年表示は西暦を併記する。しかし、月日の表示は、『続日本紀』の表示にしたがって、当時使われていた太陰暦による。このため、いまのユリウス暦とは一月ほどずれていることを覚えておいてほしいのじゃ。

奈良時代にこんな事が

目次

第一章　文武天皇の御代（六九七～七〇七年）……1

1　文武天皇即位（文武元年(六九七)八月）
2　藤原宮子の入内《じゅだい》（文武元年(六九七)八月）
3　天皇の徳の顕れ（文武元年(六九七)九月）
4　新羅から朝貢使来朝（文武元年(六九七)十月）
5　虚礼廃止（文武元年(六九七)十二月）
6　南西諸島も支配下に（文武二年(六九八)四月）
7　祈雨のため神馬奉献（文武二年(六九八)六月）
8　賭博の禁止（文武二年(六九八)七月）
9　高安城《たかやすのき》の修理（文武二年(六九八)八月）
10　薬師寺完成（文武二年(六九八)十月）
11　少子化対策の好例（文武三年(六九九)正月）
12　地方行政を監察（文武三年(六九九)三月）
13　役行者流罪（文武三年(六九九)五月）
14　武器・軍馬を備蓄せよ（文武三年(六九九)九月）
15　天智天皇陵の造営（文武三年(六九九)十月）
16　火葬の始まり（文武四年(七〇〇)三月）
17　官営牧の全国展開（文武四年(七〇〇)三月）
18　人材の有効活用（文武四年(七〇〇)八月）
19　遣唐使任命（大宝元年(七〇一)正月）
20　初めて孔子を祀る（大宝元年(七〇一)二月）
21　元号の常用開始（大宝元年(七〇一)三月）
22　端午の節句の行事（大宝元年(七〇一)五月）
23　大宝律令の完成（大宝元年(七〇一)八月）
24　京の警備強化（大宝元年(七〇一)八月）
25　度量を全国統一（大宝二年(七〇二)三月）
26　「参議」誕生（大宝二年(七〇二)九月）
27　戸籍の原典を定める（大宝三年(七〇三)七月）
28　兵士の武芸訓練（慶雲元年(七〇四)六月）
29　日本は礼の国（慶雲元年(七〇四)七月）
30　中納言の設置（慶雲二年(七〇五)四月）

31 八虐《はちぎゃく》とは（慶雲二年(七〇五)八月）
32 礼儀を正せ（慶雲三年(七〇六)三月）
33 追儺《ついな》の始まり（慶雲三年(七〇六)十二月）
34 白村江敗戦の影響（慶雲四年(七〇七)五月）

第二章　元明天皇の御代（七〇七〜七一五年）…57

1 元明天皇即位（慶雲四年(七〇七)七月）
2 武蔵国が銅を献上（和銅元年(七〇八)正月）
3 和同開珎の鋳造（和銅元年(七〇八)五月）
4 古墳墓を保護せよ（和銅二年(七〇九)十月）
5 山守による森林保護（和銅三年(七一〇)二月）
6 平城京に遷都（和銅三年(七一〇)三月）
7 交通の要・駅《うまや》の整備（和銅四年(七一一)正月）
8 高級織物技術を全国へ（和銅四年(七一一)六月）
9 衛士は強健であれ（和銅四年(七一一)九月）
10 逃亡する役民（和銅四年(七一一)九月）
11 蓄銭叙位令（和銅四年(七一一)十月）
12 烽火台の整備（和銅五年(七一二)正月）
13 悪徳地方官を重罪に（和銅五年(七一二)五月）
14 高安城《たかやすのき》への行幸（和銅五年(七一二)八月）
15 貨幣の利用促進（和銅五年(七一二)十月）
16 風土記編纂命令（和銅六年(七一三)五月）
17 乳牛の飼育（和銅六年(七一三)五月）
18 銅鐸の発見（和銅六年(七一三)七月）
19 人間国宝の先駆け（和銅六年(七一三)十一月）
20 旅する商人（和銅七年(七一四)二月）
21 未熟な鋳銭技術（和銅七年(七一四)九月）
22 浮浪人民への課役（霊亀元年(七一五)五月）
23 国家を食いつぶす害虫（霊亀元年(七一五)五月）
24 兵器の整備（霊亀元年(七一五)五月）

25 東海地震発生（霊亀元年(七一五)五月）

第三章　元正天皇の御代（七一五〜七二四年）…97

1 元正天皇即位（霊亀元年(七一五)九月）
2 陸田での雑穀栽培（霊亀元年(七一五)十月）
3 寺田の私有化禁止（霊亀二年(七一六)五月）
4 僧尼令《そうにりょう》を守れ（養老元年(七一七)四月）
5 養老と改元（養老元年(七一七)十一月）
6 一般人が神に（養老二年(七一八)四月）
7 着物は右前に（養老三年(七一九)二月）
8 地方官司の評価（養老三年(七一九)七月）
9 僧尼の身分証明書（養老四年(七二〇)正月）
10 『日本書紀』誕生（養老四年(七二〇)五月）
11 父を赦して（養老四年(七二〇)六月）
12 巨星墜つ（養老四年(七二〇)八月）
13 文化功労者の先駆け（養老五年(七二一)正月）
14 動物愛護の詔（養老五年(七二一)七月）
15 元明太上天皇の遺言（養老五年(七二一)十月）
16 物価の騰貴（養老六年(七二二)二月）
17 学問は身を助ける（養老六年(七二二)四月）
18 不法布教を禁断（養老六年(七二二)七月）
19 女医博士の設置（養老六年(七二二)十一月）
20 三世一身法（養老七年(七二三)四月）
21 太安麻呂の墓誌（養老七年(七二三)七月）
22 自由な着こなし（養老七年(七二三)八月）

第四章　聖武天皇の御代（七二四～七四九年）…133

1　聖武天皇即位（神亀元年(七二四)二月）
2　王権と法律の軽重（神亀元年(七二四)三月）
3　蝦夷の反乱（神亀元年(七二四)三月）
4　端午節会と馬（神亀元年(七二四)五月）
5　家屋を瓦葺きに（神亀元年(七二四)十一月）
6　社寺の境内を清潔に（神亀二年(七二五)七月）
7　柑子《こうじ》栽培で貴族に（神亀二年(七二五)十一月）
8　官人の勤務評定（神亀四年(七二七)二月）
9　渤海からの朝貢（神亀四年(七二七)九月）
10　皇子誕生の喜び（神亀四年(七二七)閏九月）
11　タレントの争奪（神亀五年(七二八)四月）
12　謀略で長屋王自殺（天平元年(七二九)二月）
13　厭魅呪詛《えんみじゅそ》の厳禁（天平元年(七二九)四月）
14　「天平」と改元（天平元年(七二九)八月）
15　光明皇后誕生（天平元年(七二九)八月）
16　福引き（天平二年(七三〇)正月）
17　特別給費生の創設（天平二年(七三〇)三月）
18　施薬院の設置（天平二年(七三〇)四月）
19　雅楽の体制確立（天平三年(七三一)七月）
20　治安維持体制を強化（天平三年(七三一)十一月）
21　国防体制の強化（天平四年(七三二)八月）
22　天覧の歌垣（天平六年(七三四)二月）
23　得度推挙の条件（天平六年(七三四)十一月）
24　新羅使節を追い返す（天平七年(七三五)二月）
25　祈りこそが疫病対策（天平七年(七三五)八月）
26　蝦夷対策に道路建設（天平九年(七三七)正月）
27　疫病大流行（天平九年(七三七)四月）
28　内親王が皇太子に！（天平十年(七三八)正月）
29　不倫で流罪（天平十一年(七三九)三月）
30　遣唐使苦難の帰国（天平十一年(七三九)十一月）

31 大宰府で広嗣謀叛（天平十二年(七四〇)九月）
32 行幸と恭仁京遷都（天平十二年(七四〇)十月）
33 牛馬の屠殺禁止（天平十三年(七四一)二月）
34 国分寺の建立（天平十三年(七四一)三月）
35 税収確保の大英断（天平十五年(七四三)五月）
36 大仏造営を発願（天平十五年(七四三)十月）
37 皇都の地を問う（天平十六年(七四四)閏正月）
38 建築技術を持つ僧侶（天平十六年(七四四)十月）
39 万歳で歓迎（天平十七年(七四五)五月）
40 平城京の大掃除（天平十七年(七四五)五月）
41 大宰府の再興（天平十七年(七四五)六月）
42 寺院の買地厳禁（天平十八年(七四六)三月）
43 僧・玄昉《げんぼう》の死（天平十八年(七四六)六月）
44 行基《ぎょうき》和尚の遷化（天平勝宝元年(七四九)二月）
45 匿名の投書（天平勝宝元年(七四九)二月）
46 海ゆかば（天平勝宝元年(七四九)四月）

第五章　孝謙天皇の御代（七四九〜七五八年）……207

1 孝謙天皇即位（天平勝宝元年(七四九)七月）
2 八幡大神に品位《ほんい》（天平勝宝元年(七四九)十二月）
3 新羅使への詔（天平勝宝四年(七五二)六月）
4 俗信の禁断（天平勝宝四年(七五二)八月）
5 席次変更を要求（天平勝宝六年(七五四)正月）
6 厭魅で流罪（天平勝宝六年(七五四)十一月）
7 不運な皇太子（天平勝宝八年(七五六)五月）
8 不敬事件で禁固（天平勝宝八年(七五六)五月）
9 外寇に備え築城（天平勝宝八年(七五六)六月）
10 大炊《おおい》王の立太子（天平宝字元年(七五七)四月）
11 戒厳令布告（天平宝字元年(七五七)六月）
12 橘奈良麻呂の変（天平宝字元年(七五七)七月）

13 民の苦を救済（天平宝字二年〈七五八〉正月）
14 飲酒・集会禁止（天平宝字二年〈七五八〉二月）
15 船が貴族に（天平宝字二年〈七五八〉三月）

第六章　淳仁天皇の御代（七五八〜七六四年）…… 231

1 淳仁天皇即位（天平宝字二年〈七五八〉八月）
2 般若経を念誦せよ（天平宝字二年〈七五八〉八月）
3 来寇準備命令（天平宝字二年〈七五八〉十二月）
4 真正面からの直言（天平宝字三年〈七五九〉五月）
5 公文書偽造（天平宝字三年〈七五九〉七月）
6 新羅人の送還（天平宝字三年〈七五九〉九月）
7 税金逃れ（天平宝字三年〈七五九〉十二月）
8 新銭鋳造（天平宝字四年〈七六〇〉三月）
9 光明皇太后崩御（天平宝字四年〈七六〇〉六月）
10 吉備真備と兵法（天平宝字四年〈七六〇〉十一月）
11 皇族が猟奇殺人（天平宝字五年〈七六一〉三月）
12 孝謙上皇の復権（天平宝字六年〈七六二〉五月）
13 物乞い百人陸奥へ（天平宝字六年〈七六二〉十二月）
14 飢饉への備え（天平宝字七年〈七六三〉三月）
15 鑑真の功績（天平宝字七年〈七六三〉五月）
16 暦の変更（天平宝字七年〈七六三〉八月）
17 貧者の救済（天平宝字八年〈七六四〉三月）
18 藤原仲麻呂の乱（天平宝字八年〈七六四〉九月）
19 淳仁天皇　淡路に流罪（天平宝字八年〈七六四〉十月）

第七章　称徳天皇の御代（七六四〜七七〇年）…263

1　皇太子とは（天平宝字八年(七六四)十月）
2　騎女を貢進せよ（天平宝字八年(七六四)十月）
3　大飢饉（天平神護元年(七六五)三月）
4　和気王《わけのおおきみ》の謀叛（天平神護元年(七六五)八月）
5　皇族詐称事件（天平神護二年(七六五)四月）
6　民の不満を聴く（天平神護二年(七六五)五月）
7　仏舎利出現（天平神護二年(七六五)十月）
8　続く贋金造り（天平神護二年(七六五)十二月）
9　節婦《せちふ》を表彰（神護景雲二年(七六八)二月）
10　不適切な名前（神護景雲二年(七六八)五月）
11　内親王を追放（神護景雲三年(七六九)五月）
12　「道鏡事件」（神護景雲三年(七六九)九月）
13　大宰府に史書を（神護景雲三年(七六九)十月）
14　百万塔完成（宝亀元年(七七〇)四月）
15　称徳天皇崩御（宝亀元年(七七〇)八月）
16　道鏡左遷（宝亀元年(七七〇)八月）

第八章　光仁天皇の御代（七七〇〜七八一年）…289

1　光仁天皇即位（宝亀元年(七七〇)十月）
2　山林修行の再開を許可（宝亀元年(七七〇)十月）
3　辺遠地域の任期（宝亀二年(七七一)十二月）
4　皇后が天皇を呪詛（宝亀三年(七七二)三月）
5　優れた禅師を終身保証（宝亀三年(七七二)三月）
6　新旧両銭を等価で流通（宝亀三年(七七二)八月）

7 淳仁帝を改葬（宝亀三年(七七二)八月）
8 災害による被害調査（宝亀三年(七七二)九月）
9 王《おおきみ》が内親王《ひめみこ》を姦す（宝亀三年(七七二)十月）
10 活断層動く（宝亀三年(七七二)十月）
11 山部親王立太子（宝亀四年(七七三)正月）
12 穀価騰貴と飢饉対策（宝亀四年(七七三)三月）
13 社《やしろ》の建て替え（宝亀四年(七七三)九月）
14 員外国司の削減（宝亀五年(七七四)三月
15 蝦夷征討の勅（宝亀五年(七七四)七月）
16 大仏師の卒伝（宝亀五年(七七四)十月）
17 陸奥国にも漏刻を（宝亀五年(七七四)十一月）
18 天長節を定める（宝亀六年(七七五)九月）
19 神社を清潔に保て（宝亀七年(七七六)四月）
20 女官の官位と俸給（宝亀八年(七七七)九月）
21 井上内親王を改葬（宝亀八年(七七七)十二月）
22 唐からの使者（宝亀十年（七七九） 五月）
23 怠慢な国郡司は処分（宝亀十年(七七九)八月）
24 僧尼の実態確認（宝亀十年(七七九)八月）
25 利息は法定を厳守せよ（宝亀十年(七七九)九月）
26 天皇の提案を否定（宝亀十年(七七九)十一月）
27 官稲の不正使用禁止（宝亀十年(七七九)十一月）
28 僧侶は襟を正せ（宝亀十一年(七八〇)正月）
29 小さな政府を（宝亀十一年(七八〇)三月）
30 脆弱な兵士を帰農（宝亀十一年(七八〇)三月）
31 伊治呰麻呂《これはりのあざまろ》の反乱（宝亀十一年(七八〇)三月）
32 外敵に備えよ（宝亀十一年(七八〇)七月）

第九章　桓武天皇の御代（七八一〜七九一年）……339

1 桓武天皇即位（天応元年(七八一)四月）
2 員外官の解任（天応元年(七八一)六月）

3 富士山の噴火（天応元年(七八一)七月）
4 「氷上川継事件」（延暦元年(七八二)閏正月）
5 官制改革の実施（延暦元年(七八二)四月）
6 左大臣罷免（延暦元年(七八二)六月）
7 命婦らの服色の乱れ（延暦二年(七八三)正月）
8 平城京の治安悪化（延暦三年(七八四)十月）
9 国司らの私営田禁止（延暦三年(七八四)十一月）
10 長岡京遷都（延暦三年(七八四)十一月）
11 造営人夫を雇用（延暦四年(七八五)七月）
12 不法行為は共同責任（延暦四年(七八五)七月）
13 武人・大伴家持の死（延暦四年(七八五)八月）
14 藤原種継の暗殺（延暦四年(七八五)九月）
15 考課基準の策定（延暦五年(七八六)四月）
16 高年齢者に穀《もみ》を支給（延暦六年(七八七)三月）
17 和気清麻呂の治水工事（延暦七年(七八八)三月）
18 天皇の祈雨で雨降る（延暦七年(七八八)四月）
19 良賤間の子の身分（延暦八年(七八九)五月）
20 三関の廃止（延暦八年(七八九)七月）
21 敗軍の将を処分（延暦八年(七八九)九月）
22 姓の変更を申請（延暦九年(七九〇)十一月）
23 班田収受の乱れを訂正（延暦十年(七九一)五月）

あとがき …… 375

（参考）・『続日本紀』主要年表 …… 379
・皇室系図 …… 382

第一章　文武天皇の御代（六九七〜七〇七年）

1　文武天皇の即位（文武元年（六九七）八月）

文武天皇が即位されたのは、文武元年（六九七）八月一日のことじゃった。御年十五歳で、祖母に当たる持統天皇から皇位を譲られたわけじゃ。幼名は軽皇子《かるのみこ》で、天武天皇の孫で、草壁皇子の第二子じゃ。母は、天智天皇の第四皇女・阿閇皇女《あへのひめみこ》で、後の元明天皇じゃよ。血筋の良さがよく分かるじゃろう。

文武天皇は、生まれつき心が広く、書物を愛し弓を射ることに秀でておられたそうじゃ。残念ながら病弱だったようで、即位から十年・二十五歳の若さで崩御されてしまわれた。そもそも天武天皇の後を継ぐはずだった草壁皇子が二十八歳で亡くなっておることから、父親に似たのかもしれんの。

天武天皇の後を継いだ持統天皇は、大海人皇子《おおあまのみこ》（後の天武天皇）の正妃として吉野落ちに従い、壬申の乱を経て、以後皇后として天皇を支えてきたのじゃ。天皇亡き後は、我が子そして我が孫を皇位につかせるべく、意を尽くし文武天皇即位の五年後に崩御されておる。血統の継承に執着しておられたと言えるじゃろう。

文武天皇の御代には、元号制度が確立し、大宝律令が制定され法治国家としての体裁が整えられたのじゃ。また、度量を統一し経済活動の活性化を図ると共に戸籍を整備するなど律令制度の基礎を作ったと言えるじゃろう。さらには、遣唐使の派遣など外交活動を活発化し海外文化の導入も進めた。わずか十年という短い治世であったが、あらゆることに清新の気を感じさせる時代であったと言えそうじゃ。

2 藤原宮子の入内《じゅだい》（文武元年（六九七）八月）

文武天皇の即位とともに、八月二十日に藤原宮子が文武天皇の夫人《ぶにん》となった。夫人とは、天皇の配偶者の身分の一つで、天皇の臣下の娘で三位以上を授けられた者を言うのじゃ。宮子は、藤原不比等《ふひと》の娘で、大宝元年（七〇一）に首皇子《おびとのみこ》（後の聖武天皇）を産んでおる。したがって、不比等は首皇子の外祖父になるわけじゃ。さらに不比等は、娘の光明子を首皇子の妃に入れ義父になっておる。また、天武天皇には二人の妹を夫人として入れており、天武天皇とは義理の兄弟になるわけじゃ。このように、藤原家は、天皇家との深い繋がりを作ってきたのじゃ。

藤原不比等は、大化の改新の功臣・中臣鎌足の次男で、母は額田王《ぬかたのおおきみ》の姉と言われておる。不比等は、学問、才幹、政略ともに優れた奈良時代最大の政治家と言えるじゃろう。我が国最初の法律である大宝律令の完成に大きな寄与をはたしておる。不比等には、武智麻呂、房前《ふささき》、宇合《うまかい》、麻呂という四人の息子がおった。それぞれ居住地や官職によって、南家、北家、式家、京家と呼ばれておった。この四人はそろって、天平九年（七三七）の天然痘の大流行によって病没し、後で話をする長屋王の祟りによると噂されたものじゃ。その子や孫がその後の政治に大きく関わり、藤原氏が政治の中心に居続けることになる。

このように、宮子の入内は、聖武天皇の誕生につながり、不比等に大きな権力を与え、藤原氏全盛の礎を与えたものと言えるじゃろう。宮子の入内が、その後の日本の歴史に大きく影響したわけじゃ。

3　天皇の徳の顕れ（文武元年（六九七）九月）

九月三日に、京に目出度い稲が生え、近江国から白いスッポンそして丹波国から白い鹿が献上された。これらはいずれも祥瑞《しょうずい》で、目出度いしるしのことじゃ。祥瑞は、古代中国では天子が徳による政治を行うと天がこれに感応し祥瑞を降すとされておる。逆に天子の徳が薄いと天変地異や疫病が蔓延すると言われておった。この場合は、文武天皇の即位を祝って各地から祥瑞が献上されたのじゃろう。

祥瑞については、養老律令の儀制令8に規定があり、祥瑞を大瑞、上瑞、中瑞、下瑞に分類し、大瑞は献上されたら直ちに奏上せよとなっておる。上瑞以下は翌年の正月に纏めて奏上することになっておった。ここでは九月に奏上されておるが、当時運用されていた浄御原令《きよみはらりょう》ではまだこの規定がなかったからじゃ。祥瑞の種類と等級は治部省式に規定されておる。このように祥瑞の発見は、政治上の重要な出来事とみなされておったわけじゃ。今で言う、「四つ葉のクローバー」などというような情けないものではないぞ。何しろ、祥瑞の献上によって元号が変わったり、大赦が行われたりしたのじゃから。

では、どのようなものが祥瑞として珍重されておったか。そのいくつかをみて見るとしよう。

・大宝二年（七〇二）四月八日飛騨国が神馬（瑞相を備えた馬）を献上
…天下に大赦（盗人を除く）、人民に三年間賦役を免除

・慶雲元年（七〇四）五月十日備前国が神馬を献上、宮中の西楼に慶雲
…全国に大赦、高齢者と老齢の病人に贈物、元号を「慶雲」と改元
・霊亀元年（七一五）九月二日左京職が亀を貢進
…赦免、高齢者・病人などに贈物、「和銅」を「霊亀」と改元

など、多くの例がある。天皇が如何に祥瑞を喜び、その喜びを人民に頒ちていたかが分かるじゃろう。この他、祥瑞としては、白鳩、白燕、白狐、黒狐、醴泉《れいせん》、赤烏、白亀、白鼠、などがある。

まあ縁起担ぎと言ってしまえばそれきりのことじゃが、祥瑞は奈良時代の人々にとって重要な事だったことがお分かり頂けたかな。

4　新羅から朝貢使来朝（文武元年（六九七）十月）

十月二十八日に、新羅《しらぎ》からの朝貢使が来朝したとの報告が届いたので、翌十一月十一日に、朝廷は、迎えの使者を筑紫まで派遣しておる。文武二年（六九八）元旦には、天皇が大極殿で新羅からの朝貢使の拝賀を受けられた。朝貢使が持参した貢ぎ物は、諸社や天武天皇陵に奉納されたのじゃ。外国からの珍しい品物を奉納するとは、神や祖先を大切にす

る気持ちがよく表れておるじゃろう。現代の人間も、少しは見習って欲しいものじゃて。

新羅は、唐の武力を借りて天智二年（六六三）に白村江《はくすきのえ》の戦いで日本を破ったのじゃが、その後、唐との対抗上日本との親交を強く求めていたため、天智七年（六六八）九月から日本の要求を受け入れて朝貢するようになっていたのじゃ。天武・持統朝の時代は特に頻繁な交流があり、文武朝にも及んでいたわけじゃ。こののち、新羅の国力が充実し、また渤海が興隆して日本に朝貢するようになると、新羅は日本に反発するようになっていくのじゃ。文武朝初期のこの時期は、まだ両国の関係は良好だったと言えよう。唐との直接交渉が途絶えていた時期でもあり、新羅との交流は、大陸文化の吸収に貴重な役割を果たしていたわけじゃ。


このように朝鮮半島との親交は、単なる朝貢にとどまらず、むしろ最新文化の流入のために重要じゃった。また、遣唐使が再開されるようになると、朝鮮半島は唐との航路の中継地としても利用されていくわけじゃ。

近隣諸国と良好な関係を保つことは、お互いの利益になるのに、最近の状況は嘆かわしいなどというものではないの。

5　虚礼廃止（文武元年（六九七）十二月）

十二月二十八日に、正月の拝賀の礼に関し、祖父（父）・兄・氏上《うじのかみ》以外の者に対しての拝賀を禁止する旨の規制が発せられたのじゃ。もちろん違反したら処罰されることになる。正月を間近にひかえ、このような禁止令が出たということは、広く行われていた拝賀の礼を禁止し、ごく限られた人への拝賀に制限したいという強い意志が感じられるじゃろう。ところで、氏上とは、氏神を祀り、氏寺を管理する氏人の代表者と考えればよろしい。したがって、正月の拝賀の対象になるのは当然じゃろう。

同様の禁止令は、天武朝の六七九年一月にも出されておる。と言うことは二十年近く経って、以前の禁止令が守られなくなったことを意味し、再び強い規制をかけたかったからじゃ。拝賀の礼と言えば格好はよいが、その実、拝賀の礼にこと寄せて金品の授受が行われていたわけじゃよ。それが、目に余るものになっていた証じゃ。この時代、位階・官職の違いは、大きな貧富の差になっていた。下級官吏の生活は決して楽ではなかったが、官職に就くこと自体狭き門であったことは確かじゃ。このため、各階級で激しい猟官運動が行われていたわけじゃ。この禁止令は、虚礼廃止を断行することによって、贈収賄を絶とうとしておるのじゃ。

ワシが見る限りでは、賄賂は人間が社会生活を始めるとともに行われておった。いわば長い歴史があるのじゃ。しかし、人間の知性が発達し、教養が深まり、自我が抑圧できるようになると次第に賄賂は、悪として抑制されてきた。社会生活における賄賂の多寡は、その社会の民度を表しておる。千三百年も前に、民度の向上を図ろうとする治世は立派なものじゃろう。

賄賂の根絶は難しい。しかし国家が健全な発展を遂げるためには、根絶に向けた不断の努力が不可欠なのじゃ。いまだに賄賂がもとで暴動が起きている国さえある。個々人が、「自分さえ良ければ」という考えを払拭する必要があるのではないかの。

6　南西諸島も支配下に（文武二年(六九八)四月）

四月十三日に、文忌寸《いみき》博士ら八人に武器を持たせて南西諸島に遣わした。国覓《くにま》ぎを行わせるためじゃ。国覓ぎとは、良い国土を求め歩くこと。すなわち、武力によって朝廷の支配範囲を南西諸島まで拡大するための措置なのじゃよ。

屋久島の人は推古朝に渡来し、種子島は天武朝に調査されておるが、大和朝廷の本格的な経営が進められたわけではなかったのじゃ。今回の国覓ぎによって、翌文武三年（六九九）七月には種子島、屋久島、奄美本島、徳之島などの人々が朝貢してきた。特に徳之島の人の朝貢は初めてのことじゃった。十一月には、文忌寸らが帰朝し昇叙されておるから、この朝貢は彼等の成果だったのじゃろう。しかし、全てが上手くいったわけではない。翌文武四年（七〇〇）六月には薩摩地方の住民が武器を持って国覓ぎの使いである刑部真木《おさかべのまき》を脅迫する事件が起こっておるのじゃ。これなどは、国覓ぎに対する薩摩隼人の反抗と考えてよかろう。大宝二年（七〇二）八月には、隼人征討軍が発せられ、およそ一月かけて制圧し、戸籍の整備や役人の常駐などを行っておる。この他にも幾度となく抵抗を受けながらも朝廷は南九州の経営を進めたのじゃ。そして、薩摩国、大隅国などがおかれていった。その後、和銅七年（七一四）十二月には沖縄諸島の久米島と先島諸島の石垣島の人々が渡来したのじゃが、これらの島への関心は余りなかったようで、以後これらの島の名前は見られんようになる。やはり遠すぎたのかの。それにしても、小さな船に頼らざるを得なかった時代に、石垣島まで大和朝廷の支配が及んだというのはすごいことではないか。

奈良時代における辺境の経営と言えば、蝦夷《えみし》征討が最も知られておるじゃろう。しかし、大和朝廷は、南西諸島の経営も行おうとしていたことを是非知っておいてほしいのじゃ。

7 祈雨のため神馬奉献（文武二年（六九八）六月）

六月二十八日に、雨乞いのために神馬を諸社に奉献した。この年の日照りは尋常でなく、四月から雨が少なかったのじゃ。四月末に、吉野水分《みくまり》峯神社に神馬を奉納したのじゃが、五月に入っても各地の旱は続いていた。そのため、藤原京内の神社と畿内の諸社に幣帛《へいはく》を捧げ、名山や河にも雨を祈願したのじゃ。さらに旱魃の被害調査も行われた。そして六月の神馬奉献になったわけじゃ。そのお陰であろうか、この年、大きな飢饉にはならずに済んだ。

吉野水分《みくまり》峯神社は、祈雨神祭八十五座の一つなので、真っ先に神馬の奉納が行われたわけじゃ。ついでながら、ワシが住まいする一言主神社も八十五座の一つなのじゃぞ。六月には我が社にも神馬が奉納されてきた。八十五座の中には、大神《おおみわ》神社や京都の貴船神社などもある。

雨乞いのために牛馬を神に捧げることは古くから行われてきたことじゃ。『日本書紀』の皇極元年（六四二）七月の記事にも、「牛馬を殺して、諸々の社の神に祈る」とある。このように昔は中国の風俗をまねて牛馬を殺していたが、最近は仏教の影響を受けて、生きたの馬を奉納するようになったのじゃ。

旱が続けば雨乞いをするが、雨が続きすぎても稲は育たない。このため、雨を止めるための祈願が行われることになる。この場合も祈雨と同じように八十五座に幣帛《みてぐら》を捧げて祈るわけじゃ。なかでも丹生川上神社と貴船神社へは、祈雨の場合は黒毛の馬を、止雨の場合は白毛の馬を献じるのがきまりじゃった。

灌漑用池などほとんど無い時代じゃったから、天候異常は神に縋るよりしょうがなかったのじゃ。もっとも現代でも同じかもしれんな。大自然の脅威の前では人間など無力なものじゃて。じゃが、その無力な人間が、欲望のままに少しずつ自然を破壊しておる。塵も積もれば山となるじゃ。地球温暖化はその典型じゃよ。大きなしっぺ返しを受けることになる。その時になって馬を奉納して神に祈っても、もう遅いということじゃ。

8　賭博の禁止（文武二年（六九八）七月）

賭博のことを当時は博戯《ばくぎ》といい、双六や樗蒲《ちょぼ》などサイコロを使っての勝負じゃった。七月七日に博打や賭け事をして遊び暮らしている者を取り締まると同時に、博打場を提供していた者も同罪としたのじゃ。当時は、サイコロによる賭博以外では、碁や弓による賭も行われておったが、これらは禁止の対象にはならなんだ。これらは賭博性が低いからじゃろう。とくに賭弓は、宮中における正月行事の一つだったのじゃ。弓は、国防の必需品であり、その技術を高めることはむしろ奨励されておったからじゃよ。

千三百年も前に博打禁止令が出ていたとは、意外に思わっしゃるかもしれんの。しかし、律令では財物を賭ける博戯《ばくぎ》を禁止しておるから、当然の措置なのじゃが、このような記事を『続日本紀』にわざわざ記載すると言うことはそれだけ賭博が盛んだったということじゃよ。

賭博禁止の記事は今回が初めてではない。持統三年（六八九）十二月には、双六の禁止令が出されておる。九年経って賭博の取り締まりをしているのは禁止令の効果が薄らいだと言うより、賭博がますます盛んになったということじゃ。当時の人々にとって双六が非常に魅力的だったからじゃ。さらに天平勝宝六年（七五四）十月にも双六禁止令が出ておるのじゃが、天平宝字四年（七六〇）十二月には薬師寺の僧が博戯が原因で殺人事件まで起こしておる。何とも嘆かわしい話ではないか。

博打は、人の心を荒廃させ、殺人を始め多くの犯罪を引き起こす原因になりかねない。何時の時代であっても決して勧められるものではない。いや、廃絶すべきものではないかの。しかしながら、最近では廃絶どころかますます盛んになり、賭博の種類も増え公認の賭博場まで現れてきておる。人間は、悪い方には転がり落ちても、望ましい方向に転がることは難しいようだ。良い方向に進むためにはそれなりのエネルギーが必要だからじゃろう。

この時出された禁止令は、長い時の流れを経ても人間の心は少しも成長していないことを示しておると思うのじゃが如何かの。

9　高安城《たかやすのき》の修理（文武二年(六九八)八月）

八月二十日に高安城《たかやすのき》の修理が行われた。また翌年の九月にも修理が行われておる。高安城は、奈良県生駒郡と大阪府八尾市の境となる高安山（四八八メートル）に築かれた山城じゃ。斑鳩《いかるが》の西方十キロメートルほどの所にある。

この城は、天智六年（六六七）十一月に讃岐の屋島城、対馬の金田城とともに築かれたものじゃ。六六三年八月に日本と百済の連合軍は白村江《はくすきのえ》で唐・新羅の連合軍と戦い、敗北した。このため、唐の軍隊の侵攻を阻止することを目的として、翌六六四年には対馬・壱岐・筑紫などに防人や烽火台を置き、また筑紫には水城を造ったのじゃ。これだけでは不十分として天智天皇は三つの山城を造ったわけじゃ。白村江で唐軍の実力を見せつけられた天智天皇は、何としてでも日本国を守ろうとしてこれらの城を築城されたわけじゃ。

壬申の乱（六七二年）には、この城に近江（大友皇子）軍が入ったが、大海人《おおあま》皇子軍の侵攻を受けて、貯えてあった穀と塩を焼いて逃亡しておる。この城が戦闘に使われたのはこの時だけじゃった。天武四年（六七五）には、天武天皇がこの城に行幸されたが、おそらくは国の固めを確認するためだったのじゃろう。また持統三年（六八九）には持統天皇も行幸しておられる。そして今回の文武天皇による修理になったのじゃが、大宝元年（七〇一）八月には高安城は廃止されてしまった。その後、烽火《のろし》台として使われておったが、それも平城京への遷都によって、和銅五年（七一二）には廃止されてしまったのじゃ。

唐の侵攻に備えるために築城された高安城ではあったが、唐軍が本格的に侵攻してきたら、これらの山城ではほとんど役に立たなかったじゃろう。現実には、唐としては日本を侵略するより朝鮮半島を制圧することの方が重要じゃったろう。また、唐と反目した新羅が日本へ朝貢し、日本と新羅とは友好関係にあったため、唐からの侵攻の可能性は薄かったのじゃ。いわば武力より外交が危険性を回避させたのじゃよ。しかし、新羅が日本に朝貢したのは、日本の軍事力を恐れたからじゃ。外交といえども、強力な軍事力が背景に無ければ成り立たないことを肝に銘ずるべきなのじゃ。

10　薬師寺完成（文武二年（六九八）十月）

十月三日に薬師寺の造営がほぼ完了したため、天皇が詔を発して僧侶たちを寺に住まわせた。もちろん場所は藤原京内じゃよ。平城京が完成すると、寺は奈良市の現在地に移されたのじゃ。このため、平城京の薬師寺と区別するため藤原京の薬師寺は今では本《もと》薬師寺と呼ばれておる。移設後は簡素な堂宇が営まれたが、やがて廃寺となってしまった。跡地には、当時の大伽藍を想像させる礎石がいまだに残されておる。

この薬師寺は、天武九年（六八〇）に天武天皇が皇后（後の持統天皇）の病気平癒を願って建立を発願したものじゃ。薬師如来は、東方瑠璃光世界の教主で、衆生の病苦を救うとされ、広い信仰を得ておったのじゃ。現世利益という面では、医薬の未熟な時代にあって、薬師如来ほど有難い仏はなかったのじゃ。日本の初期仏教の普及に薬師如来が果たした役割は大変大きなものがあったのじゃよ。ワシとて、体調の悪い時など縋りたくなるほどじゃからの。

現在の薬師寺は、養老二年（七一八）に藤原京から平城京へ移設されたものじゃ。その規模は、創建当時とほぼ同じじゃが、度重なる火災や戦乱によって創建当時の建物は東塔（国宝）のみになってしもうた。中央に金堂を配しその左右に塔を設けて回廊で囲むという独特の伽藍配置をしており、薬師寺式伽藍配置と呼ばれておる。また、この寺の本尊である薬師如来および脇侍の日光・月光菩薩はいずれも国宝で、奈良時代を代表する仏像と言えるじゃろう。

薬師寺は、法相宗の大本山として、今でも篤い信仰を集めておる。とくに、高田好胤管主が百万巻写経勧進により昭和五一年（一九七六）四月に白鳳様式の金堂を再建しえたのは、この寺が多くの信者に支えられていることの証じゃろう。医学の発達した現代においてさえ、多くの人々が薬師如来にお縋りすることの意義を考える必要があるのではないかの。

11　少子化対策の好例（文武三年（六九九）正月）

正月二十六日に、「林坊に住む新羅からの帰化人が一度に二男・二女を産んだ」との報告があり、朝廷は絹布・真綿・麻布・稲および乳母一人を贈りなさった。四つ子の誕生を朝廷が褒賞したということじゃ。

このように人口増加を奨励する意味で、多産に対する褒賞はしばしば行われておったのじゃ。さすがのワシも、その全てを記憶しておるわけではないでの、『続日本紀』を参照してみよう。『続日本紀』には全部で十九件の多産記事がある。四つ子が二件で、三つ子が十六件じゃ。残り一件は、三回の出産で六人を産んだ記事じゃよ。基本的には、三つ子以上が褒賞されたと考えれば良かろう。褒賞された地域に偏りがあるとか、政治的配慮がなされたのではないかとか指摘する学者もおるようじゃが、帰化人なども差別していないところがおおらかで良かろう。地域によっては、褒賞されたにもかかわらず記載されていない例も多くあったのではないかの。

三つ子以上の十八件についての褒賞物には基準のようなものは見られないが、うち十六件では品物の他に乳母一名が与えられておる。双子を育てるのも大変だが、三つ子以上となると保護者の負担はさらに増える。そのため乳母が与えられたのじゃろう。何とも心憎い褒賞じゃろうが。

現在の日本はどうじゃ、少子化が大問題になっておるではないか。排卵促進剤などで子供を作ろうとするケースもあり、三つ子以上の出産の確率は自然出産に比べ高くなっておる。しかし、三つ子や四つ子の子育てを直接支援し親の負担を軽減するような施策は見られんではないか。排卵促進剤を用いても子供が欲しいと考えても、多産が心配で薬を使えないケースもあるのではないかの。政府は、奈良時代の手厚い支援を大いに見習わないと、少子化の問題は解決されまいに。

12　地方行政を監察（文武三年（六九九）三月）

三月二十七日に、畿内に巡察使を派遣して法に基づく政治が行われているかを検察した。そして、十月には東山道を除く六道に、翌年二月には東山道に巡察使が派遣されたのじゃ。巡察使は、不定期に諸国に派遣され、国司や郡司などの治績を監査する使節なのじゃ。今回の巡察使からの奏上に基づいて、翌文武四年（七〇〇）八月の叙位や賜封に反映されたのじゃよ。したがって、今回の巡察は、今で言うなら地方公務員に対する勤務評定と考えれば良かろう。今回の巡察使は、いわば査定官じゃから、その役割は重要じゃ。

職員令2の太政官条に巡察使の規定がある。巡察使は、常置ではなく、畿内外の官人から清廉なる者を任命し、巡察する事項や使節の構成・人数などはその都度定めることになっておるのじゃ。使節の長官の位階も一定ではなく、四位・五位のことが多いが、六・七・八位の場合もあった。

巡察使という言葉は、持統八年（六九四）七月に使われたのが最初じゃから、今回は二度目の巡察使になるわけじゃ。最初に巡察のための使いが派遣されたのは、記録に残る限りでは天武十四年（六八五）九月じゃった。ただし、この時はなぜか北陸道を除く六道に使者が派遣されておる。そして次に派遣されたのは、大宝三年（七〇三）正月じゃったから、六八五，六九四，六九九，七〇三年と確かに不定期な派遣と言える。その後、和銅五年（七一二）五月には今後毎年巡察使を出すと宣せられたが、実行されたか否かは確認できておらん。

巡察使の役割は、今回のような人事査定ばかりではない。国毎の貧富や優劣、農民の悩みや苦しみの調査もしておるのじゃ。その結果は、人事への反映はもちろんじゃが、大赦や賑給《しんごう》として人民を救済しておる。要するに、地方の行政が正しく行われているかを調べ、その結果を治世に反映しておるということじゃ。なかなか立派な施策じゃろうが。奈良時代にもこのような行政が行われていたことを知ってほしいのじゃ。

13　役行者流罪（文武三年(六九九)五月）

五月二十四日に役君小角《えんのきみおづの》が伊豆大島に流罪になった。罪状は、妖術を使い人を惑わしていると讒言《ざんげん》されたからじゃ。役君小角とは、役行者《えんのぎょうじゃ》のことで、葛城山で修行を積み呪術を身につけ、民衆の信頼を集めていたのじゃ。後に、修験道の開祖として「神変大菩薩」の尊称を光格天皇から与えられ、現在も篤く信仰されておる。

流罪は讒言によることは確かなのじゃが、誰が讒言したかは定かでない。『日本霊異記』などは、このワシが役行者にこき使われたので讒言したと言っておる。とんでもないことじゃ。いやしくもワシは神様じゃ、人間などにこき使われたりするものか。ワシが知っておる経緯をお話ししよう。

役行者は、高賀茂朝臣《たかかかも》の人で現在の奈良県御所市茅原《ちはら》の生まれじゃ。生まれつき賢くあらゆる学問を修め博識は近隣に響いておった。長じて仏法を信仰し、もっぱら葛城山中で修行したのじゃ。山岳修行で強力な呪力を身につけた役行者は、出身地である葛城山付近の里に下りると吉凶を占い、まじないで病を治すようになった。一般民衆はもとより土豪などの高い信頼も獲得し、多くの信者を得ていったのじゃ。次第にその名声は大和一円にまで拡がっていった。とくに葛城地方の民衆の信仰は役行者に集中し、従来この地方の信仰の中心だった一言主神社から離れていったのじゃ。一方で、役行者は民衆のために灌漑用池の開削や水越川などへの架橋工事を行った。とくに葛城地方の土豪や部落のリーダ格にはきつい圧力がかけられたのじゃ。工事の重要性は知りつつも、一部の人々は厳しい要求に不満を感じ、そのはけ口を地域の中心だった一言主神社の神主に求めたのじゃ。役行者を快く思っていなかった神主は、役行者の追放を画策した。神主は、かねて親交のあった朝廷の神祇官に、「役優婆塞《うばそく》が民衆を集め妖言を放っている」と告げたのじゃ。さらにその言を真実たらしめるために「鬼神まで使役し、従わぬと呪縛した」との風評を伝えた。これを効果的に天皇に奏上しようと、女官のひとりに暗示をかけ神懸かりにして一言主大神の言として、讒言させたのじゃ。一言主大神の託宣を聞いた天皇は、直ちに役行者を逮捕することを命じ、優婆塞《うばそく》（在家のまま仏教修行をする男子）であることから僧尼令に照らして伊豆への遠流を命じたのじゃ。

と、まあワシはこのように思っておる。その後、冤罪は晴れて帰郷するが、大宝元年(七〇一)頃死去したようじゃ。修験道界では、平成十二年(二〇〇〇)に没後千三百年の御遠忌《ごおんき》を盛大に行うなど、役行者の人気はいまだに衰えておらん。役行者が、日本古来の自然崇拝の上に、仏教、道教、神道を組み合わせた修験道の原型を作ったからじゃろう。

14　武器・軍馬を備蓄せよ(文武三年(六九九)九月)

九月二十日に、「正二位以下無位以上の者は、地位に応じて弓・矢・甲《よろい》・桙《ほこ》および軍馬を備蓄せよ」との詔が出されたのじゃ。中央官人および京・畿内に、武器や軍馬を用意しておけとの命令じゃよ。貴族などと言うと、歌を詠んだり蹴鞠を蹴ったりと軟弱なイメージがあるかもしれんが、奈良時代は決してそんなものではなかったのじゃ。壬申の乱では、高市皇子が自ら馬を駆り総大将となって戦ったことを思い出してほしい。馬に乗り武器を持って戦うことは、皇族始め全ての官人の必須要件だったのじゃ。

このような命令は今に始まったことではない。天武四年(六七五)十月に「諸王以下初位以上は人ごとに武器を備えよ」との命が出されておる。その後、天武八年(六七九)二月、天武十三年(六八四)閏四月、そして持統七年(六九三)十月には親王以下初位までの官人が位に応じて備えるべき武具が指示されておるのじゃ。律令体制を確立していく上で中央・畿内の武装を強化していく必要があったのじゃろう。

では、この度の命令はどのように位置づけられるのじゃろうか。もちろん過去の延長線上にはあるが、翌七〇〇年に大宝律令が選定されておることを考えると、大宝律令の全国への施行を円滑に行うためのものと考えられよう。天武朝からおよそ三十年、武力を背景に律令体制が整備されていった様子が感じられるじゃろう。別の言い方をすれば、反抗勢力を押さえ込んで律令体制を確立していくためには、ここまでしなくてはならなかったということじゃ。

もう一つある。唐との関係じゃ。とくに天智・天武朝においては、高安城の所でも話したが、唐からの侵略を強く意識しておったからじゃ。中央集権化による国力の向上とともに、個々人の武装を強化することにより国の軍事力の底上げを図ろうとしたのではないかの。この五日前には、再度高安城の修理を行っておる。外国からの脅威が増す時、国民一人一人の国防意識が重要になる。最後には、たとえ他国との同盟があったとしても第三国などに頼り切ることなど出来ないからじゃ。

15　天智天皇陵の造営（文武三年（六九九）十月）

十月十三日に天皇は次のように詔されたのじゃ。
「天下の罪人を赦免する。ただし、八逆ならびに強盗と窃盗は赦免しない。越智山陵（斉明天皇陵）と山科山陵（天智天皇陵）を造営したいがためである」
この勅に続いて、十月二十日に担当の官人ならびに工事監督をそれぞれの山陵に派遣したとの記事がある。この記事では、修造と書かれており、修造か造営かの疑問が残る。

ここではとくに、天智天皇陵に着目したいのじゃ。まず、山陵の場所じゃが、延喜式諸陵寮には「山科陵　近江大津宮御宇天智天皇。在山城国宇治郡。兆域東西十四町。南北十四町。陵戸六烟」とある。ところが、このあたりには該当しそうな山陵は見あたらない。一方、陵墓要覧は、所在地を「京都市東山区（現、山科区）山科御陵上御廟野町」としており、そこには御廟野古墳と呼ばれる終末期の古墳があるのじゃ。ここを天智天皇陵とする見方が支配的なのじゃ。

天智天皇は天智十年（六七一）十二月に亡くなるのじゃが、その山陵については『日本書紀』は何も伝えておらん。ただし、翌年五月に、「近江朝（天智天皇の子・大友皇子）

が美濃・尾張の両国の国司に『山陵を作るための人夫を指定しておけ』との命令を出しておきながら、それぞれに武器を持たしている。これは山陵を作るのではなく、変事が起きるのではないか」との大海人皇子《おおあま》への報告が記述されておる。その報告が、壬申の乱へとつながり、天武天皇が誕生したわけじゃ。従って、近江朝が天智天皇陵を作ろうとしていたか否かも分からんのじゃ。

大化の改新によって中央集権の基礎を作った天智天皇じゃが、その陵墓はいつ誰によって造られたかいまだに分からん。言えることは、死後三十年近く経って、文武天皇によって山陵が完成されたらしいということじゃ。

16　火葬の始まり（文武四年（七〇〇）三月）

三月十日に道昭和尚が入寂された。文武天皇は大変惜しまれて、使いを遣わして弔われた。和尚が、如何に人々の尊敬を集めていたかが分かるじゃろう。和尚は、その弟子・行基和尚とともに奈良時代の二大高僧と呼ばれておる。

道昭和尚は、白雉四年（六五三）五月に遣唐使の第一船で渡航し、『西遊記』の三蔵法師のモデルになった玄奘三蔵のもとで法相宗を学び、多くの経典とともにこれを日本に招来したのじゃ。玄奘の勧めもあって、唐ではもっぱら禅の修行につとめ、悟るところが多かったそうじゃ。帰国後は、飛鳥の元興寺の東南の隅に禅院を建てて住み、多くの仏道修行者に禅を伝えたのじゃ。また、十余年にわたって全国を遊行し、道の傍らに井戸を掘り、各地の渡し場に船を造り、橋を架けるなどしておる。和尚は、船氏の出身じゃから、造船や土木の知識も有ったのじゃろう。単に寺に閉じ籠もるのではなく、民衆の中に入り民衆に具体的な利益を与えることこそが高僧の条件なのじゃろう。行基しかり、道慈しかり、空海しかりじゃ。

道昭和尚の亡骸は、遺言通り弟子達の手によって火葬に付された。『続日本紀』は、「天下の火葬はこれより始まったのである」と記しておる。火葬そのものは以前より行われておったのじゃが、仏教と結びついての火葬はこれが最初じゃった。その後、大宝三年（七〇三）に持統天皇も遺命によって火葬されておる。おそらくは道昭和尚の教えに従ったものじゃろう。天皇が火葬に付された最初じゃった。さらに、慶雲四年（七〇七）年の文武天皇、養老五年（七二一）の元明天皇と続き、朝廷を中心に火葬が定着していくのじゃ。

現代の日本は世界でも珍しいほど火葬率が高く、九七・五％じゃそうな。特に都市部では土葬できるほどの土地がないことにもよろうが、やはり道昭和尚を先蹤とする仏教の影響が大きいのではないかの。

17　官営牧の全国展開（文武四年（七〇〇）三月）

三月十七日、諸国に牧地《うまき》を定めさせ、牛馬を放牧させた。牧地《うまき》は、牧場のことで、兵部省の兵馬司《ひょうめし》が所管したんじゃ。この時から、令制に従った牧の運営が始まったと考えれば良かろう。諸国におかれた牧は、各国の国司がこれを監督し、兵馬司が統括しておったわけじゃ。各牧《うまき》には、長《ちょう》一名と帳《ちょう》一名が置かれ、牧長は牧の管理・運営にあたり、牧帳は文書事務を担当したのじゃ。牛馬は百頭を群と呼び、一群ごとに二名の牧子《ぼくし》と呼ばれる飼育係が置かれておった。厩牧令《きうもくりょう》には、牧における牛馬の飼育に関する細かな規定がある。例えば、慶雲四年（七〇七）三月には、焼き印が摂津・伊勢など二十三カ国に配布され、牧の馬や仔牛に押印させておるのじゃが、厩牧令によれば、「馬は左の髀《ひ》（もも）の上に、牛は右の髀の上に押印せよ」となっておる。

官営の牧の設置は、今回が初めてではない。天智七年（六六八）七月にも、多くの牧場を設置し馬を放牧しておる。これは、白村江の敗戦にもとづき一層の軍備の強化を図ろうとしたためと考えられておる。今回の措置は、これを組織的に全国展開したものなのじゃ。従って、軍備強化の一環として捉えるべきなのじゃ。

牧で飼育された牛馬は、主に各国に設置される軍団の兵馬として徴用されたのじゃ。また、中央にも貢進され朝廷の儀式や行事、都の警備などにも用いられた。すなわち、左・右馬《め》寮の馬、天皇・貴族・諸官庁の馬などの供給源になっておった。また、典薬寮へは牛が、供給された。さらには、駅馬・伝馬などにも使用されたのじゃ。駅馬・伝馬は、当時の最速の通信手段でもあったから、官馬は極めて重要な役割を演じていたと言えるじゃろう。

18　人材の有効活用（文武四年(七〇〇)八月）

八月二十日に、二人の僧侶を還俗させ、姓、名、位を授けておる。二人の持つ技芸を役立てるためであるとしておる。いわば人材の有効活用といえる。二人とも渡来系氏族の出身じゃよ。その一人・吉宣《きちのよろし》は、和銅七年（七一四）に従五位下になり、養老五年（七二一）には医術の師範に耐える者として褒賞されておる。確かに僧侶として寺の中に閉じ込めて置くにはもったいないの。もう一人の陽候史《やこのふひと》久尓曾《くにそ》については、ワシもよく知らんのじゃが、どうやら暦法に通じておったようだ。

当時は、優秀な人材は官僚になるか、国が出家を認めた官度僧になったもんじゃ。特殊な技能を持っていても、官吏になり損ねた場合は優秀な人材は官度僧になるのが一般的じゃった。もちろん本人の希望で最初から官度僧になったものもおるがの。

このようにして官度僧になった者でも、本人の意志で還俗することは出来たのじゃが（僧尼令3）、本人の意志によらない還俗は一般的には僧尼身分の剥奪であり、刑罰としての意味を持つことになる。しかし、この場合は明らかにこれらと異なる還俗なのじゃ。僧尼令には、このようなケースは想定されておらず、ちょっとオーバーな言い方をすればいわば超法規的な措置とも言えるじゃろう。このような措置は持統期の後半に二件見られ、『続日本紀』は和銅七年（七一四）までに計五件を記録しておる。大宝律令が整備され、中央集権化が進む中で有能な中央官僚を必要としていたということじゃろう。能力重視の萌芽とも言えないことはないが、その後貴族政治が成熟するとともに、能力よりも家柄が重視されるようになっていったのじゃ。やがて政治は停滞し、武家政治へと変わっていったのは承知しておろう。

何時の世でも政治の転換期には新しい人材が活躍する。社会が活性化し続けるためには、人材の有効活用が不可欠なんじゃ。

19　遣唐使任命（大宝元年（七〇一）正月）

正月二十三日に、粟田朝臣真人を遣唐執節使とする九名の遣唐使が任命されたのじゃ。この中には万葉歌人として有名な山上憶良もおる。憶良は、四十歳を過ぎていたが遣唐使に加わることによってやっと正八位上を賜ったのじゃ。無事帰国できれば出世は保障されていた。下級役人じゃった憶良は、遣唐使に賭けていたのかもしれんの。

遣唐使は、六三〇年に第一回の任命が有ってから八九四年に菅原道真が任命され道真の建議で派遣中止になるまで、合計十八回の任命があったのじゃ。今回の派遣は七回目にあたる。遣唐使は、大使、副使などの四等官で構成されるが、今回のように大使の上に執節使が任命されることもあった。随員は、留学生、留学僧の他に通訳や医師などであったが、神官や陰陽師も加わっていたのはいかにもこの時代を象徴しておるじゃろう。八世紀以降は、四隻の船が用いられ、一隻には百から百二十人ほどが乗船したので、四百から五百人という大使節団じゃった。航路は、飛鳥時代には百済経由で朝鮮半島沿いに北上し山東半島から唐に入る北路が採られたが、新羅との関係悪化により奈良時代には五島列島または奄美大島から東シナ海を横断する南路が採られたのじゃ。このため海難事故の危険性は大きくなったのじゃ。

天平十一年（七三九）十一月に帰国した平群《へぐり》朝臣広成の帰朝報告から苦難の様子が知られる（詳細は第四章30項）。広成は、七三三年に入唐し翌七三四年十月に使命を終え帰国の途に付き、四隻一緒に蘇州から船出したのだが、突風に襲われ四隻は離散してしまった。広成の船は、インドシナ半島メコン川下流域にまで流され、乗組員百十五人のうち唐へ戻れたのは広成ら四人だけじゃった。広成は、阿倍仲麻呂の手配により玄宗皇帝の許可を得て、渤海経由で帰国できたのじゃ。

このような危険を冒してでも遣唐使を派遣したのは、もちろん唐の進んだ制度や文物を摂取することにあったのじゃ。その成果を消化し、日本仏教を作りだし、仮名文字に代表される平安文化など日本固有の文化を創り上げていったのじゃ。遣唐使の派遣は日本文化に大きな貢献をしたわけじゃ。一方で、遣唐使派遣によって犠牲になった多くの人々がいたことを思い起こして欲しいものじゃとワシは思う。

20　初めて孔子を祀る（大宝元年(七〇一)二月）

二月十四日に釈奠《せきてん》が行われた。『続日本紀』もこれを我が国最初だと記しておる。釈奠《せきてん》と言われても知っている者は少ないじゃろう。儒教の祖・孔子を祀るお祭りのことじゃ。学令3に釈奠に関する規定がある。それによれば、中央の大学と地方の国学において毎年二月と八月の最初の丁《ひのと》の日に孔子を祭る儀式を行えとある。その際の酒・食物および祭礼用衣服は国が支給するとある。神前に供えられた酒や供物を祭祀の後に参列者が頂くのは、神とともに共飲・共食するとの重要な意味を持っていたのじゃ。

もちろん釈奠《せきてん》は、唐から伝来したものじゃが、唐では孔子だけではなく顔回や周公なども同時に祭っており、時代によって様々じゃった。儒教を受容した日本では、最も単純素朴な形で孔子一人に絞った方がよいと律令の制定者達は考えたのじゃろう。先進国の文化をただ有難く受け入れるのではなく、国情に合わせて変容させ、スタートさせたわけじゃ。

その後、釈奠の儀式は次第に整備されたいった。それに大きな貢献をしたのが、奈良時代最大の学者・吉備真備《きびのまきび》だったのじゃ。真備は二度にわたる渡唐によって多くの書物や事物を招来したことはよく知られておる。釈奠については、孔子に加え顔回などを追加するなどの整備を行ったのじゃ。真備の薨伝には釈奠の整備が真備の功績として記述されておる。こうして、奈良・平安時代を通じて朝廷で釈奠が行われ、祭りに次いで講論・作詞が行われ、最後に宴会が開かれたのじゃ。大学寮での釈奠は、戦国時代以降中断されたようじゃが、地方では行われておったようじゃ。江戸時代になると幕府や諸藩の学校で再興され、湯島聖堂などでは今も釈奠が続けられておると聞く。

儒教も我が国の精神文化に大きな影響を与えてきた。『日本書紀』は、継体天皇七年（五一三）に百済から五経博士が来朝したことを伝えておるが、国として孔子すなわち儒教を公式に取り入れたのが、文武朝であったと理解すればよいのじゃろう。

21　元号の常用開始（大宝元年（七〇一）三月）

三月二十一日に、対馬から金が貢献されたので、新たに元号をたて、大宝元年とした。これ以降我が国では、公式文書においては元号を用いることとなり、平成の現在まで続いておるのじゃ。これまでは、大化、白雉、朱鳥などの元号があったが使用に対する法的な裏付けはなく、干支によって年次を表すのが通常じゃった。

日本が、中国の制度に倣いつつも律令制度を整備するとともに新たに元号を制定したことは、中国皇帝への臣従から離れ、独自の国家を形成しようとする意思の表れであると解されるのじゃ。元号について儀制令26には、「公文書に年を記すには年号を用いよ」と規定しており、同条の集解古記には、「大宝と記して辛丑《しんちゅう》（干支）と記さない類のこと」との注がある。元号の使用について、令によって法的裏付けを与えたわけじゃ。

「大宝」は、貴い宝物、または天子の位を意味するのじゃ。金の献上は、新号の名称にピッタリじゃろう。その後の改元は、天皇の即位と同時に行われることが多く、また祥瑞や災異による改元も行われてきた。

ところで、我が国の歴史に大きな影響を与えたともいえる金の献上が、あろう事か詐欺だったのじゃ。日本にはないと考えられていた金が対馬で発見されたとの報告を得て大伴御行《みゆき》が三田五瀬《いつせ》を派遣して金を精錬させたのじゃ。その成果が、この日の献上品となったわけじゃ。この金の発見・精錬に関連した人々への褒賞が『続日本紀』の八月七日の記事にある。五瀬は、官司に隷属する雑戸《ざっこ》の身分から解放され、正六位を得て封戸や田など数々の褒賞を得たのじゃ。ところが、その記事の注として『続日本紀』の編者は、『年代暦』という書物を引用して、後に五瀬の詐欺が発覚し御行は騙されたのだと記しておる。五瀬がどのような処分を受けたか『続日本紀』は語っていない。

今に至る元号の常用が、詐欺による元号から始まったのはいささか瑕瑾無しとしないが、金の献上が元号常用の道を開いたことだけは確かじゃろう。

22　端午の節句の行事（大宝元年（七〇一）五月）

五月五日に、五位以上の群臣に走馬《はしりうま》をさせ、天皇が御覧になったのじゃ。五月五日は、端午の節会じゃ。もともとは五月の最初の午の日が端午じゃったが、午日が五日に転じ、五日に固定されるようになったのじゃ。雑令40に五月五日を節日にせよと規定されておる。この他、一月一日（元日節会）、七日（白馬《あおうま》節会）、十六日（踏歌節会）、三月三日（曲水宴）、七月七日（相撲節会）、十一月大嘗日（新嘗）を節日とするとされておる。なお、九月九日がないのは、天武天皇の忌日にあたるため朝廷行事から省かれたのじゃ。

『日本書紀』には、推古十九年（六一一）五月五日に薬猟《くすりがり》をしたとの記述があり、この頃から宮中行事に組み込まれ、次第に定期的に行われるようになったようじゃ。薬猟は、薬用効果を持つとされた鹿の角を得るための狩りじゃったが、薬草の採取も行われるようになったようじゃ。古来中国では五月を悪月とし特に午の日を忌み、薬草で毒気をはらい邪気を除いておったのじゃ。薬草を採取する習俗は、後に菖蒲の蘰《かづら》（菖蒲の葉を輪にして頭にかぶるもの）を着用し、不浄を払い健康を祈るようになったのじゃ。また、奈良朝にしばしば発せられる殺生禁断の影響を受けて、鹿狩が、宮中での走馬と騎射《うまゆみ》になったと考えられておる。走馬は、五位以上の者が献ずる馬を走らせる行事で、騎射とは衛府に所属する射撃の名手が馬上から的を射るもので、今の流鏑馬《やぶさめ》のようなものじゃ。これらの行事は次第に形式が整えられ、菖蒲の蘰《かづら》、走馬、騎射ともに五月五日に行うべきものとして太政官式に規定されておる。

文武朝におけるこの日の走馬は、端午の節句が行事として定着していく過程と考えられ、走り馬のみが行われたわけじゃ。聖武朝からは、騎射や飾馬が登場する（第四章4項）。

今では五月五日は、子供の日などといっておるが、もとは子供に限ったものではなかったのじゃ。むしろ本来の行事の主旨に戻り、家族全員の健康を祈る日にしては如何かな。

23　大宝律令の完成（大宝元年（七〇一）八月）

八月三日に、刑部《おさかべ》親王、藤原不比《ふひ》等《と》らに選定させておった大宝律令が完成し、関係者に身分に応じて褒賞が与えられたのじゃ。律は刑法、令は行政法じゃ。令については、浄御原令を基本としておるが、律を含めて初めて法体系が完成し、法治国家としての形態が整えられたといえよう。大宝律令は、さらに整備が進められ養老律令に結実するのじゃが、養老律令が施行される天平宝字元年（七五七）まで五六年間にわたって施行されたのじゃ。

残念ながら大宝律令は現存せんが、概略は参考にした唐の律令や養老律令から推測される。特に令については、大宝令を部分改訂した養老令約九百五十条のほとんどが『令義解《りょうのぎげ》』や『令集解《りょうのしゅうげ》』として残されておる。養老律令は、藤原不比等を総裁にして養老二年（七一八）に編纂されたとされておる。じゃが、実際に施行されたのは不比等の孫・藤原仲麻呂の時代（七五七年）になってからじゃった。

大宝律令完成の後、明法《みょうほう》博士を全国に派遣し講義するなど新しい律や令の勉強会や事前周知が行なわれ、大宝二年（七〇二）十月十四日に大宝律令の全国頒布が行われたのじゃ。もちろん皇族・臣下を問わず学習会が行われた。一年以上にわたる周到な準備の上で新しい律令が施行されたというわけじゃ。

この律令は、唐の律令を模範としておるが、我が国の国情に合わせて変更されておる点も多いのじゃ。唐の律にある刺青などの肉刑が日本にはなく、田租は唐では成人男子に課されるが日本では土地に課されていたなどの違いがあるのじゃ。三月の元号常用の所でも話したが、大宝律令制定には唐に従属しない独立国家としての体制を整えようとする強い意志が感じられるじゃろう。単なる法律の完成ではなく、律令を基本法とする新しい国家の誕生を宣言しているとも言えるのじゃ。

24　京の警備強化（大宝元年(七〇一)八月）

八月二十六日に、諸国に対し衛士《えじ》の増員を命じ、衛門府に配属したのじゃ。衛士とは、諸国の軍団から宮城や京の警戒・護衛にあたるために上京してくる兵士を意味すると軍防令12に定義されておる。衛士は、衛門ならびに左右衛士の三府に配属されたのじゃ。衛士の制度の成立時期については不明であり、その定員についても職員令に規定がない。『続日本紀』には、養老二年（七一八）五月に国別に徴発すべき衛士の数を定めたとあり、天平十三年（七四一）五月には諸国をして定員の他に左右衛士府の衛士四百と衛門府の衛士二百を増加し貢上させたとあるので、かなりの数の衛士が存在したと考えられておる。

衛士の任務は、宮城の諸門、八省院や大極殿などの警衛、京中の夜回り、行幸時の護衛などであった。上京中には課役が免除され、食料は諸国から貢上される庸米によって賄われた。衛士は、全員を二分し一日ごとに交替で勤務し、非番の日には所属する府で武芸の教習を行うよう軍防令11に規定されておる。なかなか大変な勤務じゃった。

衛士は、兵衛とともに五衛府の武力の中心であったが、平城京への遷都前後から衛士の逃亡が増え、政治問題化してきたのじゃ。衛士の勤務年限については、大宝律令には見られぬが、『続日本紀』の養老六年（七二二）二月の記述には、「衛士が逃亡するのは壮年で任に付き白髪になって帰郷するからであり、任務を三年にしたい」としておる。しかし、この改革後も逃亡は相継ぎ、衛府の武力の主体を下級官人や地方の豪族に遷していったのじゃ。このため、平安時代になると衛士は、武力としての役割はなく、宮廷内での諸物の運搬など下級の雑役を担当するようになっていったのじゃ。

宮廷や京中の平安を守るという重要な任務ではあったが、課役の形で農民を使役することに無理があったのじゃろう。

ちなみに、軍防令12には防人の定義がある。「辺《ほとり》を守を防人《ぼうにん》と名付く」とあり、辺とは九州北部を中心とする地域を指す。サキモリは、「前守」であり、「崎守」・「岬守」を意味し、中国唐代の「防人《ぼうにん》」の字をあてたとされておる。

25　度量を全国統一（大宝二年（七〇二）三月）

三月八日に、初めて度器《ものさし》と量器（枡）を天下の諸国に頒布したのじゃ。大宝令による度量制度の施行を示すものじゃろう。法律の整備とともに経済の基本となる度量の規格化を行い、統一国家として租税の公平な徴収をはかろうとしたものじゃ。

養老令の雑令1に度量衡の規定があるので見てみよう。まず度については、十分を寸、十寸を尺、十尺を丈とせよとある。また量については、十合を升、十升を斗《と》、十斗を斛《こく》とせよとある。どうじゃ、現在とほぼ同じじゃろう。この他、一尺二寸を大尺の一尺とし、三升を大升の一升とするとのきまりもある。衡については、廿四銖《しゅ》（朱はこの略字）を両、三両を大両の一両、十六両を斤《こん》とせよとある。これらの度量衡を、現在の単位に当てはめると、一尺が約二九・七センチメートル、大一升が約〇・七二リットル、大一斤が約六七五グラムに相当するのじゃ。

度量衡に大小二つの単位があるが、その使い分けは、雑令2にある。すなわち、土地の測量、銀・銅・穀物の計量には大を用い、それ以外は小を使えとなっておる。大尺は高麗尺に、小尺は唐の大尺に依拠しているのじゃが、後に唐尺に統一されるのじゃ。すなわち、雑令4では土地の測量には五尺を歩《ぶ》とし三百歩を里とせよとあるが、後に六尺を歩とするようになる。もっとも高麗尺は、唐尺の一・二倍じゃから長さに変わりはないがの。高麗尺は、大尺だから約三五・六センチメートルになる。従って、一里は約五三四メートルに相当するわけじゃ。現在の一里は、約四キロメートルじゃからだいぶ違いのあることに注意する必要がある。

度量衡の統一は、国家経済の根幹をなすものじゃ。この三月八日（ユリウス暦では四月九日）は、我が国の計量制度に関する記念すべき日であると言えるじゃろう。

26　「参議」誕生（大宝二年(七〇二)九月）

九月二十一日に、天皇は従三位大伴宿禰安麻呂、正四位粟田朝臣真人ら五名を朝廷の政治に参加させ審議に加わらせたのじゃ。この出来事から「参議」という官職が生まれたわけじゃが、最初に使われたのは「参議」という名詞ではなく「参議せしむ」という動詞じゃった。参議は、参加し審議することの意なのじゃ。参議は、令の規定にはないが、大臣・大納言・中納言に次ぐ要職で、ともに太政官で会議に参加し政務を審議したわけじゃ。「参議」が官名として初めて記されたのは天平三年（七三一）八月じゃった。しかし、令外官なので定員は決まってはおらなんだ。また、道鏡政権下の天平神護二年（七六六）十月に参議と同格の法参議が置かれ、僧侶が任命されたこともあったのじゃ。

参議は激務であることは広く知られておった。このため、通常俸給は位階に対して与えられるもので職に対する俸給はないのじゃが、天平三年（七三一）十二月には参議に対し職封八十戸が与えられるようになった。また、政務の審議に加わるという要職であったため、本人の位は四位であっても、三位以上の高官と同様に公卿と呼ばれておった。これらのことからも参議の位置づけが分かるじゃろう。

明治維新によって明治二年（一八六九）七月に太政官制が復活すると、参議がおかれ薩長土肥からそれぞれ選任された。明治十八年（一八八五）十二月に内閣制度が採用されるまで存続したのじゃ。木戸孝允、西郷隆盛、大隈重信などが参議に任命されたことはよく知られておるじゃろう。「参議」という言葉に比較的馴染みがあるのは、ここら辺に起因しておるのかも知れんの。

その参議は、奈良時代に生まれ、朝政に参加し審議する重要な職であったことを知っておくのも良いのではないかの。

27　戸籍の原典を定める（大宝三年（七〇三）七月）

七月五日に、天皇はつぎのように詔されたのじゃ。

「戸籍・計帳を設けることは国家としての重大なあかしである。しかし、時がたつにつれて変更していけば、必ず偽りが起こってくる。そのため庚午年籍《こうごねんじゃく》を基準とし、改変しないようにせよ」と。

戸籍は、租税徴収の基本台帳である計帳とともに、国家経営のために作成されたものじゃ。この戸籍には、各戸毎に、戸口の姓名、戸主との続柄、年令などが記されておる。我が国において全国規模で作成された最初の戸籍が、天智九年（六七〇）の庚午年籍なのじゃ。養老戸令19には、戸籍は六年毎に作れと規定してあるのじゃが、実際に戸籍が六年に一度づつ造られるようになったのは持統四年（六九〇）の庚寅年籍《こういん》からとされておる。従って、庚寅年籍から二度目の戸籍が造られたのが、大宝二年（七〇二）じゃった。おそらく前年に造られた戸籍が、庚午年籍と比較して姓の変更された戸籍が多く発見されたため、頭書のような詔が発せられたのじゃろう。

また、戸令22には、戸籍は三〇年間保存しその後は破棄せよとある。ただし、庚午年籍は永世保存すべしとなっておるのじゃ。もちろん基準となるべき戸籍じゃから当然の事じゃろう。この規定も、頭書の詔がもとになっておると考えられるのじゃ。正しい戸籍を維持することの重要性は、今も昔も変わらないということじゃろう。

ところで、破棄された戸籍はどうなったと思われるかの。燃やされたわけではないぞ。当時、紙は極めて貴重じゃった。そこで廃棄された戸籍は紙背が写経などに利用されたのじゃ。正倉院文書の中には、大宝二年（七〇二）の美濃や筑前などの戸籍が残存するのじゃが、いずれも金光明寺写経所で紙背を利用したものじゃ。今流でいえばリサイクルじゃが、お陰で当時の戸籍が見られるというわけじゃ。有難いことじゃ。

28　兵士の武芸訓練（慶雲元年(七〇四)六月）

六月三日に、次のような勅が下されたのじゃ。「諸国の兵士は、軍団毎に十番に分け、各番毎に十日間武芸を習わせて、必ず一斉に整えさせよ。令で決められた以外の雑用に使ってはならない。ただし、関を守るべき所では適宜斟酌して守備にあたらせよ」と。すなわち、諸国の兵士に関する兵役義務についての定めなのじゃ。この勅からは明らかではないが、兵士は百日のうち十日間武芸の訓練につかされていたようじゃ。

　軍団は、律令兵制の基本をなすもので、全国に配置されておった。養老軍防令1に、一軍団は千人の兵士から構成されると規定されておる。兵士は、一般の公民の正丁（二十一歳から六十歳までの健康な男子）から徴発された。軍防令3によれば、三人の正丁から一人の割合で徴発されたのじゃ。徴発された兵士は、ほとんどが農民じゃから、武芸の訓練は不可欠だったわけじゃ。兵士は、十人を一火《か》として、火が生活や行動における基本単位となっておった。なお、兵士の食料や武器は全て自弁じゃから、兵役に付くことは大変じゃった。軍防令には、食料の量まで細かに規定されておる。

　この軍団の制度は、唐の軍政に依拠しておるのじゃが、大きく違う点もいくつかある。その一つが、軍団の全国配置じゃ。唐の軍団は、首都の長安や洛陽の周辺に集中的に配備されていた。唐の軍団は、異民族や反乱などから首都を防衛することを主目的に編制されたからじゃ。ところが、日本が軍団を全国配置したのは、兵士を全国規模で動員するためじゃった。その背景には、本章9項の「高安城の修理」の所でも話したように、七世紀後半は国際的な緊張関係が高まっていたことがあるのじゃ。少しでも多くの兵力を確保するには全国に軍団を配置することが望ましいが、もうひとつ他国からの侵略者はどこの海岸から上陸してくるか分からないことにもよると思われる。このことは、後に話すことになるが宝亀十一年（七八〇）七月の詔からも推測されるのじゃ。

おのれの国をおのれで守ろうとすれば、軍団を全国配置するのは当然じゃろう。現在の日本は、おのれの力で国を守ることが出来るのじゃろうか。

29　日本は礼の国（慶雲元年（七〇四）七月）

七月一日に、遣唐執節使の粟田朝臣真人が唐からの帰朝報告をしたのじゃ。その中で唐人が次のように言ったと報告しておる。「海の東に大倭国あり、その国は君子国ともいい、人民は豊かで楽しんでおり、礼儀もよく行われていると、しばしば聞いてきた。いま使者を見ると、身じまいが大変浄らかである。いままでの伝聞を信じないわけにはいかない」と。これは唐における我が国の評判を伝えようとしたものじゃが、礼の国として高く評価されていた様子が分かるじゃろう。

ところで、そこには粟田真人が唐に到着した時の唐人とのやりとりも報告されておる。唐人が来て、「何処からの使人か」と問うたので、「日本国の使者である」と答えた後に、真人が、「ここはなに州か」と問うと、「ここは大周の楚州塩城県である」と答えた。さらに問いかけて、「以前は大唐であったのに、今は大周と呼ぶのか。国名をどうして変えたのか」と。これに対し、「永淳二年に唐の高宗が崩御し則天武后が即位して、称号を聖神皇帝と称し国名を大周と名付けたのだ」と答えた。

このやりとりを奇妙に思わんか。永淳二年は、六八三年じゃから二十年ほど前のことじゃ。当時の先進国唐の情報については新羅などからも入っておった。二十年も前に国名が変わったことを遣唐使ほどの人物が知らなかったとは思えんじゃろう。知っていながらあえてこのような質問をしたと考えるのが妥当ではないかの。では、なぜこんな質問をしたのか。歴史学者・田中卓は、「お前は何処の国の者か」と見下した態度に対し、「ここは何処の地か」と切り返したのだという。「革命の国」に対する皮肉だというのだ。真人は、万世一系変わることのない国の誇りをしっかりと胸に抱いていたということじゃ。歴史の記述はここまで読み込まなくてはならないことを教えておるわけじゃよ。

ところで、真人が「日本国の使者である」と称したのは、唐に対して日本の国号を称した初めとされておることも知っておいて良いのではないかの。

30　中納言の設置（慶雲二年（七〇五）四月）

四月十七日に、天皇は勅《みことのり》を下して令の規定にはない中納言の設置を新たに命じられたのじゃ。勅によれば、「令の規定では大納言の定員は四人となっている。その職掌は大臣と等しく、官位は八省の長官を越えている。大納言の責任は重く、業務は複雑である。このため、欠員の補充が困難である。そこで大納言を二名にし、かわりの中納言三人を置き大納言を補佐させせよ。その職掌は、敷奏《ふそう》（天皇に奏上すること）・宣旨《せんじ》（天皇の命を伝えること）・待問《たいもん》（天皇からの質問を待つこと）・参議（太政官の会議に参加すること）である。中納言の相当位や給料は、令の規定をもとに定めて施行せよ」とある。これを受けて、太政官が合議し、「中納言の職掌は、太政官に近く機密事項に関与します。官位や給料は軽すぎてはならないと考えます。願わくばその官位は正四位上に相当し、別に封戸二百戸と従者三十人を与える事と致したい」と奏上し、許可されたのじゃ。これによって、令外の官としての中納言が誕生したというわけじゃ。

太政官は、国政を総括する最高機関じゃった。その太政官の構成を変更して令の規定にない中納言を設置し、かつ中納言の職掌まで天皇が規定したということは、天皇が大権を有していたことを示しているというわけじゃ。天皇の命に対して、太政官が出来たことは、相当官位と給料を決めることじゃった。

ここでは中納言は正四位上とされたが、後に従三位に格上げされ、人数も時代によって変わり、八人や十人の時もあったのじゃ。なお、中納言の名称は浄御原令の時にも存在したが、議政官としての役割はなかったようじゃ。従って、後々まで続く中納言はこの時設置されたと考えて良かろう。

中納言の設置は、天皇が積極的に政治に関与していたことを示しているとも言えるじゃろう。

31　八虐《はちぎゃく》とは（慶雲二年（七〇五）八月）

八月十一日に、天皇は詔を下して天下に大赦を行ったのじゃ。罪人を無罪とし、老人や病人など自活できない者には程度に応じて物を恵み与えたのじゃが、八虐《はちぎゃく》や一般の赦《しゃ》で許されない者は除外された。

このように、多くの場合八虐は大赦から外されたのじゃ。八虐は、日本古代の律で特に重く罰せられた罪なので、その中身を整理しておこう。八虐は、国家・社会の秩序を乱す八つの罪をいう。罪の重い順に並べると次のようになる。

（一）謀反《むへん》　天皇を殺害しようと謀る罪。刑は極刑の斬。

（二）謀大逆《むだいぎゃく》　御陵や皇居などの損壊を謀る罪。刑は絞、実行すれば斬。

（三）謀叛《むほん》　亡命・敵前逃亡・投降などを謀る罪。刑は絞、実行すれば斬。

（謀反は君主に対する直接的な反抗であるのに対し、謀叛は間接的な反抗。しかし、次第に両者は混同され、ともにムホンと読まれるようになった）

（四）悪逆　　祖父母や父母への暴行・殺害を謀る罪、および二等親以内の尊属・長上と外祖父母に対する殺害の罪。刑は斬。

（五）不道　大量殺人・残虐な殺人・呪術による傷害殺人、および二等親以内の尊属や外祖父母への暴行などの罪。刑は、徒《ず》（懲役刑）から斬。

（六）大不敬　天皇に対し不敬にあたる罪。例えば、大社を壊したり、天皇の衣服を盗んだり、神璽・内印を盗んだり偽造するなどの罪である。刑は、徒から斬。

（七）不孝　直系尊属に対する各種の罪のうち、悪逆より軽微なもの。刑は、徒から絞。

（八）不義　礼儀に反する罪。例えば、使用人が主人を殺害したり、大学・国学などの学生が師を殺害するなどの罪である。刑は、徒から斬なお、斬は絞とは異なり殺すのに刃物を用いるので、死体は損壊される。このため、斬はより重い死罪になる。しかしながら、実際に八虐に該当し死刑が執行された例は極めて少なく、弘仁元年（八一〇）の藤原薬子の乱以後保元の乱までの三百四十七年間死刑は行われなかったといわれておる。

32　礼儀を正せ（慶雲三(七〇六)三月）

三月十四日に、天皇は役人に礼儀を正すよう詔を出された。その詔は次のようなものじゃった。

「そもそも礼というものは、天地の正しい道であり、人として守るべき道の手本である。道徳仁義は礼をもととして広まり、教訓や正しい風俗は礼が有ってこそ成り立つ。ところが最近の役人の立居振舞いは多く礼儀を違えている。そればかりでなく、男女どちらからともなく、昼夜を分かたず逢い引きしている。また聞くところによると、京の内外に穢れた悪臭があるとのことである。これらはまさに担当の役所が取り締まりをしないからである。今後は、式部省と兵部省の二省ならびに衛門府・左右衛士府・左右兵衛府の五衛府が、官人と衛士を遣わして不届き者を厳しく絡め取り、行為に応じて罰を加えよ。もし罪を科すことが出来ない場合は事情を記して処置を聞け」

如何かな、この詔は、本章29項「日本は礼の国」でも述べたように、唐にまで聞こえるほどに「礼」を治世の柱に据えておったことの証とも言えるじゃろう。しかしながら、現実には役人に礼を失する振舞いが多く、男女の風紀は乱れ、京城の内外が穢れてきていたわけじゃ。前月の二十六日には、京や畿内で盗賊が多く出没したので逮捕させたとの記事もある。それを天皇が正そうとして詔を出されたわけじゃ。この詔がどの程度効果を上げたかは定かではない。清浄であるべき寺社さえも穢れているとして清浄維持を命じた詔も幾度となく出ておる。

何時の世にも不心得な人間はおるものじゃ。しかし、大切なことは皆が共有できる共通の規範があることではないかの。この時代は、「礼」を中心に据えておったわけじゃが、今の世でも役立つ規範なのではなかろうか。いや、あまりに無秩序な現代だからこそ、礼は輝きを増すように思うのじゃが。

33　追儺《ついな》の始まり（慶雲三年（七〇六）十二月）

この年の最後の記事として、次のように記されておる。

「この年、全国において疫病が流行り、多くの人民が死んだ。そこで、初めて土牛を作り追儺を行った」

追儺《ついな》は、鬼やらいともよび、大晦日の夜に行う悪鬼を払い疫病を除く儀式なのじゃ。この年の追儺が我が国で最初といわれておる。この行事は大きく二つに分かれるが、いずれも中国から伝えられたものじゃ。

まずは、土牛や童子像を宮城の諸門に立て疫鬼を祓う行事じゃ。陰陽寮式土牛条によれば、土で作られた牛や童子像を大寒の日の前夜に宮城の諸門に立て、立春の日の前夜に取り除くことになっておる。土の像は、青、赤、黄、白、黒に着色されており、各門毎に色が決められておる。例えば、陽明、待賢の二門は赤じゃ。中国では、迎春ないし農業の時を示す意味もあったようじゃが、日本ではもっぱら疫鬼を祓う目的だったようじゃ。なお、宝亀三年（七七二）十二月の記事に狂い馬が土牛と童子像を壊したとある。

もう一つが内裏の中で行われるいわゆる追儺なのじゃ。この年の追儺がどのように行われたかは分からんが、内裏式や延喜式によれば平安時代前期の行事の様子は分かる。相応しいとして選ばれた親王、大臣以下侍従以上の人々が宮中の四門に別れて待機し、桃弓と葦矢などが与えられる。一方、舎人は四つの眼をもつ黄金色の仮面をかぶり、矛と楯を持ち鬼の役に扮する。さらに官奴が小鬼になり、全員が中庭に参集する。陰陽師が祭文を読んだあと、鬼の発声を合図に、親王らが叫び声を上げながら桃弓と葦矢で悪鬼を門外に追い払うのじゃ。これが、変形して今の節分の行事になったわけじゃ。

慶雲元年、二年に続いてこの年も凶作や疫病が流行したのじゃ。中国から伝来した疫鬼を除く行事に大きな期待を寄せて、儀式を始めたのじゃろう。

34　白村江敗戦の影響（慶雲四年(七〇七)五月）

五月二十六日に、讃岐国の錦部刀良《にしきごりべのとら》、陸奥国の壬生五百足《みぶのいおたり》、筑紫国の許勢部形見《こせべのかたみ》らに、衣を一重ねと塩・籾が贈られたのじゃ。彼等は、昔百済を救うために派兵し白村江《はくすきのえ》で我が軍が敗れた時（六六三年）、唐兵の捕虜になってしまったのじゃ。彼等は、官戸（官有の奴隷）とされ、四十年を経てやっとその身分から解放された。その時、粟田朝臣真人らの遣唐使節団に出会い、彼等について帰国できたのじゃ。彼等の辛苦を憐れんで、慰労のために贈り物があったわけじゃ。
戦争から四十年、異国の地で彼等はどれほどの辛酸をなめてきたことじゃろうか。しかし、帰国できた彼等は幸せ者で、より多くの人が異国に骨を埋めたことじゃろう。白村江の戦い（六六三年：天智二年）は、兵士ばかりでなく国政上も大きな影響を残したのじゃ。敗戦後の天智三年には、対馬・壱岐・筑紫に防人を配置し、烽火台を建設した。さらに筑紫に水城を築き、その後、長門や筑紫に城を築き、大和の高安城《たかやすのき》（本章9項参照）、讃岐の屋島城、対馬の金田城などを築いておる。これらは、唐と新羅の連合軍の侵攻に備えた措置と考えられておる。また、天智天皇が六六七年に近江に遷都したのも白村江の影響と考えられるのじゃ。

築城などの建設費ばかりでなく、その後の維持管理にも莫大な経費がかかったことじゃろう。烽火台を例にとっても、一つの烽火台に二人の烽長と四人の烽子が配され昼夜を分かたず管理されたのじゃ。烽火台は、およそ二十一キロメートル間隔で設置されたから、対馬から平城京まででは五十基以上が設置されたはずじゃ。幸いなことに、築かれた城や烽火台が外国からの侵略に対し機能することはなかったが、国の安全を守るためには万一に備えた措置は不可欠なのじゃよ。

平和への努力はもちろん必要じゃ。しかし平和を叫び続けるだけでは道理に反する敵からの危険は回避できない。悲しいことじゃが、侵略への防備を固めると共に、敵が反撃を恐れ攻撃を躊躇せざるをえないだけの力を身につけておく必要はあるのじゃろう。

第二章　元明天皇の御代（七〇七〜七一五年）

1　元明天皇の即位（慶雲四年（七〇七）七月）

七月十七日に、元明天皇が即位された。元明天皇は、文武天皇の母で御年四十七歳じゃった。元明天皇は、幼名を阿閇皇女《あへのひめみこ》といい天智天皇の第四皇女じゃ。母は、宗我嬪《そがのひめ》といい、蘇我山田石川麻呂の娘じゃ。阿閇皇女《あへのひめみこ》が草壁皇子に嫁がれて誕生したのが、文武天皇なのじゃよ。

慶雲三年（七〇六）十一月に、文武天皇は病にかかられ、母に皇位を譲ろうとされたのじゃが、元明天皇は謙譲の心で固辞して受けられなかった。しかし、慶雲四年（七〇七）六月に文武天皇が崩御されたため、元明天皇が位につかれたというわけじゃ。

元明天皇の御代は、わずか八年じゃった。この間、武蔵国から銅が献上されたのを期に、我が国最初の貨幣・和同開珎《かいちん》が鋳造された。これによって経済活動は次第に活発になっていくのじゃ。さらに、平城に都が遷され、本格的な京師が建設された。いわゆる奈良時代が始まった時期でもあったのじゃ。一方で、元明天皇は太安万侶《おおのやすまろ》に『古事記』の撰録を詔され、献上させた。また諸国に『風土記』の編纂を命じられ、今に至る貴重な史書が作られたのもこの時期じゃった。

『万葉集』巻一の七六に元明天皇時代の唯一の歌が収められておる。

ますらおの鞆《とも》の音すなり　もののふの大《おおまえつぎみ》臣楯立つらしも

（武人達が弓を引いているらしく鞆の音が聞こえてくる。戦の大将軍も楯を立てて戦争の訓練をしているのだろうか）

女帝らしく戦いを厭う気持ちを詠っておる。この歌に対して、女帝の同母姉の御名部《みなべ》皇女が、わが大君よそんなに心配なさいますな私も居りますものをと慰める歌を唱和している（巻一の七七）。元明天皇には、真に心許せる相談相手は少なかったようじゃ。心疲れる日々だったのではないかのう。

2　武蔵国が銅を献上（和銅元年（七〇八）正月）

正月十一日に、武蔵国秩父郡より自然銅が献上されたのじゃ。天皇は、天地の神々が現された瑞宝であるとして、年号を慶雲五年から和銅元年と改め、叙位や大赦を行われたのじゃ。翌二月十一日には初めて催鋳銭司《さいじゅぜんし》（和同銭鋳造のための令外の司）がおかれるなど、これを契機として我が国の本格的な貨幣が鋳造され、普及していったことの意義は大きかろう。

このような鉱物資源については、天智七年（六六八）七月に越の国から石炭と石油が献上されたとの記録もあるように、何度か献上されておる。大宝令の雑令10に金銀などを発見したら太政官に申し出よと規定されておる。また雑令9には、銅や鉄を官が採掘しない場合は、民による採掘を許可し製品を調や庸の代わりとすることも許しておるのじゃ。

採掘は露天はもちろんじゃが、坑道によりかなり深くまで掘り進んでおったようじゃ。『日本霊異記』には、落盤事故の話がある。美作国《みまさか》英多郡《あいたのこうり》（今の岡山県英田郡《あいだ》）に官営の鉄山があった。国司が人夫十人を連れて鉄を掘らせていたところ、山の抗口が突然崩れ坑道がふさがれた。九人はやっとの思いで逃げ出せたが、一人が坑内に閉じ込められた。坑内に閉じ込められた男は、もし命が助かったら法華経を写しますと心に誓った。すると、しゃがんでいた頭のあたりに二尺四方（約六十センチ）・高さ五丈（約十五メートル）の穴が空き、日が射し込んだ。折しも、葛を取りに来ていた人々に発見され、葛を編んだ籠によって助け出されたそうじゃ。この話から、かなりの深さまで坑道が掘られていたことが分かるじゃろう。また、十人の工夫が示すように官営の鉱山とはいえ小規模なものが多かったのではないかの。美作は古くから鉄の産地として知られ、『続日本紀』の神亀五年（七二八）四月の記事からも美作国の大庭・真島から鉄が産出されていたことが分かるのじゃが、いずれも同じような規模と思われる。

3　和同開珎の鋳造（和銅元年（七〇八）五月）

五月十一日に、初めて「和同開珎《かいちん》」の銀銭が使用されたのじゃ。そう、銀銭なのじゃ。この正月にはじめて自然銅が献上されたので、銅銭が作られても良さそうなものを銀銭の流通から始まったわけじゃ。この当時、貨幣的な機能を持つものは、布と穀《もみ》と地金としての銀じゃった。従って、なじみやすい銀銭の使用を先行させたのじゃろう。

銅銭の和同開珎は、およそ二ヶ月後の七月二十六日に近江国で鋳造され、八月十日に使用が開始された。ところが、銅貨は通貨としてなかなか認知されなかったのじゃ。朝廷は、唐にならい銅銭を唯一の流通貨幣とする方針を貫き、銅銭の使用を奨励するとともに銀銭の使用を廃止していくことになる。和銅四年（七一一）十月に朝廷は、官人に対する俸給の大半を銭で支給するとともに、銭を貯えれば位を授ける・蓄銭叙位令を出しておる。朝廷が、貨幣経済を積極的に推進しようとしていた様子が分かるじゃろう。

一方で、銀銭が使用され始めてから七ヶ月後の和銅二年（七〇九）正月には、偽の銭をみだりに鋳造しているとして、銀銭の鋳造者を賤民にするとの偽造禁止令が出されたのじゃ。さらに二年後には、全ての私鋳銭者は斬刑にするとのより厳しい禁止令が出ておる。まだ貨幣の流通が始まったばかりなのじゃが、すぐに偽金を造るとは何時の世にも目先の利いた悪人がいるということじゃろう。

ところで、和同開珎を「和同開寳」と教えられたことはなかったかの。以前は、珎は寳の略字であるとされた時期もあったのじゃ。珎は珍の異体字じゃが、奈良時代の古文書では、「珎」と宝を意味する「寳」とは書き分けられておる。また、珍には宝あるいは宝物という意味もある。などのことから学会では、チンと読むのが普通なのじゃ。

4 古墳墓を保護せよ（和銅二年（七〇九）十月）

十月十一日に、造平城京司に勅して、もし造営工事で古墳墓の発《あば》き掘られるものがあれば、そのますぐに埋納し、発いたまま棄てさることがあってはならない。どの場合も酒をそいで祭り、死者の魂を慰めよ、と命じたのじゃ。平城京への遷都（七一〇年三月）を目前にして、平城宮ならびに平城京の工事は佳境に入っていた頃じゃ。おそらく多くの墳墓が暴かれたのじゃろう。現状復帰とともに手厚い祭祀を命じておる。祖先を敬い、死者の安眠を妨げまいとする朝廷の気持ちが分かるじゃろう。

発掘調査によれば、平城宮内では少なくとも二つの古墳が造営によって削られたそうじゃ。一つは市庭古墳で、全長二百メートルを超える前方後円墳で、宮の北辺部となる大垣によって切断されその前方部が削り取られたそうじゃ。残された後円部は、後に平城天皇陵になったそうじゃ。もうひとつは全長百メートルの前方後円墳で、これは墳丘全体が削られてしまったようじゃ。

平城京内については、発掘調査が届いていないのでどれほどの古墳が壊されたかまだ分かっていない。左京一条四坊の調査では、二つの前方後円墳が削られ、墳墓の葺き石の一部が造園に利用されていたそうじゃ。このような事実を知って、頭書の勅が出たのかも知れんのう。

同じような勅は、宝亀十一年（七八〇）にも出されておる。この場合は、寺を造るのに墳墓を壊しその石を用いていたようじゃ。ここでも厳しい禁断を加えておる。「礼」を政道の柱とした朝廷にとって、とても許せない行為だったのじゃろう。このような姿勢こそが、貴重な文化財を現代にまで伝えてくれたのではないかの。

5　山守《やまもり》による森林保護（和銅三年(七一〇)二月）

二月二十九日に、初めて守山戸《やまもりべ》を割り当て、各地の山の木を切ることを禁止したのじゃ。朝廷が、山守を指定し、勝手に山林を伐採することを禁じたわけじゃ。千三百年前に出された森林保護令と言えるかもしれん。

『続日本紀』は、「初めて」山守を割り当てたと記述しておるが、『日本書紀』にも山守部の記事が見られる。ここでいう守山戸《やまもりべ》は、山守部の系譜を引くものと思われるが、詳細はようわからん。『日本書紀』の応神天皇五年八月に諸国に令して、海人《あま》部と山守部を定めたとある。また、顕宗天皇元年四月に、天皇擁立に功績のあった来目《くめ》部小楯《おだて》への功賞として山官《やまのつかさ》に任命し姓を山部連《やまべのむらじ》としたとある。山官は、山部を管掌し山林の管理、産物の貢上にあたる役で、大きな権限があったようじゃ。

『万葉集』にも山守を詠んだ歌がある。天智天皇の崩御の後に、石川夫人の歌として、

・さざ浪の大山守は　誰がためか山に標結《しめゆ》う　君もあらなくに　（巻二　一五四）

（さざ浪の御山の山守は、誰のために標を結いつけて山を守っているのか。もう大君もおられないのに）

このように山守は、天皇のために実際に山を守っていた様子が分かるじゃろう。

また、大伴坂上郎女《さかのうえのいらつめ》（大伴家持の叔母）が親族と宴を催した時に口で吟じた歌として、

・山守のありける知らに　その山に標結ひ立てて結ひの恥しつ　（巻三　四〇一）

（山守（言い交わした男性）がいるのも知らないで、その山（女性）にしるしを結んで恥をかきましたね。）

この歌では、山と山守が比喩的に用いられており、山守が極めて身近な言葉であったことが分かるじゃろう。山守が機能していた証拠と言えるかもしれん。

このように元明天皇が設置した山守が、山林の保護に少なからず貢献してきたことは確かじゃろう。林野庁のルーツと言えるのではないかのう。

6　平城京に遷都（和銅三年（七一〇）三月）

三月十日に、都が平城《なら》に遷されたのじゃ。いよいよ奈良時代の幕が開けたことになる。遷都の議論が始まったのは、慶雲四年（七〇七）二月で、和銅元年（七〇八）二月に奈良への遷都の詔が出され建設が始められた。遷都決定から二年、まだ工事は続いていたことじゃろう。藤原京から奈良へ遷られる途中に詠まれた歌が伝えられておる（作者不詳）。

・飛ぶ鳥の明日香の里を置きていなば　君があたりは見えずかもあらむ　（巻一　七八）

（明日香の里を後にして行ってしまったら、あなたの居たあたりも見えなくなってしまうだろう。）

持統天皇の歌との説もあるが、元明天皇が、夫・草壁皇子と過ごした飛鳥の地を思い返しながら、藤原京から平城京へと移って行かれた様子が偲ばれるようじゃろう。

藤原京は、現在の奈良県橿原市を中心とする地域で、持統天皇によって造営され、持統四年（六九四）十二月に飛鳥浄御原宮から遷されたのじゃ。したがって、わずか十六年間しか使われなかったことになる。藤原京は、最近の発掘調査によれば平城京に匹敵する規模だったようじゃ。なぜ平城京に遷都する必要があったのかについては、いろいろな説が称えられておるが、定かではない。

平城京は、藤原京のほぼ二〇キロメートル北で、奈良盆地の北端にあたる。奈良盆地の南端から北端に移動したことになる。平城京は、中央北端部に宮城を配し、朱雀大路を中心に東西各々九条四坊の左右に分かれておった。京の南北の長さは、約四・九キロメートルで、東西は外京を含め五・九キロメートルであった。我が国初の本格的な都城じゃった。

平城京は、延暦三年（七八四）長岡京に移るまで、途中中断はあるものの、七四年間政治・文化の中心であり続けたわけじゃ。この間、天平文化や、『万葉集』に代表される和歌など我が国の文化の基盤を作ったとも言えるのではないかのう。現代人が、「奈良」に懐かしさのようなものを感じるのは、ここいらから来ているような気がするのじゃが。

7　交通の要・駅《うまや》の整備（和銅四年(七一一)一月）

正月二日に、初めて都に近い主要な郡里に駅が設置されたのじゃ。山背国相良郡の岡田駅など六駅じゃった。都が、藤原京から平城京に遷されたことにともなう交通網の整備なのじゃ。駅は、当時の主要幹線道である七道（東海道、東山道、北陸道、山陰道、山陽道、南海道、西海道）を支える重要施設じゃった。

各道の駅は、駅鈴を携える公的な使者（駅使《はゆまのつかい》）に馬や食糧を供給するための施設じゃった。駅についてては、厩牧令《きゅうもくりょう》に規定がある。その内容を見てみよう。駅は、原則三十里（約一六キロメートル）ごとに設置され、駅の運営財源として駅の規模に応じて田（駅起田《えききでん》ないし駅田）が与えられたのじゃ。すなわち、大路（山陽道）の駅には四町、中路（東海・東山道）の駅には三町、小路（その他）の駅には二町であった（田令33）。また、各駅には長を一人置き駅の管理・運営を行わせた。駅長は、駅に所属する民戸のうち豊かで実務能力のある者を選び、原則終身任務とした。駅長は、賦役令16によって課役は免除されておった。

駅には、長の責任において駅馬や馬具が常備されていたのじゃ。常備される馬の数も、駅の規模によって異なる。大路の駅には二十四、中路の駅には十四、小路の駅には五匹と決められておった。また、原則駅毎に馬を乗り継ぐよう規定されておる。さらには河川交通路の駅を水駅《すいえき》と呼び、船四隻以下二隻以上を置けと定めておるのじゃ。

このように多くの規定があるということは、駅制が当時いかに重要であったかが知られよう。たとえば、駅馬の利用は、緊急時に十駅以上、急がない時は八駅、帰りで急用でなければ六駅以下と定められておった。したがって、緊急時には少なくとも三百里（一六〇キロメートル）を走ることが出来たわけじゃ。外国との窓口になっていた太宰府と平城京とは、四日で連絡されたそうじゃ。これが当時の最速の通信手段だったわけじゃ。

蛇足じゃが、日本が産んだ世界的なスポーツ・駅伝のルーツがここにあるのはご存じじゃろう。

8　高級織物技術を全国へ（和銅四年（七一一）六月）

六月十四日に、挑文師《あやとりのし》を諸国に遣わして、錦・綾を織る技術を教えさせたのじゃ。挑文師《あやとりのし》は、錦（二色以上の彩糸を用いて模様を織りだした絹織物）や綾（経糸《たていと》と緯糸《よこいと》により紋様が斜めに連なって見える絹織物）など高級織物の技術指導者で、大蔵省の織部司《おりべのつかさ》に所属し定員は四人じゃった。彼等を地方に派遣しその技術を教えることによって、地方でも高級織物が織れるようにしようとしたわけじゃ。

『続日本紀』の和銅五年（七一二）七月に、伊勢・尾張・参河などの二十一国に命じて初めて綾・錦を織らせたとあるから、今回の技術の普及策は成功したと見て良かろう。また、地方の国衙（役所）に錦や綾を織る機が置かれていたとの記録もあるから、織り手とともに技術が確実に地方に普及しておったのじゃ。実際に、近江国の銘文をもつ錦綾の実物が正倉院御物の中にあるそうじゃ。

挑文師《あやとりのし》の官位は、大初位下で八位の下に位するのじゃが、なかにはすごい者も居おった。本章19項で述べる按作磨心《くらつくりのとこころ》じゃ。磨心は、和銅六年（七一三）十一月にその優れた技術を褒められて、磨心の子孫は雑戸《ざっこ》の身分を免除され、栢原村主《かしはらのすぐり》という氏姓を賜ったのじゃ。磨心《とこころ》は、すでに正七位という図抜けた官位を得ていたが、さらに子孫まで雑戸という良民最下位の身分をも脱したわけじゃ。さらに一年後には、磨心は従五位下を授けられ、貴族の仲間入りを果たしておる。身分制度の厳しいこの時代にあって、身分にとらわれず、卓越した技術を有する者に高い処遇を与えておるのは評価されてよいじゃろう。また、当時は美しい織物がいかに珍重されておったかが分かるじゃろう。磨心のような高い技術を持った者を一人でも増やそうと技術の全国展開を図ったのじゃろう。

世界に冠たる我が国の織物技術の原点は、この時の技術普及にあると言えるのではないかの。

9　衛士は強健であれ（和銅四年（七一一）九月）

九月二日に、天皇は次のような詔を出された。

「およそ衛士《えじ》は、非常の事態や予期せぬ事件のための備えである。必ず勇武で兵士としての能力のある者を用いるべきである。ところが、実際の衛士《えじ》はみな体が弱く、また武芸を習っていない。衛士というのは名ばかりで、役にたつことができない。もし大事に直面したら、どうして重要な任務にたえることができようか。『論語』（子路第十三）に言っているではないか。「人を訓練しないで戦わせることは、人を棄てるようなものである」と。今後は、もっぱら長官（国守）に委任して、勇敢で武術に馴れている者を衛士に選抜し、毎年交代させせよ」

衛士は、諸国の軍団から毎年派遣され、衛門府や左右衛士府に所属し宮城諸門、八省院、大極殿などを守った兵士である。その衛士が兵士としての能力に欠けるものが多いと天皇が嘆かれておるのじゃ。もともとは、地方出身の農民兵で、武芸の訓練などしてはおらぬので無理からぬことなのじゃ。軍防令11によれば、衛士には隔日に当番と非番があり、非番の日には所属する府で弓馬を教習させ、刀槍の訓練や弩《おおゆみ》や抛石機の操作を習わせることになっている。各府は、技術が向上しているか否かを確かめよとされておる。衛士もなかなか大変だったのじゃ。

平城京への遷都からまだ一年半、宮城はまだ未完成じゃった。このような時こそ、より頑健な兵士によって宮城を警護してほしかったのじゃろう。軟弱な兵士の存在は朝廷にとって大きな不安材料だったのではないかの。しかし、その後も衛士の弱体化や逃亡は止まらず、大きな政治問題化するのじゃ。次第に衛士の武力の中心は、地方豪族の出身者に移っていくことになるのじゃ。

ここで出された詔は、適性のない農民を兵士にすることの問題点を提起していると言えるじゃろう。

10　逃亡する役民《やくみん》（和銅四年（七一一）九月）

九月四日に、天皇は次のような詔を出された。

「この頃聞くところによると、諸国からの役民《やくみん》が、都城の造営に疲れて逃亡する者が多く、禁止しても一向に止まらないとのこと。いまだに宮城の垣は完成しておらず、防衛は不十分である。とりあえず軍の営所を建てて、兵器庫を固く守るように」

役民とは、平城宮や京の造営のために全国から徴発された人々のことじゃ。この詔は、役民が逃げ出すような状況が続き、いまだ宮垣すら完成していない状態なので、万一に備えて兵器庫を厳重に守るようにと指示したものなのじゃ。この詔から、役民が苦しい労役をのがれてしばしば逃亡していた様子が分かるじゃろう。

苦しい労役に耐えて、無事帰国の途に付いたとしても、故郷への道は大変な困難があったのじゃ。和銅五年（七一二）正月十六日に出された詔はつぎのように言っておる。「諸国の役民は、都での労役を終わって郷里に帰る日に、食料が欠乏し、多く帰路で飢えて、溝や谷に転がり落ちて、埋もれ死んでいる例が少なくない。国司らは、努めて彼等をいつくしみ養い、程度に応じて物をめぐみ与えるように。もし死者が出た場合、とりあえず死体を埋葬し、その氏名を記録して、本籍のある国に報告せよ」このような詔が出ると言うことは、事態が極めて深刻だったのじゃ。死と隣り合わせの帰国と言えるじゃろう。都での労役を終えた人々の帰郷については、帰郷の経費は、自己負担じゃった。そのため、帰郷の苦労は大変なものだったのじゃ。無事労役を勤め上げた者でもこの状態じゃから、逃亡した役民などはもっと酷い状況じゃったろう。

最低生活の保障どころの騒ぎではない、現代人にとっては想像を絶する状況があったのじゃ。奈良時代の民衆の厳しい一面をこの詔は伝えているわけじゃ。

11　蓄銭叙位令（和銅四年（七一一）十月）

十月二十三日に、天皇は銭に関する三つの詔を出されたのじゃ。

一つ目は、品や位による俸禄の支給規定で、俸禄の一部に銭が用いられたのじゃ。例えば、二品・二位には絁《あしぎぬ》三十疋、絹糸百絇《く》、銭二千文などじゃ。ちなみに八位・初位には絁一匹と銭二十文じゃった。大変な差じゃが、下級の官吏にまで銭で支給されておる。俸禄として銭を用いることにより、銭の流通を盛んにしたかったのじゃ。

二つ目は、いわゆる蓄銭叙位令じゃ。詔は、「銭の用途は余分な物と不足の物を交換するところにある。今の人民は従来の習慣に囚われて銭の利点が理解できていない。わずかに売買する者がいても、銭を貯える者はいない。そこで、銭を貯えた者には、その多少に従って等級を定め位を授けよう」と述べておる。例えば、従六位以下で蓄銭が十貫（貫は銭千文）以上なら位一階を上げるなどじゃ。翌十一月四日には、実際に蓄銭の人たちに叙位を行っておる。ここでは、銭の流通と蓄銭を奨励しておるのはもちろんじゃが、政府への銭の還流も狙っておるのじゃ。

三つ目は、私鋳銭の罰則強化じゃ。利益をむさぼる人民の中に私鋳銭者が増えることを恐れ、従来の私鋳の罪・徒《ず》（懲役刑）三年は軽すぎるので、より重くし、私鋳を未然に防ごうとしたのじゃ。具体的には、主犯は斬、従犯は没官（官の奴婢に落とす）、主犯の家族は流罪などじゃ。厳しい罰則に変更したのは、流通する私鋳銭に手を焼いていたことの証でもある。

この日の詔は、蓄銭叙位令として有名じゃが、銭による俸禄の支給や私鋳銭の厳禁など貨幣経済移行のための総合的な施策として捉えるべきじゃろう。

12　烽火台の整備（和銅五年(七一二)正月）

正月二十三日に、河内国高安の烽《とぶひ》（のろし台）を廃止して、高見烽と大和国春日烽を設けて、平城京との連絡手段を整備したのじゃ。烽火台は、緊急時の連絡を確保するための軍事施設じゃ。古くは弥生時代から使われておったようじゃが、天智二年（六六三）の白村江の戦い以降、対馬、壱岐、筑後などに設置し国の備えとしたのじゃ。

烽火については、軍防令66から76条に規定がある。烽火台の間隔は原則四〇里（約二一キロメートル）、昼は煙を夜は火を上げること、相手からの応答が得られない時は人を走らせよなどとされている。各烽火台には、二人の烽長と四人の烽子が配置されておった。烽長は課役を、烽子は徭役を免除されておったのじゃ。さらに、兵部式には賊船と分かったら烽火二つを上げ、二百艘以上なら烽火三つを上げることなどと規定されておる。適切な情報を確実に伝えたいという意志が感じられるじゃろう。

高安烽は、第一章9項で述べた高安城付近にあったと考えられ、飛鳥と難波との通信を担っておった。しかし、平城京への遷都によって、その役割が終わったのじゃ。その代りとして新たに設置されたのが、高見烽と春日烽なのじゃ。高見烽は、奈良県生駒市と大阪府東大阪市の境にある生駒山にあったと考えられておる。難波から平城京への連絡用だったのじゃ。春日烽は、春日山山麓にあったと考えられるが詳細は不明じゃ。いずれにせよ遷都にともなっての整備であることは間違いない。

主として外国からの侵攻に備えて設置された烽火台であったが、幸いなことにこれらが使用されることはなかった。烽火そのものについては、「藤原広嗣の乱」（天平十二年（七四〇）九月二十四日の記事）で、兵を徴発するのに使用されたと、『続日本紀』は述べておる。ローカルな烽火通信は行われたが、ネットワークとしての烽火通信は武田信玄の時代まで下がることになるのじゃ。

13　悪徳地方官を重罪に（和銅五年(七一二)五月）

五月十三日に、天皇は次のような詔を出された。

「諸国の大税《おおちから》を三年間無利子で貸し付けるのは、もともと人民の窮乏をあわれみ救うためである（和銅四年（七一一）十一月二十二日の詔）。ところが今、国司・郡司及び里長らは、この恵みの貸し付けを利用して、みだりに私利獲得の手段としている。政治を損ない人民を害すること、これより甚だしいものはない。もし、自分自身を潤すことを願って、よこしまに利益を収めている者は、重罪を以て裁き、その罪は恩赦によっても赦さないこととする」

この詔は、出挙の制度を利用して私腹を肥やす地方の役人を厳しく戒めたものなのじゃ。

「出挙《すいこ》」は、本来農民の営農を支える仕組みで、種籾まで食い尽くしてしまった農民に、春に稲を貸し付け、秋に収穫後利息の稲を付けて返済させるものであった。国が貸し付けるものを、公出挙《くすいこ》といい利率は五割（後に三割になる）、地方の豪族等が貸し付けるものを私出挙（利率十割）と言った。しかし、国からの稲の貸し付けは強制になり、税の一部として農民を苦しめることになったのじゃ。

和銅四年の詔は、農民を救済するために、公出挙の利率を三年間ゼロにするとともに私出挙の利率の上限を五割とするように命じたのじゃ。しかし、この詔を悪用し私腹を肥やす地方行政官が多数出てきたため頭書の詔が発せられたのじゃ。国司・郡司・里長らは、国からは無利息で稲を借り、一般農民には利息を付けて貸し付け、私腹を肥やしていたわけじゃ。

非道い話ではないか、まさに悪徳役人じゃの。中央の指示が農民にまで届かないことを悪用しておるのじゃ。情報の公開と流通の重要性を示しているとも言えよう。

14　高安城《たかやすのき》への行幸（和銅五年(七一二)八月）

八月二十三日に、天皇は高安城に行幸された。高安城は、奈良県生駒郡と大阪府八尾市の境の高安山（四八八メートル）に築かれた山城で、有名な信貴山の西方一キロメートルほどのところにある。この城が築かれたのは天智六年（六六七）年十一月のことじゃった。

この時、讃岐の屋島城や対馬の金田城も同時に築かれておる。さよう、唐や新羅の侵攻に備えて天智天皇が築かれたものじゃ。高安城については、飛鳥防衛がその役割じゃった。途中築城を中止した時期もあったが、天智九年（六七〇）九月には穀や塩をこの城に集積しておるので、少なくともこの時期には完成しておったのじゃろう。また、壬申の乱（六七二年）では戦場の一つにもなっておる。高安城は近江軍が固めておったが、大海人皇子軍の坂本臣財《たから》が攻めてくると知って、近江軍は倉を焼いて逃げ散ったのじゃった。天武四年（六七五）二月には天武天皇がこの城を訪れておられる。おそらくは、この城の役割を確認するとともに壬申の乱での戦いを振り返られたのではないかの。また、持統三年（六八九）十月には持統天皇も高安城に行幸されたのじゃ。やはり壬申の乱を思い出されるとともに亡き夫・天武天皇を偲ばれてのことではなかったかの。

文武三年（六九九）九月に高安城を修理したのじゃが、まもなく廃城を決定したようで、大宝元年（七〇一）八月には舎屋や貯蔵物を大和と河内の二国に移してしまったのじゃ。新都・平城京を守護する城としては地理的に適切ではないと判断されたのじゃろう。すなわち、本章12項で話したように高安烽の廃止と同じ理由と考えられるのじゃ。

廃城からおよそ十年、どのような目的でこの行幸が行われたかは分からん。もしかする

と元明天皇は、城としての機能を失いやがて廃墟と化して行くであろうこの地を訪れ、父

・天智天皇の築かれた城の最後の姿を心に留めたかったのかもしれんの。

15　貨幣の利用促進（和銅五年(七一二)十月）

十月二十九日に次のような詔が出された。

「諸国からの役夫《えきふ》（公役に徴用された民）や運脚《うんきゃく》（貢進物を都に運ぶ民）が、郷里に帰る際、食料が欠乏して帰り着く手段がない。郡稲（郡毎に備蓄された官稲）を割いて便利な場所に貯えて、役夫が着いたら自由に銭と交換させよ。また、旅行をする人は必ず銭を所持して費用とし、重い米を持ち歩くことを止めさせ、銭を用いることの便利さを知らしめよ」

和同開珎が発行されてから四年、役夫や運脚に銭を所持することを督励して少しでも銭の普及促進を図るためにこのような詔が出されたのじゃ。京で銭を手にした役夫や運脚が、それを郷里に持ち帰ることにより、和同開珎の地方への普及に少しは寄与したのじゃろう。

本章11でも述べたように前年には役人の給料が銭で支払われるようになり、蓄銭叙位令なども出されたのじゃが、一般への普及はなかなか進まなかったのじゃ。このため和銅六

年（七一三）三月にも同様の詔が発せられておる。そこでは次のような指示が出された。

①高潔で優秀な人物であっても、銭貨の蓄積が乏しい者は遷任しない

②運脚の便を図るため、富豪の者に路傍に米を用意させ、その売買を行わせよ

③耕地の賃貸借には銭貨を用いよ。他の支払い物によれば、耕地と支払い物を没収する

朝廷は、いままでの物々交換から新たな貨幣経済への移行に懸命だったのじゃ。色々な面からの施策を推進しようとしていたわけじゃ。②は貨幣経済のためのインフラの整備と言えるじゃろう。銭だけ持って旅に出ても米と交換できる場所がなければ意味がないからの。このような政府の施策にもかかわらず和同開珎の出土状況などから、当時の貨幣の流通状況は畿内とその周辺八カ国程度だったようじゃ。

今から見れば当然のようじゃが、当時は革新的な施策じゃったろう。何事も社会の仕組みを変えるほどの事業には、時として大きな飛躍が必要になるいうことじゃ。

16　風土記編纂命令（和銅六年（七一三）五月）

五月二日、朝廷は次のような内容を「史籍に載せて報告せよ」との命令を各国に発した。

①　郡・郷の地名は好字（格好の好い漢字）であらわすこと

② 郡内の特産品、その地に生息する動植物等を記述すること
③ 土地の肥沃状況
④ 山・川・原・野の名称とその由来を明らかにすること
⑤ 古老の相伝する旧聞や異事を記すこと

ここでいう「史籍」とは、風土記のことじゃ。すなわち、各国に風土記を作成するように命じたわけじゃ。しかし、風土記にこの五項目全てを記載する必要があるか否かは、原文を読んでもよう分からん。そのためか、現存する五つの風土記についても五項目全てを記述しているものはない。実際には、各風土記の記述にはそれぞれ特色があるものの、④と⑤の記事が中心になっておる。

現存する風土記は、出雲国風土記がほぼ完本に近い形で残っておるが、常陸国風土記、播磨国風土記、肥前国風土記、豊後国風土記については一部が欠損しておる。その他の国についても風土記は作られたのじゃが、残念ながら現在まで残っておるものはなく、その断片（逸文）のみなのじゃ。

この命令が出されたことによって、各国庁は官撰の地誌を編纂したわけじゃ。そのおかげで当時の地方の様子を文献で確認できることになる。すなわち、後世の人間にとって、

この命令の持つ意義は極めて大きいものが有ると言えるじゃろう。

17　乳牛の飼育（和銅六年（七一三）五月）

五月二十五日の記事に、「初めて山背国に乳牛戸《ちちうしのへ》五十戸を置いた」とある。乳牛戸とは、乳牛を飼い牛乳を生産する家のことじゃ。いまなら酪農家ということじゃろう。乳牛戸は、宮内省の典薬寮に所属しておった。牛乳が薬に準じたものとして扱われておったのじゃ。乳牛戸については、『続日本紀』ではここ一個所に出てくるだけで、『日本書紀』にも書かれておらん。したがって、この記事は乳牛戸が初めて置かれたことをいうのか、乳牛戸は以前よりあったが初めて山背国に置かれたことを伝えたかったのかは分からんのじゃ。さすがのワシもそこまでは分からん。何しろ牛乳は飲まんからの。

当時の貴族達は牛乳をよく飲んでおった。例えば、有名な長屋王宅跡の木簡からは、牛乳持参人が日々牛乳を運んでいたことが知られておる。『新撰姓氏録』によれば、百済系の帰化人・善那が孝徳天皇（六四五〜六五四年）に牛乳を献上したとされ、これが牛乳の初出と考えられておる。牛乳から作られるものに、酪、酥《そ》、醍醐があるとされるが、それらがどのようなものであったかはよく分からず、ヨーグルト、練乳、バター、チーズなど色々な意見があるようじゃ。

この記事のいう乳牛戸《ちちうしのへ》は、単に牛乳のみを献上していたのかそれとも乳製品（酪や酥など）まで作っていたのかは未詳なのじゃ。いずれにせよ、上流階級とはいえ当時牛乳が普及していたことだけは理解できるじゃろう。ついでながら、長屋王宅には夏になると氷室から氷を馬に乗せて運んでいた。このことから分かるように、当時の食生活も決して貧しいものではなかったのじゃ。

18　銅鐸の発見（和銅六年(七一三)七月）

七月六日の記事は、銅鐸の発見を次のように告げておる。

「大倭《やまと》国宇太《うだ》郡波坂《なむさか》郷の人で大初位上の村君《むらのきみ》東人が銅鐸を長岡野の地で得て献上した。高さは三尺、口径は一尺で、その造りは通常のものとは異なるが、音は律呂《りつりょ》（楽律）にかなっていた。そこで担当官吏に命じて収蔵させた」

この記事は、銅鐸が正史に登場する最初のものじゃ。次に正史で記述されるのが弘仁十二年（八二一）五月で、『日本後紀』は次のように記述しておる。

「播磨の人が地面を掘ったところ銅鐸一つを得た。高さは三尺八寸、口径は一尺二寸であった。僧侶が、「阿育王《アショカ》の塔に付いていた鐸である」と言った」

また、正史に登場する三番目は承和九年（八四二）六月の記事で、『続日本後紀』は次のように記している。

「若狭国から銅器が進上された。その造りはすこぶる鐘に似ている。地中から掘り出されたものである」


銅鐸は、弥生時代の祭祀具の一つであるが、この時代になると本来の使い方が忘れ去られ、奇異なものとして認識されていたことが分かるじゃろう。弥生時代から祭祀具として使われた鏡、剣、玉などは、この時代にあっても宝器、祭具として大切にされておるのだが、なぜか銅鐸は重用されないばかりでなく、その使い道さえ忘れられてしまったのじゃ。その結果、インドのアショカ王が各地に建てた宝塔に付けられていた塔鐸との見方まで広まったのじゃ。しかし、見方を変えれば奈良時代の人々にとっても銅鐸は祭祀具とは思えなかったわけで、銅鐸がなぜ弥生時代に祭祀具として採用されたのかの方が不思議なのかもしれんの。

19　人間国宝の先駆け（和銅六年（七一三）一一月）

十一月十六日、天皇は次のような詔を下された。

「正七位上の桉作磨心《こらつくりのとごころ》は、優れた技能と独特の才能を持ち、多くの人々から一人飛び抜けている。彼の織りなす錦や綾は妙齢と言うべきである。よって磨心の子孫には雑戸の身分を免除して栢原村主《かしはらのすぐり》の姓を授ける」

磨心《とごころ》が属していた雑戸は、最下位の良民で、この下には賤民しかいないという低い身分なのじゃ。雑戸は諸官庁に隷属し、世襲の技術をもって仕えておった。雑戸は、桉作、山背甲作《やましろよろいづくり》、朝妻手人《あさづまのてひと》などの固有の姓を持ち、卑しい身分であることがすぐに分かるようになっておったのじゃ。じゃから、雑戸の身分を脱し通常の姓を与えられたということは大変な名誉じゃった。さらに、この磨心《とごころ》は翌和銅七年（七一四）九月に従五位下の位階を授けられておる。磨心は、貴族と呼ばれる従五位下になってしもうた。これは大変なことなのじゃ。このような例は『続日本紀』の中にも二つと見られん。如何に磨心の技術が優れ、またその作品が高く評価されていたかが分かるじゃろう。現代流に言えば、人間国宝いやそれ以上かもしれん。なにしろ、本人に対する優賞だけでなく、その子孫まで恩恵が及んでおるのじゃから。

また、馬飼の雑戸については、天平十六年（七四四）二月に解放され公民とされておる。その折り、聖武天皇は詔の中でつぎのように言っておる。

「…。ただし、解放された後に汝らの技術を子孫に伝え習わせなかったなら、子孫はあまねく前の姓に降ろして、卑しい等級にもどさせようと思う」

雑戸からの解放は、技術の継承が前提になっているわけじゃ。

磨心の叙位といい雑戸の解放といい、奈良時代にあっても高度な技術が大切にされておったことが分かるじゃろう。

20　旅する商人（和銅七年(七一四)二月）

本章15で話したように貨幣の流通を促進しようとしていた時代じゃから、商業活動は低迷していたとお考えじゃろうが、二月二日の記事に次のような一文が見られる。

「関を管理する国司は、旅の商人が通過する際には詳しく検査し、結果を使いに託して朝廷に報告せよ」

ここで、関とは、鈴鹿、不破、愛発《あらち》の関のことじゃ。したがって、伊勢、美濃、越前の三か国に出した命令じゃ。このことから、当時交易のために遠隔地に旅する商人がかなりおったことが推測されるじゃろう。

例えば、『日本霊異記』の中巻二十四話には、平城京の左京六条五坊・大安寺の里に住む楢磐嶋《ならのいわしま》の話が出ておる。それによると、磐嶋は、大安寺の銭三十貫を借りて、越前国敦賀の港に行き商取引をし、品物を得て船に乗せ家に持ち帰ろうとした時に急に病気になったという。そこで船を下り馬を借りて帰宅するわけじゃ。これは説話じゃから、こののち閻魔大王の使いの鬼とのやりとりになるのじゃが、これは省略しておこう。この話は、聖武天皇の御代（七二四〜七四九年）のことじゃそうだが、和銅七年（七一四）当時にもすでに遠隔地まで行き交易をしていた商人がおったことはこの記事からも分かるわけじゃ。

この説話で興味深いのは、磐嶋が寺から商売の資金を調達している点なのじゃ。磐嶋は得られた利益の一部を寺に納めることになる。このように寺は小商人に金を貸し利潤を得ていたわけじゃ。寺に限らず富裕な貴族なども同じような利殖を行っておったのじゃ。さらにこの説話から、商品の運搬には主として船が使われ、人の移動には馬が使われていたことが分かる。仏教説話じゃからとてバカにできんぞ、『日本霊異記』も貴重な情報を伝えてくれているわけじゃからの。

21 未熟な鋳銭技術（和銅七年（七一四）九月）

九月二十日にいわゆる「択銭《えりぜに》禁止令」が出された。その内容は次の三つからなる。

① 今後、銭の善し悪しを選んではならない
② もし官銭であることを知りながら、銭を選んだ者は、杖百回を課す
③ 偽造の銭は、主・客互いに破棄して、東西市司に届出よ

和同開珎が鋳造され始めてから六年、鋳造不良の貨幣が流通していたのじゃ。使う側からすれば、なるべく良好な銭を手元に置きたいと思うのは当然じゃろう。出来の悪い銭の授受を巡って、店主と客との間にトラブルが絶えなかったというわけじゃ。そこで、鋳造不良の銭の受け取りを拒否することは円滑な交易を阻害するとして禁止されたわけじゃ。

左右京職令には、次のような規定がある。

「銭の文字が一字でもはっきりしていれば、皆流通させよ。もし、銭の良否を選ぶ者があれば、状況に応じて罪を科せ」

朝廷でも鋳造不良の銭貨が作られていることを認識したうえで、その流通を図ろうとしていたわけじゃ。それにしても、「和同開珎」の四文字のうちまともに読めるものが一つでも良いとしているのは、おおらかというか鋳造技術の難しさを示しているようでほほえましくさえあるじゃろう。③に贋金についての規定があるが、この程度の技術だから比較的簡単に民間でも偽造できたのじゃ。銭を選んではならないと規定しても、実際には選んでいたのじゃよ。それは、偽造銭の選別の役にも立っていたというわけじゃ。

この禁止令は、精巧な通貨が流通している現代人から見ると奇妙にさえ感じられるかもしれんが、銭貨の製造技術を含め、択銭、百叩き、贋金と当時の社会状況を映しておることは確かなのじゃ。

22　浮浪人民への課役（霊亀元年(七一五)五月）

五月一日、天皇は諸国の朝集使に対し四項目からなる勅を出された。その第一項目は次のような内容じゃった。

「天下の人民の多くは、その本籍地を離れて、他郷に流浪し課役《かえき》を忌避している。流浪先に留まること三月以上になる者は、その地で本人の国・郡・氏名を記録・報告（土断という）させよ。調・庸は、浮浪先の国の規定に従って納めさせよ」

課役を嫌って多くの民衆が本籍地を離れ流浪していることが分かるじゃろう。実は、和銅二年（七〇九）十月に流浪に関する禁制が出されておるのじゃ。この頃から流浪が社会問題になっておったのじゃ。しかし、いっこうに流浪は解消されない。朝廷にとって、流浪民の増大は税収の減少につながる重大事なのじゃ。そこで流浪先で本人確認をおこない課税したわけじゃ。

ところで、課役じゃが、成人男性を対象としたもので、課が調（土地の産物などの徴収）、役が庸（歳役の代納としての布または米の徴収）と雑徭《ぞうよう》（無償の労働）を意味する。ただし、役に雑徭が含まれない場合もある。唐の律令における課役は、租と調と庸を意味し、雑徭は含まれなかったが、日本の律令制度においては、課役には田租は含まれておらなんだ。すなわち、耕地面積に応じて課される田租とは別に課役が課されていたため、与えられた土地を離れて流浪していても課役のみを課すことは出来たわけじゃ。

この勅は、いくら流浪を禁制しても後を絶たない現実を認め、国政への影響を最小限に留めようとした政策なのじゃ。この後、浮浪人を本籍地に帰す努力もなされたが、本籍地のない浮浪人は課役のみが課されることとなり、戸籍を有する公民とは別個の身分となっていくのじゃ。この勅が、新しい身分を作るきっかけとなったと言えるかもしれんの。

23　国家を食いつぶす害虫（霊亀元年（七一五）五月）

前22項で述べた勅の第二項には、次のような言葉があるのじゃ。

「…（人民に法を守らしめ、人民を慈しむのは国郡司の義務としたうえで）…その身は公職にありながら私腹を肥やすことを思い、農業を妨げてその利を奪い、人々の生活を侵害することがあるならば、そうした官人はまことに国家を食いつぶす大きな害虫のようなものである。（以下、国郡司の評価基準と処罰など）」

随分と激しい表現じゃろう。これにはそれなりの背景があるわけじゃよ。本章13項もその典型的な例じゃ。その他、和銅六年（七一三）五月には、終身任期の郡司を国司が個人的な感情で、辞任を強要したり解任したりしたとして、注意勧告が出されておる。また、霊亀二年（七一六）四月には、勤務評定を良くするために、公の帳簿に虚偽の記載をする事件も起きておるのじゃ。『続日本紀』には記載はないが、国郡司の不正が目に余るほどにあったということじゃ。しかし。この勅でも十分な実効をあげ難かったのじゃろう、第三章8で述べる按察使《あぜち》の設置につながっていくのじゃ。按察使は、地方の官吏を監督する役割をもっていたのじゃ。

按察使《あぜち》が新設されて以降も、不正が無くなったわけではない。神亀元年（七二四）十月に出雲按察使が、不正蓄財で位禄（位に対して支給される禄）を没収されている。さらには、神亀四年（七二七）年十二月には丹後守が法を犯したとして流罪になっている。それ以降も国司等の不正は散見される。官吏の不正もなかなか根絶し難いようじゃ。

それにしても、「その身は公職にありながら私腹を肥やすことを思い」とは、多かれ少なかれ何時の世でも、どこの国でも通用する言葉じゃろう。決して古さを感じさせぬのは、人間の本質に根ざしておるからじゃろう。情けないことじゃが。

24　兵器の整備（霊亀元年（七一五）五月）

五月十四日、天皇は三項目からなる勅を出された。その三番目は、諸国に兵器の整備を命じたもので、次のような内容じゃった。

「五兵の使用は古から尊んできたところである。強きを服従させ、弱きを懐柔すること、すべて武徳に因る。ところがいま、六道の諸国が製造する器仗《きじょう》（武器）は十分堅固に出来ていない。いざという時とても使い物にならない。今後は、毎年製造した武器の見本を提出させ、巡察使が出向いた時に、詳しく見本と比べ合わせよ」

ここで六道となっているのは、七道から西海道を除いたためじゃ。西海道では武器の製造を免除されておったのじゃ。このため、対外防備の拠点である太宰府には全国から武器が供給されておった。ただし、天平宝字五年（七六一）七月以降は西海道でも武器の製造が義務づけられるようになった。

ここで、五兵とは武器の総称で、五つの兵器のことじゃ。弓矢・殳《しゅ》（つえぼこ）・矛・戈《か》（鳶口に似た物）・戟《げき》（戈《か》と矛を組み合わせた物）を意味することが多い。いずれも古代中国の武器じゃ。これに対し、器仗はこの時代に武器の意味で用いられた言葉で、軍防令や兵部省式などで用いられておる。その兵部省式には諸国が毎年造るべき器仗の種類や数が示されておるのじゃ。例えば、伊勢国には鎧六領、太刀二十口、弓六十張り、征矢六十本、靫《ゆぎ》六十が義務づけられておった。

当時は、蝦夷や隼人の反乱はあるものの、国内はほぼ統一されておった。したがって、ここで整備を命じた武器のほとんどは外国への備えと考えるべきなのじゃ。「強きを服従させ、弱きを懐柔すること、すべて武徳に因る」は、いまでも生きていることを忘れてはならんぞ。もちろん平和的な外交手段は重要じゃ。じゃが、それとて背後に強力な武力があって初めて成り立つことなのじゃ。残念じゃが、人間社会の永遠の真理じゃ。

25　東海地震発生（霊亀元年(七一五)五月）

五月二十五日の記事は次のように伝えておる。

「遠江国に地震があった。山が崩れて麁玉《あらたま》川（馬込川）がせきとめられた。このため水が下流に流れず、数十日経ってこれが決壊し、敷智《ふち》・流下《ながのしも》・石田《いわた》三郡の民家百七十余区が水没し、あわせて田の苗にも被害が出た」

新潟県中越地震（二〇〇四年十月二十三日）では芋川など四つの川で河道閉塞（天然ダム形成）が起こったが、それと同じように天然ダムが出来それが決壊して大きな被害が出たのじゃ。

そして、翌二十六日には次のような記事がある。

「参河国に地震があった。正倉（田粗の稲などを納める倉）が四十七棟倒壊した。また人民の家もあちこちで陥没した」

こちらも相当な被害のようじゃ。本震が遠江（静岡県西部）で、余震が参河（三河：愛知県東部）と考えられるので、いまならさしずめ東海地震じゃろう。さよう、『続日本紀』は東海地震の歴史も伝えておる。史書が貴重なわけじゃ。

わが国で最初に地震の発生を記録したのが、『日本書紀』で、允恭天皇五年（四一六）七月十四日のことじゃ。被害の記録の最初が、推古天皇七年（五九九）四月二十七日で、地震が起きて家屋がことごとく壊れたとある。このため諸国に命じて地震の神をお祭りさせたとある。「諸国に命じて」とあるから、広い地域にわたって被害が出たようじゃ。おそらくは東海地震、もしかすると東南海地震も加わったかもしれんの。また、天武天皇十三年（六八四）十月十四日に大地震が起き諸国の官舎などが破壊されたとある。道後温泉では湯が出なくなり、土佐では田畑が没して海となり、伊豆島では島が出来たとある。東海道から南海道にいたる広域地震だったのじゃ。

大地震は時代を問わず大きな被害を与える。東海、東南海、南海地震が同時に発生すると、約二万七千人が死亡し、八十一兆円の経済損失が生ずるとの試算もある。地震の予知は難しいようじゃから、地震の神を大切にお祀りする必要があるのではないかの。

第三章　元正天皇の御代（七一五〜七二四年）

1　元正天皇即位（霊亀元年（七一五）九月）

九月二日に、元正天皇が即位された。元正天皇は、文武天皇の姉で御年三十七歳じゃった。元正天皇は、幼名を氷高内親王《ひたかのひめみこ》といい、父は草壁皇子（天武天皇の息子）、母は元明天皇（天智天皇の娘）じゃ。天智、天武両天皇の血をひいておられるわけじゃ。血筋の良さが分かるじゃろう。元正天皇の即位前記は、天皇はお心は沈着にして思慮深く、言動は礼儀に叶っていると告げておる。

このたびの譲位は、首《おびと》皇子という皇太子がおられるにもかかわらず母から娘へと女帝が二代続く極めて異例のものじゃ。譲位にあたり元明天皇は次のような詔を出されておる。

「…　いま精気が次第に衰え、老いて政務にも倦んできた。深い静けさを求め、自然の中に身を置きたい。皇位を投げ捨てて、煩わしさから逃れ俗世のことを忘れたい。そこで、皇位を皇太子に譲ろうと考えたが、まだ年が若く奥深い宮殿を離れることができない。しかし政務は多端で一日になすべきことは多い。一品の氷高内親王は、若くして天の授けるしるしに叶い、早くからよい評判で知られている。……」

すなわち、皇太子はまだ若いから氷高内親王に皇位を譲るといっておるのじゃ。元正天皇は皇太子が成人するまでの中継ぎであると宣言しておるわけじゃ。しかし、この時皇太子は十五歳で、文武天皇が即位した年令になっておったのじゃ。文武天皇の即位が若すぎたということかの。

元正天皇の御代は、わずか九年であった。この間、十五年ぶりに第八回遣唐使が派遣され、阿倍仲麻呂、吉備真備、僧玄昉《げんぼう》などが唐に渡った。按察使《あぜち》が設置され諸国の行政を監察したり、人口増大による農地不足を解消するため、開墾を奨励する三世一身法が施行された。一方で、舎人親王が「日本紀」三十巻と系図一巻を撰上しておる。今に至る貴重な史書が作られたわけじゃ。

元正天皇は、元明天皇からの譲位をあえて辞退することなくお受けになった。三十七歳独身の天皇は、どのようなお心で中継ぎの役をお受けになったのであろうかの。

2　陸田での雑穀栽培（霊亀元年（七一五）十月）

十月七日、元正天皇は次のような詔を出された。

「国家が隆盛かつ安泰であるためには、まず人民を富ませることが肝要である。人民を富ませる基本は、政務を人民の経済生活に合わせることである。このために、男は農耕に勤めて、女は機織りを修めて、家に衣食が豊かにあり、人民に恥を知る心が生ずれば、刑罰は定められていても用いる必要のない状況が起こり、泰平の形勢が到るのである。だから大方の官吏はそのように努力しなくてはならない。いま、諸国の人民は生産技術のために努力していない。ただ、水田耕作をするだけで、陸田の利点が分かっていない。だから水害や旱害に遭うと、さらに余剰穀物が無くなり、秋の稔りが無くなると多く飢饉にみまわれる。…　人民に粟や麦を合わせて植えさせ、成人男子一人ごとに二段とさせよ。およそ粟というものは、長く貯蔵しても腐らず、種々の穀物の中でも大変すぐれている。…もし人民の中に、稲にかえて粟を租税とする者があれば認めよ」

この詔は、陸田を制度化する最初のものなのじゃが、実際に発出されたのは二年前の和銅六年ではなかったかとされておる。他の資料から類推すると、六が八と誤記されたのではないかというのじゃ。まあいずれにせよ、この頃から陸田が本格的に利用され始めたということじゃ。成人男子一人につき二反の畑に粟などを栽培させ、稲の代わりに納税することを許可したわけじゃ。この背景には、人口増による水田の不足を陸田の開墾によって補おうとしたとの指摘もある。

この詔で興味深いのは、「国家が隆盛かつ安泰であるためには、まず人民を富ませることが肝要である」という点ではないかの。国民の生活レベルの向上が、国力充実の基本であるということは、何時の世でも同じじゃろう。この時代に天皇自らがその事を宣言し、官吏を指導しようとしているのも素晴らしいことではないか。いまだにこの思いに至らない国が散見されるというのに！

3　寺田の私有化禁止（霊亀二年（七一六）五月）

五月十五日、寺の荒廃を理由に寺院の合併と財物の管理の徹底を命じる詔が出されるとともに、近江国守じゃった藤原武智《むち》麻呂が寺院管理の問題点を指摘し改革を言上したのじゃ。記事の順序は詔が先じゃが、武智麻呂の指摘がもとになっておるように思われる。詔の中から特徴的な記述を並べてみよう。

①「仏堂を飾る幢幡《とうはん》をわずかばかり寄付しただけで、寺田を賜るよう訴える」

②「この上なく尊い仏像を埃まみれにし、深遠な仏の経典を雨ざらしにする」
③「堂塔が完成しても僧尼は住んでおらず、仏を拝む声も聞かれない」
④「檀越《だんおつ》の子孫が田畑をすべて支配して自分の妻子を養い、僧侶に提供しない」
⑤「寺が所有する田園について、その利益を独占したがっている」
本来、仏教を興隆させ、国家の安泰を図る目的で寺に与えられた田畑であったが、仏教が忘れ去られ、寺田からの収益に目を奪われている様子が分かるじゃろう。

上流階級では仏教の信仰が盛んになってきても、多くの一般庶民にあっては、まだまだ仏教の有難味が浸透しておらんのじゃ。仏像や経典よりも、米や麦の方が大事じゃった。このため、寺田といえども利用できるものは利用して、少しでも利益を上げようと考えたわけじゃ。このような風潮に危機感を持った武智麻呂が改革を言上し、寺院の管理を徹底せよとの詔が出されたわけじゃ。

それでは、庶民は仏教に無関心であったかといえば、そうではない。「菩薩」と呼ばれた行基は、すでに活動しており民衆の心をつかみ始めておったのじゃ。庶民の心と生活を少しでも救おうと努力した行基は、人々の尊敬を集めていったわけじゃ。十数年の後には、行基の行くところ数千人の民衆が集まったと言われておる。仏教の広範な浸透に果たした行基の役割は大きかったのじゃ。

法律による規制も結構じゃが、民衆の支持を得て寺院を護持することが望ましいのじゃ。

4　僧尼令《そうにりょう》を守れ（養老元年(七一七)四月）

四月二十三日、僧尼令違反を示す三項目からなる詔が発せられた。

① 人民が、法律に違反して官の許しもなく、勝手に剃髪し法衣をまとっている。これが偽りの根元であり、悪事はこれより起こっている。

② 僧尼は寺にあって仏道を学び伝えるべきものを、論ずるに足りない僧の行基はその弟子達と巷に出て人民を惑わしている。これは仏道に違い法令を犯すものである。

③ 僧尼には、僧尼令で許された範囲を超えて、偽りの呪いをしたり報酬を求めたりしている者がある。これでは、僧侶と俗人の区別が無くなり、悪い乱れが生じる。

これらは、監督の官吏が手ぬるいからで、以後は厳重に取り締まれと命じておる。

①は、私度僧の増加を意味しており、人民が厳しい租税から逃げ出そうと官の許しもなく僧侶の道を選んでいることを示しているわけじゃ。朝廷からすれば、課役の忌避は許さ

れざることであり、なんとしても阻止しなくてはならぬわけじゃ。
②は、行基が史書に登場する最初の記事じゃ。行基が、僧尼令を無視して民衆の中に入り込み彼等を救おうとしている様子が分かるじゃろう。「論ずるに足りない僧」とは、原文では「小僧《しょうそう》」となっており行基を軽蔑した表現なのじゃ。やがて行基は「法師」となり、最後には「大僧正」と表現される。行基が広く受け入れられていったのが分かるじゃろう。
③は、朝廷が認可した官度僧の中にも、より豊かな生活を求め、僧侶としてあるまじき者が増大してきていることを示しておるのじゃ。
この詔の背景には、人民の苦しい生活が見て取れる。一方で、民衆のしたたかさというかバイタリティも感じられるのじゃが如何か。

5　養老と改元（養老元年(七一七)十一月）

十一月十七日に、天皇は改元の詔を発せられた。元号を霊亀から養老に改めたのじゃ。

この詔の中で、このように仰っておられる。

「今年の九月に、当耆郡《たぎのこうり》の多度山に美泉を見に行き、手や顔を洗ったところ肌が滑らかになるようであった。また、痛いところを洗ったところすべて癒えた。我が身には大変効果があった。また、飲んだり浴びたりした者は、白髪が黒くなったり、禿げた頭に毛が生えたり、目の不自由な者が見えるようになったという。その他の長患いもことごとく平癒したという」

「美泉は最も目出度いしるしである。この天の賜物にそむいてよいはずがない。そこで、天下に大赦を行い、霊亀三年を養老元年と改める」

ここでいう「当耆郡の多度山の美泉」は、現在の岐阜県養老郡養老町の「養老の滝」とされておる。なお、当耆は滝の古語じゃよ。お分かりじゃな、有名な孝子伝説「養老の滝」じゃ。『古今著聞集』によれば、この孝行息子の話を聞いて、元正天皇が美泉を見に行ったとしておる。ことの真実は分からんが、この時点で滝は酒ではなく水になっていたことだけは確かじゃ。なにしろ、十二月にはこの美泉の水を都に貢進させて、あま酒を造っておるのじゃから。

それにしても、「肌が滑らかになるようであった」とは、いかにも女性天皇らしい感想ではないか。いまならさしずめ「美肌の泉」とでも呼ばれそうじゃの。天皇はこの泉を大変気に入られたようで、翌年の二月にも行幸しておられる。また、天皇は在位中「養老」という元号を変えることもなされなかったのじゃ。

6　一般人が神に（養老二年（七一八）四月）

四月十一日に筑後守・正五位下の道君首名《みちのきみおびとな》が卒し、その卒伝が記されておる。卒伝は、原則として四位以上の官人に限られ、五位の官人の伝記を記した唯一の例じゃよ。しかも、異例とも言える長文でその業績を称えておるのじゃ。『続日本紀』は、その卒年を記しておらぬが、『懐風藻』では五十六歳と伝えておる。

首名《おびとな》は、大宝律令の編纂に関わり、大宝元年（七〇一）六月には大安寺で僧尼令《そうにりょう》を講説しておる。また、和銅五年（七一二）九月には遣新羅大使に任命され、帰国後は筑後守に任じられておる（和銅六年八月）。法律の専門家であるばかりでなく、行政官としての能力も高かったのじゃ。農業指導のみならず、養鶏や養豚に到るまできめ細かな指導をおこなっていたのじゃ。さらに、堤や池を構築し、灌漑を拡大した。このため人々は多くの利益を受けることができたのじゃ。卒伝は、官人の手本とまで言っておる。卒伝が長文になったわけが分かるじゃろう。

さらに注目すべきは、卒伝の最後が、「首名《おびとな》が卒したのち、人々は首名を神として祀った」と結ばれておることじゃ。首名は地方豪族の出身と思われるが、このような一般人が神となった最初の例ではないかの。首名が、如何に人々に慕われ尊敬されていたか分かるじゃろう。残念ながら、首名を祀った神社は残されておらんようじゃ。時の流れの中で、首名が忘れられ神社も消滅してしまったのじゃろう。

このように忘れられてしまうような人まで神として祀ろうとする神道は、宗教というより我が国の文化の一つと考えるべきではないかの。

7　着物は右前に（養老三年(七一九)二月）

二月三日、初めて全国の人々に着物は右前に着るように指示が出されたのじゃ。ということは、これまでは左前に着ていたということなのじゃ。どうやら前年に帰国した遣唐使がもたらした唐の制度に影響されたのではないかと思われる。唐では右前が当たり前で、左前は蛮人の風俗と考えられていたからじゃ。朝廷としては、我が国を蛮人扱いされたくなかったのじゃろう。もちろん、ただちに右前に替わったわけではなく、しばらくは左前の着用も残存していたようじゃ。いまでは左前といえば、死者の装束に使われるか、物事がうまくいかなかったり経済的に苦しい状況を示すなど、悪いイメージになってしまった。

今に至る右前の風俗が、この日に誕生したわけで、このように風俗の誕生の日にちが特定できることは珍しいことなのじゃ。

この日、もう一つの指示が出された。すなわち、職員令に規定された職位にある四等官以上の者に笏《しゃく》を持たせることにしたのじゃ。五位以上の者は象牙の笏を、散位（位階だけあって官職に就いていない者）もまた笏をもつことを許した。六位以下は木の笏とした。笏は、官人が礼服などを着用した際に威儀を正すために右手に持つ細長い板じゃ。旧壱万円札の聖徳太子が持っているあれじゃよ。木の笏は、櫟《いちい》が主に使われたが桜や榊も用いられた。櫟は、一位とも書かれ木の中でもっとも位が高いとされておったのじゃ。なお、正倉院御物の中に象牙の笏も木の笏も伝えられておる。

笏については、この日の記事が日本の文献における初見なのじゃ。大宝律令に笏の規定はなく、養老律令で創始された可能性が高いとされておる。唐朝ではその初期から笏は制度化されておったようじゃから、今回の笏の規定も着物の右前と同様に前年の遣唐使の影響とも考えられるのじゃ。

8　地方官司の評価（養老三年（七一九）七月）

七月十三日に初めて按察使《あぜち》が設置され、十一名が任命されたのじゃ。按察使は、地方の官吏を監督する役割を持ち、従来あった巡察使が臨時の職であったため、これを強化する目的で新設された官職なのじゃ。数カ国単位で置かれ、その中の特定国の国司が兼務し管内諸国の行政を監察したのじゃ。巡察使より位階が高く、それだけ権威があったということじゃ。この日任命された按察使には、前年唐から帰国した遣唐押使多治比県守《あがたもり》、大使大伴山守、副使藤原宇合《うまかい》が含まれておる。このため按察使の新設は、唐の制度を倣ったと考えられておる。

按察使《あぜち》の部下として典《さかん》が置かれ、按察使を補佐した（翌年記事《さかん》と改称）。按察使が上京する際や管内を巡行する際には、伝馬《てんま》に乗り食糧の供給を受けることとされた。伝馬は、各郡家に五匹づつ配置された馬のことで、各国の国府と郡家との連絡用に利用されたのじゃ。いまでいう県道のような機能じゃ。余談じゃが、これによく似たものに駅馬《はゆま》がある。これは急を要する公務出張や公文書の送達に用いられたもので、京と太宰府など国を越えての利用に供された。いわば国道というところじゃな。

ところで、按察使の具体的な業務じゃが、管轄下の国司に対する勤務評定と考えればよかろう。国司の違法行為に対して、按察使自身の判断で罷免することができたのじゃ。さらにその罪状が懲役刑以下なら判決を下し刑を執行できた。流罪以上の場合は、状況を記し天皇に奏上したのじゃ。もし国内の教化に筋道が通っていて、治安が平穏ならば、詳細に評価点（当時の表現では善と最）を記録して報告することになるわけじゃ。

なかなか素晴らしい官職じゃが、機能したのはわずかな期間で、やがて形骸化してしまったようじゃ。そのように主旨は立派だが、実際には機能しない組織は今でも有るのではないかの。

9　僧尼の身分証明書（養老四年(七二〇)正月）

正月四日に、初めて僧尼に対し公験《くげん》を授けたのじゃ。公験には三種類あり得度のときの度縁《どえん》、授戒の時の戒牒《かいちょう》、そして授位の時に与えられたのじゃ。ここでいう公験は、度縁のことで、いわば僧尼であることの身分証明じゃよ。恐らく一般人に与えられた身分証明のハシリじゃろう。度縁については、玄蕃寮式のなかに度縁式としてその書き方が規定されておる。度縁の実例としては、最澄や円珍のものが現存すると聞いておる。

本章4項「僧尼令を守れ」でふれたように、厳しい租税から逃れるために、勝手に僧侶になる者（私度僧）が増えてきた。このため、公認された僧侶（官度僧）であることを証明し、私度僧と区別する必要があったのじゃろう。

それでは、本人確認はどのようにしていたのじゃろうか。それには神亀元年（七二四）十月一日に治部省が天皇に奏上した記事が参考になる。その中に次のような表現がある。「… 諸国の僧尼の名籍を調査してみますに、… 顔かたちや痣《あざ》、黒子《ほくろ》が記載に該当しない者などがあって、…」

さよう、顔かたち、痣、黒子で個人の識別をおこなっておったのじゃ。なお、度縁式では黒子の位置のみを記入することになっており、正倉院に残る計帳でも黒子の位置が書かれておる。すなわち、黒子による個人の識別が一般的じゃが、実際には痣や顔かたちも使われておったということじゃ。

それにしても、身分証明が必要になってきたということはそれだけ暮らし難くなったということじゃ。現代では黒子や痣では、整形手術で除去されてしまう。個人の認証には、指紋や光彩、指静脈など高度な技術が使われている。とりもなおさず、ますます暮らし難くなっていることを示しておるのじゃろう。

10 『日本書紀』誕生（養老四年（七二〇）五月）

五月二十一日　「日本紀」が完成し、奏上されたのじゃ。この日完成した「日本紀」は、紀と呼ばれる編年体の記録三十巻と系図一巻とからなる。残念ながら系図は現存しておらぬ。さよう、我が国最初の勅撰歴史書『日本書紀』が完成したということじゃ。「日本紀」と『日本書紀』は名前が違うではないかと言わっしゃるか。現存する『日本書紀』も本文が三十巻であり奈良時代に同じような歴史書が二つも作られたとは考えられないので、「日本紀」と『日本書紀』とは同じものと考えられておる。

では、どちらが正式の名称かとなると議論のあるところなのじゃ。『日本書紀』の次の勅撰歴史書が、『続日本紀』であり、「日本紀」の次を意味する。また、『日本後紀』、『続日本後紀』と続くので「日本紀」の方が統一性がある。しかし、『万葉集』や『日本後紀』には両方の名称が出てくるのじゃ。なにゆえ、『日本書紀』となったのかは不明じゃが、近年では『日本書紀』が正式名称として扱われておる。

「日本紀」を奏上したのは、一品《いっぽん》の舎人親王じゃ。舎人親王は天武天皇の皇子じゃ。『日本書紀』の撰修は、天武十年（六八一）三月に天武天皇が川嶋皇子らに命じて始められたもので、三十九年の長きに亘る大事業だったのじゃ。もっとも途中中断はあったが、和銅七年（七一四）二月に勅命が出て、新たな体制で完成を図ったと考えられる。じゃが、『日本書紀』完成までの足取りはほとんど分かっておらぬのじゃ。『日本書紀』を除く六国史（『続日本紀』、『日本後紀』、『続日本後紀』、『日本文徳天皇実録』『日本三代実録』）には、上奏文または序文が残っておるので、撰修した人物、経過などがほぼ分かるのじゃが、いかんせん『日本書紀』はそれらが存在しておらぬのじゃ。

しかし、『日本書紀』の貴重性は変わらぬ。現代人は、日本最古の歴史書をもっと大切にすべきではないかの。

11　父を赦して（養老四年（七二〇）六月）

六月二十八日に、漆部《ぬりべ》司の文部《はせつかいべ》路忌寸《のみちのいみき》石勝《いわかつ》と秦犬麻呂《はだのいぬまろ》の二人が漆部司の漆《うるし》を盗んだ罪で、流罪の判決が下ったのじゃ。すると、石勝の息子の祖父《おじ》麻呂十二歳、安頭《あず》麻呂九歳、乙《おと》麻呂七歳の三人が、一緒になって次のように天皇の言上したのじゃ。

「父の石勝は、自分たちを養うために役所の漆を盗んで流用し、その罪によって遠方に配流され役使されることになりました。祖父麻呂らは、父の心情を慰めるために、死をも顧みず申し上げます。どうか兄弟三人とも身柄を官に没収されて奴隷となり、父の重罪を償いたいと思います」

これに対し、天皇はつぎのように詔されたのじゃ。

「人間には常に行うべき五種の徳がさずけられているが、…　父母に仕え孝をつくして敬うことこそ、全てに優先する。今、祖父麻呂らは、自分自身の身分を落として奴となり、父の罪を償い肉親を救おうとしている。道理として、あわれみをかけるべきである。よって請願に従って子らを官奴とし、すぐに父の石勝の罪を赦すことにせよ。ただし犬麻呂は、刑部省の判決に従って、配流の地に出発させる」


父の犯した罪を身をもって償おうと三人の息子が、おそるおそる天皇に上奏したわけじゃ。これにたいして、天皇は温情あふれる判断を下された。この記事には、さらに続きがあるのじゃ。その一ヶ月後、

「養老四年（七二〇）七月二十一日　祖父麻呂・安頭麻呂らを赦して良民にもどした」

なにやら「大岡裁判」を思わせる暖かな記事ではないか。父を思う篤い心、それを暖かく受け止める天皇の判決。『続日本紀』の中でも唯一の人情話じゃよ。


それにしても、天皇の判決の中にある「父母に仕え孝をつくして敬うことこそ、全てに

優先する」とは、親殺し、子殺しの多発する現代においてこそ重みを増しておるのではないかの。

12　巨星墜つ（養老四年（七二〇）八月）

八月三日　右大臣・正二位の藤原不比等が薨去した。天皇は深く悼み惜しんで、手厚い勅を出された。死者への葬送の儀式は、他の群臣と異なり盛大じゃった。

不比等は、大化の改新の中心人物の一人・中臣鎌足（六六九年に藤原姓を賜う）の次男（長男定恵は六六五年没）で、母は額田王の姉といわれておる。学問、才幹、政略に優れた偉大な政治家で、文武、元明、元正の三天皇の時代にわたり政治の中枢にあった。和銅元年（七〇八）に正二位・右大臣となり、即位したばかりの元明天皇の政治を輔けたのじゃ。また、元正天皇が不比等に寄せる信頼は大変篤く、生前に太政大臣就任を要請し、不比等はこれを断ったとの話も残されておる。元正天皇は、死後には太政大臣・正一位を追贈しておられる。なお、不比等の没年は『続日本紀』にはなく他の文献等から六十二ないし六十三歳と考えられておる。

不比等の具体的な業績の一つが、大宝律令の制定であり、我が国最初の法整備を行った実質的なプロジェクトマネージャだったわけじゃ。平城京への遷都に消極的であった元明天皇を後押ししたのも不比等であったと言われておる。また我が国初の本格的な貨幣である和同開珎の鋳造を行い、銭貨の流通を進めたのも功績の一つじゃろう。我が国の貨幣経済の端緒を開いたわけじゃ。平城京遷都など八世紀初頭に我が国は大きく動き出したわけじゃが、不比等はその舵取りをしていたとも言えるわけじゃ。

一方で、不比等は後宮政策にも熱心じゃった。天皇や皇太子に中宮・女御・妃などを入れて外戚の地位を得る後宮政策は古来より蘇我氏を始め多くの豪族が行ってきたことじゃ。不比等と天皇の関係を見ると、天武天皇とは義理の兄弟（妹が夫人《ぶにん》）、文武天皇とは義父（長女が夫人）、聖武天皇とは外祖父（長女の子）であり義父（三女が皇后）、孝謙天皇とは外祖父（三女の子）なのじゃ。以後も藤原氏は朝廷に後宮を送り続けた。藤原氏繁栄の基礎を築いたのは不比等だったのじゃ。

元明太上天皇と元正天皇は、養老五年（七二一）に一周忌の供養として、興福寺内に北円堂（国宝：承元四年（一二一〇）頃の再建）を長屋王に命じて建てさせておる。不比等の死を如何に悼まれたかが分かるじゃろう。

13　文化功労者の先駆け（養老五年(七二一)正月）

正月二十七日　天皇はつぎのように詔された。

「文人（明経・明法・文章などに通じた人）や武士（武術に優れたもの、「武士」の初見）は、国家の重んずるところであり、医術・卜筮《ぼくぜい》および方術（陰陽・天文・医術など方士の行う術）は、昔も今も貴ばれる。そこですべての官人の中から学術を深く修得し模範とするに足るものを選抜し、とくに褒賞を与え後進の励みとしたい。」

そこで、明経（儒教の経書に通暁）第一博士である従五位上の鍛冶造《かぬちのみやつこ》大隅、正六位上の越智直《あたい》広江にそれぞれ絁《あしぎぬ》二十疋・絹糸二十絇《く》・麻布三十端、鍬二十口を与え、（その他人名等省略）第二博士の三人、明法（律令に通暁）の二名、文章《もんじょう》（漢文学や歴史の学者）の四名、筭術《さんじゅつ》（計算や測量に長じた学者）の三名、陰陽（天文・暦・卜占の学者）の六名、医術に優れた四名、工事に詳しい技術者五名、和琴師《わごんし》一名、唱歌師五名、武術に秀でた四名に、それぞれ褒賞が与えられた。

当時重要と考えられていた学術、医術、工学、芸術、武術などの各分野の第一人者三十九名が褒賞されたのじゃ。翌年の二月にも二十三人が褒賞されておる。いかがかな、現在ならさしずめ文化功労者表彰とでも言えるのではないかな。

社会にとって重要な分野で高い能力を有する人材を評価し褒賞を与えることで、後進の励みにしようという発想は、時代を超えて変わらぬようじゃな。技術は継ぎ足しができるので進歩していくが、人間性に継ぎ足しは効かない。いかに文明が進んでも、人間の根っこの部分には変わり得ない大きなものがあるのじゃろう。そういえば、古事記の序文でも「最近道徳が乱れている」と嘆いておった。この言葉は、今でもイキイキしておるのではないかの。いささか脱線したようじゃ、ご勘弁あれ。

14　動物愛護の詔（養老五年（七二一）七月）

七月二十五日、天皇は放生《ほうじょう》の詔を出された。その内容は次のようなものじゃ。

「およそ定めによって、天下に君主として臨めば、仁愛が動物にまで及び、恩情が鳥や獣にまで及ぶべきである。故に周公・孔子の導きでは仁愛を優先し、老子・釈迦の教えでは深く殺生を禁じている。そこで放鷹司の鷹と犬、大膳《だいぜん》職の鵜、諸国の鶏と猪を、ことごとく元の住み処に放ってその本性を全うさせたい。今後、もし必要が生じた場合は、まずその事情を奏上して天皇の勅許を待つように。…」

放生は、仏教における最も基本的な戒の一つ不殺生の思想に基づくもので、生き物を野に放つことにより、仏の加護を得ようとするものじゃ。仏教の伝来とともに伝わり、当時は広く一般に信じられておった。「日本霊異記」にも、亀、カニ、カエルなどを放生する五つの説話が記述されておる（上巻七話、中巻五話、八話、十二話、十六話）。いずれも、動物を助けたことにより、好い報いがあったことを述べておる。これらは今流で言えば、さしずめ動物愛護に当たるのじゃろう。

ところで、この詔で放生された動物は二種類に分類される。一つは、狩猟の手段となるもので、鷹と犬および鵜じゃ。鷹と犬が放生されると、山鳥が口に入り難くなる。鵜は、もちろん鵜飼いのためじゃ。鵜飼いは、神武天皇の即位前記にも見られるように古くからおこなわれておったのじゃ。奈良時代には吉野川が中心じゃった。その鵜が放生されると、鮎などの川魚も得難いものになったじゃろう。もう一つは直接食料となる鶏と猪で、これらは各地で飼育されておったのじゃ。これが放生されたら、肉類はほとんど口に入らなくなる。これは大変な事じゃ。しかし、この詔は実効は薄かったようじゃ。天平十三年（七四一）二月に牛馬の屠殺を禁止する詔がでるが、そこでは鶏や猪は禁止されておらん。

動物愛護も大切じゃが、行き過ぎると別の悪影響が出かねない。同じようなことが今でも多くあるのではないかの。

15　元明太上天皇の遺言（養老五年（七二一）十月）

元明太上天皇は、五月以来病気にかかっておられたが、十月十三日に右大臣・従二位の長屋王と参議で従三位の藤原房前《ふささき》をお召しになって、次のように詔されたのじゃ。

「命あるものは必ず死ぬと聞いている。これは天地の道理であり、なにも哀しみ嘆く必要はない。盛大な葬儀をおこなって、人民の生活を損なうようなことはしたくない。死後は、大和国添上郡蔵宝山《ぞうほう》（佐保山）の雍良《よら》の峯に竈《かまど》を造って、火葬するように。他の場所に改葬してはならない。諡号《しごう》は、「某国某郡の朝廷に馭宇《あめのしたしらしめ》しし天皇《すめらみこと》」と称して、後世に伝えるようにせよ。天皇は、日常と変わらず政務をおこない、皇親や公卿および文武の百官は簡単に職務を離れて柩の車を追うことのないようにせよ。それぞれ、己の職分を守り、常日頃の如く振る舞え。天皇に近侍する官人と五衛府とは、できるだけ厳重な警戒をし、護りを行き届かせておそばに仕え不慮の出来事に備えよ」

死期の近付いたことを知った太上天皇の御言葉じゃが、葬儀が華麗にはしることを戒め、日常生活に少しでも影響を与えぬようにと気を配っておられるのが分かるじゃろう。さらに、十六日にも詔を出され、柩を運ぶ車や輿も質素にせよと命じ、山陵も山に竈を作り茨を切り開き常緑樹を植えればよいとされておられる。

太上天皇は十二月七日に崩御されたのじゃが、葬儀はおこなわれず、ほぼ遺勅にしたがって葬られたのじゃ。御年六十一歳であった。「死は天地の道理である」との考えの背景には、我が子・文武天皇を先に亡くし、八年間の皇位を支えてくれた藤原不比等を前年に失った事も大きく影響しておるように思われるのじゃ。

それにしても、自らの葬儀を簡素なものとし、人々への影響を最小限に留めようと配慮しておられるのは立派ではないか。人も散り際にこそ、その人格が現れるのかもしれんの。

16 物価の騰貴（養老六年(七二二)二月）

二月二十七日、天皇はつぎのように詔された。

「東西の市で行われる交易については、もとより物品の価格は定められている。ところが近頃はこの官の定めた物価が守られていないことが多い。このため、原因を追求し厳しく取り締まれば、業《なりわい》を失う家があり、生じた結果を放置すれば、利をむさぼるよこしまな者どもが出てくる。そこで、あらたに銭を使用する際の便宜を図り、人民が利益を得るようにさせたい。それで銭二百文を銀一両にあてることにせよ。そして買い物の価格の高低と、その支払いに要する銭の多少は、その時の状況に従って評定して決めてよいが、この二百対一の割合を永く変わらぬ方式とせよ。……」

今までは、養老五年（七二一）正月に決められた銀一両に対し銅百銭で交換していたのじゃ。ところが流通の主流であった銅銭の価値が下落し、言いかえると物価が騰貴して、流通に支障が生じてきたわけじゃ。そこで、銀に対する銅銭の比価を前年の半分に切り下げるようにとの詔が出されたというわけじゃ。

遷都から十年を経過し、平城京が発展するにしたがって、市場を中心として貨幣の流通、経済の活性化が図られ、物価が上昇していったわけじゃ。平城京を「咲く花の匂うがごとく」と小野老《おののおゆ》が詠ったのは七三〇年頃とされておるので、その八年前に当たり、まさに平城京の賑わいは右肩あがりで上昇しておった様子が見えるようじゃろう。一方で、市の周辺には飢えた人や物乞いも集まってくるようになる。物価の上昇につれて、貧富の差も拡大していったわけじゃ。

経済の活性化にともなう物価上昇と貧富の差の拡大は、今も変わらぬ図式じゃろう。千三百年を経て、ここにも人間社会の進歩のなさが見て取れるのが情けないの。

17　学問は身を助ける（養老六年（七二二）四月）

四月二十日に次のような詔が下されたのじゃ。

「周防国の前の守《かみ》である従五位上の山田史《ふひと》御方《みかた》が、管理すべき官物を盗んだ。法に依れば除免すべきであるが、先の恩赦によってすでに罪は許されている。しかし法に従って盗品を弁償させせようとしたところ、家に一尺の布もなかった。朕が思うに、「御方は、笈を背負って遠く新羅まで遊学した。帰国してのちは、生徒に学問を伝授し、大学の学生は大変良く文章を理解した。まことにこのような人物を尊ばなければ、まさしく文章の道が廃れよう」と。そこで特に恩寵を加えて、対価の弁済をしなくてよいこととする」

山田御方は、おそらく渡来系の氏族の出じゃろう。もと沙門で、新羅で学問を学び、文章の道に秀で、東宮にも侍していた。そののち、周防国の国守になったわけじゃ。周防国は今の山口県の東半分じゃから、その長官である御方は、さしずめ県知事に近い立場と言えるじゃろう。その彼が職務上の横領をおこなったというわけじゃ。どのような事情で何を盗んだのかは全く分かん。しかし、驚くべきことに彼の家には何の財産もなかったそうじゃ。御方は、従五位上じゃから、いわゆる貴族の身分なのじゃよ。その家に財産がないとは！大学で教鞭をとり春宮にも仕えたほどの学者が、国守となって赴任しそこで業務上の横領を図ったことも不思議じゃが、家に財産が全くないことも奇妙ではないか。横領した財物は一体何に使ったのじゃろうか。まさかサラ金ではあるまいし。

天皇は御方の学才を惜しみ、超法規的措置でその罪を許したわけじゃ。本章13でも語ったようにこの時代は学問や芸術の分野で特に秀でた人物は非常に大切にされたのじゃ。その後、御方《みかた》がどのように処遇されていったかについては『続日本紀』は何も語っておらぬが、このような超法規的な措置も、国家が発展し成長していくためには必要なことなのじゃ。今の世では難しいことじゃがの。

18　不法布教を禁断（養老六年(七二二)七月）

七月十日、太政官は次のように奏上し、天皇の裁可を得た。

「人民を教え導き仏教を広めることは法規によって初めてうまくいくものであり、風俗を正し、人を導くには常に従うべき道から外れてはうまくいきません。近頃都の僧尼が浅い知識と軽薄な知恵で、罪と福との因果をたくみにとき、戒律を深めることなく、都の民衆を偽り誘っています。内には仏の教えを汚し、外には皇道に背くことになります。ついには人の妻や子の髪を剃り膚を彫らせ、ともすれば仏法のためと称してたやすく自分の家を離れさせてしまいます。その妻子らは、僧尼令の禁令も恐れず、親や夫を顧みることもしません。ある者は経を背負い鉢をかかげて巷間に乞食《こつじき》し、ある者は偽りの邪説を称え、村々に身を寄せ常に集団で泊まり込み、群れをなして怪しげなことを言いふらしています。初めは仏道修行に似てますが、ついには姦淫乱行に至ります。永くその弊害があることを考えますと、特に禁断すべきです」

この奏上からは、いかにも僧尼らが集団で邪教を広め、またそれに多くの民衆が踊らされておるように見えるじゃろう。だから禁断は当然と思えるかもしれん。しかし、この僧尼らの言動を強く問題視しておるのは、彼等が官の許しを得ずに勝手に仏門に入ったいわゆる私度僧だからなのじゃ。また、政府の側から見れば、「仏の教えを汚し、皇道に背く」ことであろうが、実際には魅力的な教えだからこそ民衆がついていくのじゃ。実は、ここで非難されておる僧尼の集団こそ、奈良朝の名僧行基が率いる集団だったのじゃ。行基の行くところ数千の民衆がその教えを求めて集まったと言われ、行基は菩薩と崇められ民衆の絶大な信頼を得ておったのじゃ。

『続日本紀』の記事は信頼性が高いと言われておるが、統治者の記録であることも忘れてはなるまい。偏った視点での言説や宣伝は今でもあふれておる。ご用心あれ。

19　女医《にょい》博士の設置（養老六年（七二二）十一月）

十一月七日に女医《にょい》博士（男性）が置かれたのじゃ。女医博士は、令外の官として養老五年十月に設置することが決められておったのじゃが、実際に配置されたのがこの日じゃった。女医博士は、女医を教育する医博士で中務省内薬司におかれ、位階は医博士と同じ正七位下じゃった。

女医は、養老令第二十四医疾令16女医条によれば、官有賤民のうち十五才以上二十五才以下の頭の良い女性から三十人を選び、内薬司の側に別院を造って住まわせ、産科をはじめ、内科・外科の一応の医療をそれぞれ専門の医師が医学書を読ませることなく口述で教育したのじゃ。毎月医学博士が試験し、年末には内薬司が試験して、七年を限度に修行させることになっておった。

それにしてもこの時代に女医がおり、その教育機関ができていたとは驚きじゃろう。さらに、厳しい試験が行われておったのじゃ。女医は、単なる助産師や看護師ではなく、簡単ではあるが医療行為を行っておったのじゃ。女性医師の育成という今の世にも通じる立派な制度なのに、この女医制度が歴史の中に消えていってしまったのは残念じゃった。

我が国の政府公認女医の第一号は、荻野吟子じゃよ。彼女は、明治十五年（一八八二）に私立医学校「好寿院」を優秀な成績で卒業したのじゃが、医術開業試験の受験願書は何度提出しても却下された。その理由は、「婦女子に医師免許を与えた前例がない」ということだったのじゃ。この官側の主張を覆す根拠となったのが、女医を定めた養老令第二十四医疾令16女医条（実際にはその注釈書である『令義解《りょうのぎげ》』）だったのじゃ。

養老令が、現代に直接影響を与えた好例じゃろう。確かに前例ではあるが、千二百年前の例とはスケールが大きいの。明治の役人の頭が固かったのか柔らかかったのか、ワシにはようわからん。

20　三世一身法（養老七年(七二三)四月）

四月十七日、いわゆる三世一身法として知られる太政官令が出された。その概要は次のようなものじゃ。

「近頃、人民の人口が次第に増加し分かち与えるべき田や灌漑用の池が不足している。そこで田地の開墾を広く進めることにする。未開の耕地に新たに池や水路を造って開墾した者があれば、その多少にかかわらず、三世代にわたりその所有を許す。もし古い水路や池を利用して開墾したならば、本人の代のみ所有を許す」
いうまでもなく当時は公地公民制であり、律令体制下では私有地は認められていなかったのじゃ。それが三世代とはいえ私有を許すということは画期的な変革と言えるじゃろう。そこまでしなくては新しい公地を確保できなかったということじゃ。それはそうじゃろう、農民の側からすれば、苦労して耕地を開いても国に召し上げられるだけでは、開墾の意欲など湧くはずがない。人口が増加すれば耕地が不足するのは当然の帰結なのじゃ。

限られた期間とはいえ私有が認められた反面、その期間が過ぎれば墾田は耕地に収用されることになる。すなわち、この三世一身法は、公地公民制を維持するための開墾奨励策でもあるのじゃ。それでは、この法律は農民にとって魅力的だったのだろうか。施行当初は成果を上げたようじゃが、国への収用時期が近付くにつれて耕地は放棄され荒廃していったのじゃ。班田は、熟田といわれる耕作適地が対象になっていたため、せっかくの開墾地も放棄されては班田に利用できなくなってしまうわけじゃ。いわば、もとの木阿弥じゃな。そして天平十五年（七四三）五月の墾田永年私財法につながるわけじゃ。これについては改めて話すことにしよう。

窮状を解決しようとする法律も、問題の本質を捉えたものでなければ、十分な効果を発揮できぬということじゃ。そのような法律や制度はいまだに多いのではないかの。

21　太安麻呂の墓誌（養老七年（七二三）七月）

「七月七日に民部卿・従四位下の太朝臣安麻呂《おおのあそんやすまろ》が卒した」との記事がある。さよう、『古事記』の編者太安麻呂の死を伝える記事じゃ。『古事記』は、その序文によれば、和銅五年（七一二）に安万侶によって選録され、元正天皇に献上されたとある。ところが、『続日本紀』はその事を全く伝えておらんのじゃ。さらに、その成立を示す傍証もなく、『古事記』を暗誦していたという稗田阿礼《ひえだのあれい》の存在も確認されておらん。このため、古くは江戸時代から現代にいたるまで、『古事記』は偽書であるとの説が提起されてきたのじゃ。

さらに、気付かれたと思うのじゃが、『古事記』は「安万侶」が献上したと書いておるが、ここに示したように『続日本紀』の記事はすべて「安麻呂」と記しておる。また『古事記』を最初に引用した『弘仁私記』にも安麻呂と書かれておる。したがって、安麻呂が当時の正しい書き方で、安万侶などと表現する『古事記』は偽書に違いないとの見方もされたのじゃ。『古事記』偽書説の有力な根拠の一つだったわけじゃ。

ところが、昭和五十四年（一九七九）正月に、奈良市比瀬町田原の茶畑から遺骨とともに養老七年十二月十五日付の銅板の墓誌が発見されたのじゃ。その墓誌には、「従四位下勲五等太朝臣安万侶が養老七年七月六日に卒した」と記されておった。死亡の日付けは、七月六日が正しく、『続日本紀』の七日は誤りなのじゃろう。この墓誌には「安万侶」が使われており、『古事記』序文の表現と一致することが確認されたわけじゃ。『古事記』偽書説の根拠の一つが失われたわけじゃ。現在では、上代特殊仮名遣いによって偽書説は強く否定され、偽書説を主張する研究者は極めて少数派なのじゃ。

安万侶の職位・民部卿は、租税等を管轄する民部省の長官で、官位は正四位上じゃ。中務卿・式部卿につぐ朝廷の要職といわれておる。従四位下の安万侶が、二階級上の民部卿に就いたということは、安万侶の行政手腕が高く評価されておったのじゃろう。このような人物ならばこそ墓誌が作られ、お陰で現代人が当時の真実の一端を垣間見られるというわけじゃ。『古事記』以外にも、貴重な墓誌を残してくれたと感謝すべきじゃろう。

22　自由な着こなし（養老七年（七二三）八月）

次に示すのは、八月二日に太政官が出した処分の一部じゃ。

「… この頃、文武の官人や雑任《ぞうにん》（舎人などの下級官人）以上の者は、衣冠のきまりに反し、立ち居振る舞いが緩慢で堕落している。ある者は色糸の綾を裏地に使い、薄く軽い絹織物を表地にしている。ある者は、冠の飾を長く垂らしすぎて衣の襟にまで及んでいる。ある者は、襟に細い綾を使い胸を露わにしている。またある者は、袴の裾をくくり脛やくるぶしを出している。このような者が次第に多くなっている。弾正台と式部省は、これらの服装がきまりに反していることをはっきりと告示せよ」

衣冠についての規制がある。たとえば、色糸の綾は五位以上には許されていたが六位以下の着用は許されていなかったのじゃ。また冠の飾は三寸以下とされておった。このようなきまりが無視され、各人が好みで衣服や冠を着こなしたということじゃろう。このため、礼儀や朝廷の儀式における衣服や冠について管轄していた弾正台と式部省とに、きまりの徹底を図るよう指示したというわけじゃ。

太政官が見かねて是正を命じるほどに衣冠の制がないがしろにされておったということは、衣冠の制を云々するのではなく、官人達が自由な着こなしを楽しんでおったことに注目してほしいのじゃ。官人達は当然衣冠のきまりは知っていたはずじゃ。にもかかわらず、それを無視して自分の好みの着こなしをした背景には、社会生活の安定と自由な生活を楽しむゆとりとがあったのではないかの。

絹の着用を禁止されて裕福な町人は裏地に絹を用いていた江戸時代、黒髪を茶色や金に染め、あるいはずり落ちそうなズボンを引きずる現在の若者達、時代は変わっても自分なりの着こなしを楽しみたい気持ちに代わりはないのかもしれんの。

第四章　聖武天皇の御代（七二四〜七四九年）

1　聖武天皇の即位（神亀元年（七二四）二月）

二月四日に、聖武天皇が即位された。聖武天皇は、文武天皇の皇子で御年二十四歳じゃった。聖武天皇は、幼名を首皇子《おびとのみこ》といい、母は夫人《ぶにん》の藤原宮子で贈太政大臣藤原不比等の娘じゃ。天皇の夫人の一人が不比等の三女で安宿媛《あすかべひめ》（光明子）じゃ。いかに藤原氏との結びつきが強いか分かるじゃろう。また、聖武天皇の即位前記の分注には、「天皇は出家して仏に帰依されたので諡《おくりな》は奉らない」とあり、仏教への信仰が深かったことが知られる。

このたびの譲位については、「昨年九月に白亀という大瑞が現れ、また穀物が豊かに実ったのは、元正天皇の徳によるものではなく、皇太子の徳によるものらしいと考えて、年号を養老八年を神亀元年にかえて、譲位することにした」と元正天皇が詔しておられるのじゃ。元正天皇は、聖武天皇への中継ぎの役割じゃったので、白亀の出現を機会に期待の天皇への譲位となったわけじゃ。

聖武天皇の御代は二五年であった。この間、長屋王の変を経て光明子の立后、藤原広嗣の乱と四度にわたる遷都、墾田永年私財法の施行など大きな社会的変化があった。一方で、薬師寺の東塔、興福寺の五重塔などが建立され、東大寺大仏の造立発願など天平文化が花開いた時代でもあったのじゃ。聖武天皇の死によってその遺品が東大寺に施入され、正倉院御物としてこの時代の貴重な文化財が残されたのは知っての通りじゃ。さらに日本各地に残る国分僧寺・尼寺の建立もこの時代に始まったことなのじゃ。

聖武天皇は、光明皇后との間にできた基《もといのおおきみ》王を皇太子につけるがわずか二歳で夭折してしまう。そのため、阿倍内親王を皇太子とし、のちの孝謙天皇が誕生することになるのじゃ。聖武天皇の夫人《ぶにん》の県犬養広刀自《ひろとじ》が産んだ安積《あさか》親王がおられたのに、内親王が皇太子となった背景には藤原氏の強い影響力があったのじゃろう。その安積親王はなぜか十七歳の若さで薨去するのじゃ。何やらドロドロしたものを感じさせる時代でもあったわけじゃ。

2　王権と法律の軽重（神亀元年（七二四）三月）

三月二十二日に左大臣で正二位の長屋王らが次のように上奏したのじゃ。

「うやうやしく二月四日（口頭での勅の日付と思われる）の勅を拝見しますと、藤原夫人《ぶにん》

（宮子）を天下の人々はみな大夫人《だいぶにん》と称せと有ります。しかし、私どもが公式令《くしきりょう》を調べましたところ、天皇の母で夫人《ぶにん》の地位にあった者は皇太夫人《こうたいぶにん》と称することになっています。もし先ほどの勅の呼び方に依ろうとすれば皇の字が欠けることになり、令の文を採用しようとすれば、おそらく勅に違うことになるでしょう。藤原夫人の称号をいかに定めればよいか分かりません。伏してご判断を仰ぎたいと思います」

すなわち、長屋王らは天皇の勅が法律と矛盾していると指摘したのだ。宮子は、令（養老令第二十一公式令36平出条）に従えば皇太夫人なのに、天皇は大夫人と呼べとおっしゃる。法に従うべきか勅に依るべきかを天皇に質したことになる。これは大変なことじゃ。今とは異なり天皇は絶対的な権力を持っておられた。その天皇に対し、王権と法律との軽重を質したと言えるからじゃ。

これにたいして、天皇はつぎのように詔をくだされたのじゃ。

「文章に表現する時には皇太夫人《こうたいぶにん》とし、口頭では大御祖《おおみおや》とし、大夫人とした二月四日の勅を回収して、後の名号（皇太夫人と大御祖）を天下に頒ち下せ」

これもまた大変なことなのじゃ。一旦出された天皇の命令は覆すことはできないと言われておるのに、天皇自らが訂正されたわけじゃ。超法規的天皇が令の規定に拘束されたとも言えるからじゃ。別の言い方をすれば、国を治める天皇自らが律令を尊重するための範をたれたとも言えるじゃろう。

二月四日の勅は、長屋王ら議政官が関わることなく出されたのじゃろう。長屋王をはじめとする議政官が律令を政治の根本とすることは当然じゃろうが、この姿勢が後に述べる「長屋王の変」につながることになるのじゃ。

3　蝦夷《えみし》の反乱（神亀元年(七二四)三月）

三月二十五日、陸奥国から次のような言上がなされたのじゃ。

「海道（東北地方の太平洋岸）の蝦夷が反乱を起こし、大掾《だいじょう》・従六位上の佐伯宿禰児屋《こや》麻呂を殺しました」

この奏上に続いて、四月三日には殉死した佐伯宿禰児屋麻呂に対し従五位下が追贈され、田四丁などが贈られておる。また、七日には海道の蝦夷を討つために、式部卿・正四位上の藤原朝臣宇合《うまかい》を持節大将軍に任じ、宮内大輔・従五位上の高橋朝臣安万侶を副将軍に任じたのじゃ。さらに判官八人と主典《さかん》八人が任命されておる。

四月十四日の記事には、板東九カ国の兵士三万人に対し乗馬と射術を教習し軍陣の編成を訓練したとある。さらに同じ日に麻布一万端などを陸奥の鎮所に運んだとある。このたびの蝦夷の反乱がかなり大規模だったことが分かるじゃろう。なお、日付けの三月二十五日は、上奏文が京に着いた日ではなく上奏文に書かれた日にちではないかと思われておる。陸奥から京への連絡は、飛駅《ひえき》で七ないし八日かかっておるからじゃ。

五月二十四日、従五位上の小野朝臣牛養《うしかい》を鎮狄《ちんてき》将軍とし出羽の蝦夷の鎮圧を命じ、軍監二人と軍曹二人を任命しておる。日本海側でも反乱が起こったのじゃろう。鎮圧の詳細は不明じゃが、十一月末に藤原宇合や小野牛養などが帰京しておる。さらに翌年には蝦夷の捕虜を伊予や九州に配置したとの記事がある。

蝦夷の反乱については、和銅二年(七〇九)三月にも大規模な征討が行われたとの記述がある。この時は八月に鎮撫が完了しておる。対蝦夷政策として、公民化政策や移民の推進による出羽国建設など積極的な鎮撫策がとられてきた。しかし、朝廷への帰属を嫌う蝦夷の反乱はこののちも勃発し、朝廷を悩まし続けることになるのじゃ。

4　端午節会と馬（神亀元年(七二四)五月）

五月五日に、天皇が大極殿の南門に出御して猟騎《りょうき》をご観覧なされたのじゃ。猟騎とは、騎射《うまゆみ》のことで、弓の上手な者が馬上から的を射るもので、流鏑馬《やぶさめ》の原型と考えればよかろう。これは端午の節会の行事だったのじゃ。この日は、上は皇族から下は位階のない者まで、京はもとより五畿内の国司や郡司その子弟さらには一般庶民にいたるまで、勇敢・健康で猟騎のための装束を身につけられればすべてこの行事に参加させたのじゃ。それはそれは、にぎやかなものじゃった。

もちろん、騎射は重要な軍事技術の一つじゃ。神亀元年（七二四）四月の記事には、坂東九カ国の兵士三万人に騎射を教習させたとあるほどじゃ。第一章22項で述べたが、『続日本紀』では端午の節会の行事の一つ走馬《はしりうま》は大宝元年（七〇一）に初めて登場するが、騎射（猟騎）はここが初出なのじゃ。ところが、『日本書紀』によれば皇極元年（六四二）五月五日に、騎射を渤海の使者に見物させたとあるのじゃ。古くから行われていたのじゃが、端午の行事として定着したのがこの頃なのじゃろう。

また、騎射や走馬とともに端午の節会の行事として行われるようになったのが、飾馬《かざりうま》じゃ。美しい馬具で飾り立てられた馬のことじゃ。飾馬の初出は欽明元年（五四〇）九月で、大伴金村が天皇からの病気見舞いの使者に飾馬を贈ったと『日本書紀』は告げておる。推古朝では、唐や新羅の使者に飾馬を見せておる。神亀四年（七二七）の端午の節句には、騎射や走馬とともに飾馬を天皇が御覧になっておる。やがて、走馬はすたれ、華やかな飾馬は、平安時代以降に行われた駒引きへとつながっていくのじゃ。

現代に継承されておる伝統的な行事でも、そのルーツを特定することはなかなか難しい。当然ながら時代時代に応じて変化してきているからじゃ。しかし、伝統を大切にすることは、先人の知恵や精神を受け継ぐことなのじゃ。日本人としてのアイデンティティーにも繋がるわけじゃ。大切にして欲しいものじゃ。

5　家屋を瓦葺きに（神亀元年(七二四)十一月）

十一月八日に太政官が京の家屋を瓦葺きにするよう奏言して、許可されたのじゃ。その奏言の内容を纏めると次のようになる。

「大昔の人は飾り気がなく、冬は穴に住み夏は樹上に住んでいました。後の世の聖人は宮室にかえました。また都を作り帝王の住居としました。万国の人が参朝する場所が壮麗でなくて、どうして帝王の徳を示せましょうか。いま、平城京に見られる板葺きや茅葺きの家屋は、大和朝廷時代の名残で、造りにくくて壊れやすく、無駄に人民の財を費やすことになります。願わくば、五位以上の官人ならびに庶民の中で造営に耐えうる者に瓦葺きの家屋を建て軒や柱を朱塗りに壁を白漆喰にするよう役人にお命じください」

要は、壮麗であるべき都に板葺きや茅葺きの掘っ立て柱の家屋が並んでいたのでは、格好が悪い。そこで五位以上の官人はもちろん財力のある庶民にも瓦葺きの家を建てさせ、朱の柱や白壁で美しい家並みを造ろうとしたわけじゃ。

瓦葺きの建物は、飛鳥寺など主に寺院建築に用いられておった。重い瓦を支えるためには礎石を据え太い柱が必要になる。このため、この時代ではまだ寺院や宮廷の政務・儀式用の建物ぐらいにしか、瓦葺きは使われておらなんだ。それを一気に一般家屋まで拡げようとしたわけじゃから大変なことじゃろう。地方の貧しい人々はまだ竪穴式の家に住んでいた時代なのじゃから。

小野老《おゆ》が、「青丹《あおに》よし　寧楽《なら》の京師《みやこ》は　…　」と詠ったのは、天平の初め頃と考えられるので、この施策が施行されてしばらく経った後のことであろう。黒い瓦に、赤い柱と白い壁、このような家並みが並んでいたとすると美しいものじゃったろう。それにしても、瓦葺きの一般家屋への移行を推進したのは、この太政官の奏言であったと言えるじゃろう。

6　社寺の境内を清潔に（神亀二年（七二五）七月）

七月十七日に七道諸国に次のような詔が出されたのじゃ。

「災いを除き福を招くには必ず神仏を頼りとし、神を敬い仏を尊ぶことは、まず清浄を第一とする。今、聞くところによると、「諸国の神社の境内に、多くの悪臭があり、各種の家畜が放たれている」という。神を敬う礼儀がこのようであって良いものか。国司の長官自らが幣帛を捧げて慎んで清掃をし、それを毎年の行事とせよ。諸寺の境内は、勤めて清浄にし、僧尼に金光明経を読ませよ。もしこの経がなければ最勝王経を転読させ、国家を平安ならしめよ」

いかがかな、神社や寺の境内が荒れ果てている様子が分かるじゃろう。社寺の境内は、祭日などに多くの人が集まるが、家畜などが放し飼いにされておったのじゃ。神仏に祈るというよりは、日常生活の利便の場であったと言えるじゃろう。このため汚れ放題だったのじゃ。天変地異は神の怒りであり、天皇の徳のなさの故と考えていた朝廷としては、看過できなかったわけじゃ。そこで国守自らにその清浄を命じたというわけじゃ。もし国守自らが行わなければ違勅の罪になる。実は、この詔の九年前霊亀二年（七一六）五月にも同じような詔がでておるのじゃ。その時の詔の効果が薄かったので、今回は国守自らが行うように、対策を強化したというわけじゃ。

しかし、この詔の直後には社寺の清浄は改善されたのじゃろうが、宝亀七年（七七六）四月には再び同じような詔が出されておる。一般庶民にとっては社寺の境内も生活の場であり、信仰より生きることの方が優先されておったのじゃよ。毎日の食事に窮しては、信仰などと言っていられなかったのじゃろう。

今の社寺の境内は清潔に保たれておる。じゃが、信心の度合いを当時と比べたら如何なものかの。

7　柑子《こうじ》栽培で貴族に（神亀二年」（七二五）十一月）

十一月十日に従六位上の佐味《さみ》朝臣虫麻呂と正六位上の播磨直《あたい》弟兄《おとえ》が従五位下を授けられたのじゃ。弟兄は初めて唐から柑子《こうじ》を持ち帰り、虫麻呂は初めてその種を植えて実をならしたのを褒められてのことなのじゃ。柑子は、柑橘類の一種で、小型の種の多いミカンのことじゃ。現在でも栽培されておるようじゃ。
この時、弟兄は典鋳正《いもののかみ》じゃった。典鋳正は、大蔵省の典鋳司の長官じゃ。延喜式巻三十の大蔵省の蕃使によれば、遣唐使の一員として鋳生が参加することになっておる。何時のことか分からぬが、弟兄も鋳生として遣唐使に加わり、鋳物技術を学んで無事に帰国したと考えられる。その際、柑子の種を持ち帰ったのじゃ。そして、学んできた技術により典鋳正にまで出世したのじゃ。

虫麻呂は、中務省の小判官じゃった。その後、衛門佐《えもんのすけ》（従五位下相当職）に任じられ、天平元年（七二九）二月に起きた長屋王の変では衛門府の兵を率いて長屋王宅を囲んでおる。その後、越前守、治部大夫、備前守などを歴任し、従四位下・中宮大夫で没しておる。その略歴を見ても、弟兄との関係は分からぬが、何らかの手段で手に入れた柑子の種をおそらく趣味で育てたのではないかの。

日本の伝統的な色名では、柑子《こうじ》色といえば明るい黄橙色を意味することからも、柑子が日本に定着したことが分かるというものじゃ。今から見れば、柑子を我が国に根付かせた二人が、褒められたのは当然と言えるじゃろう。しかし、神亀二年当時は、柑子がやっと実った程度ではなかったろうか。そのような時に表彰を受けるということは、柑子が極めて貴重な果物として評価されていたということじゃ。その昔、垂仁天皇の勅を受けて田道間守《たじまもり》が香果《かぐのみ》（柑橘類）を持ち帰ったという話もあったが、『続日本紀』は、我が国の果物の歴史も伝えておるわけじゃ。

8　官人の勤務評定（神亀四年(七二七)二月）

二月二十一日に、天皇は次のような主旨の詔を出された。

「このところ、しきりに災奇が起こるのは、朕が不徳のためか、それとも百寮の官人が奉公に勤めないためであろうか。諸司の長官は、各官司の主典《さかん》（四等官の最下位）以上の者について心を公務にくだいて精励すること明らかな者と、心邪にして偽りを懐き職務に励まぬ者との二種類に分け、名を具体的に奏上させよ。良い者には功績を勘案して昇進させ、悪い者には行状に従って降格させよ」

災奇が起こるのは、天皇の不徳だけではなく、官人の不行跡にもあるとしてその行状を正そうとしたわけじゃ。官人にたいする臨時の勤務評定じゃよ。官人も大変じゃのと言いたいところじゃが、悪徳役人は何時の世にもおるものなのじゃ。これで少しは粛正されるとよいのじゃが。

この評価結果は意外に早く、三月三日には報告書が上奏されておる。国郡司など地方官制を除く、中央官制の官人のみを対象としておるためじゃ。これを受けて三月十三日に、天皇は正殿に出御して善政を行った官人に禄物を賜ったのじゃ。例えば、最上とされた五位以上の者には絁《あしぎぬ》四十四、次上とされた五位以上の者には二十四、中等とされた者には賜り物はなく、下等とされた者はすべて官職を解き位階を下げられた。

二月の詔では、善と悪の二通りであったが、実際には最上、次上、中、下の四通りの評価じゃった。それぞれの人数が分からぬのが大変残念じゃ。もし分かれば、当時の官人の仕事ぶりがかいま見えるのじゃが。

いかがかな、「職務に励まぬ」が故に官職を解かれるとしたら、現在の官庁ではどれほどの者が解雇されることになるのじゃろうか。

9　渤海《ぼっかい》からの朝貢（神亀四年(七二七)九月）

九月二十一日に、初めて渤海からの朝貢の使節団が出羽国に来着したのじゃ。この使節団は、二十四人からなっていたのだが、出羽の蝦夷に襲われ団長の高仁義ら十六人が殺害され、高斉徳ら八人がかろうじて死を免れ、十二月二十日に入京しておる。二十九日には、天皇は使者を派遣して高斉徳らに衣服と冠・履き物を賜った。これは使節を臣従させたことを意味するのじゃ。すなわち、朝貢使節として遇したというわけじゃ。正月三日に渤海の使者らが朝賀に参列し、十七日には渤海王の書と土産物を献上しておる。この時、使者に位階を授け宴を開いてもてなしたのじゃ。二月十六日には、渤海使を送る使者が任命された。四月十六日に使者に引き出物を賜うとともに渤海王への璽書《じしょ》を賜ったのち、六月に使者を送り返したのじゃ。今回は渤海からの最初の使者じゃが、以後、来貢は三十五回、日本からの遣使は十三回におよぶ。ただし、日本からの使者の多くは渤海使を送るためのもので、独自の派遣は三回に過ぎない。

渤海は、高句麗の遺民大祚栄《だいそえい》によって六九八年に建国され、中国東北部から朝鮮北部を領土としていたのじゃ。周囲との交易によって栄えたのじゃが、九二六年契丹《きったん》によって滅ぼされた。大祚栄《だいそえい》は、七一三年に唐の玄宗皇帝から渤海郡王に封じられたのじゃが、二代大武芸の七二六年に唐との関係が悪化したのじゃ。日本への遣使はその翌年なので、日本との外交を開くことにより唐および新羅を牽制するねらいがあったと思われておる。孫子の兵法でいう「近攻遠交策」じゃよ。

当時の日本は、唐、新羅そして渤海とかなり積極的な外交を行っておった。特に新羅と渤海は日本への朝貢であり、日本の存在感は大きかったのじゃ。現在の日本は、経済大国と言われて久しいが、国際社会における政治的な影響力は如何なものかの。奈良時代の朝廷のような毅然たる態度が欲しいものじゃ。

10　皇子誕生の喜び（神亀四年(七二七)閏九月）

閏九月二十九日に聖武天皇の皇子《みこ》が誕生した。母は光明子じゃ。この時には光明子は、夫人の一人で皇后にはなっておらなんだ。聖武天皇がどれほど喜んだかは、この後の出来事から分かるじゃろう。日を追って並べてみよう。

・十月五日　皇子の誕生を祝って、死罪以下の罪を免じた。百官の者達に物を賜い、皇子と同じ日に生まれた者に、布一端、綿二屯、稲二十束を賜う。

・十月六日　親王以下、舎人から女孺《にょじゅ》（下級女官）に至るまで、身分に応じて物を賜った。

・十一月二日　宴を賜り、五位以上の者には身分に応じて真綿を賜った。代々の名家の嫡子で五位以上の位を帯びる者には、別に絁《あしぎぬ》十四を加えた。

・同じ日　天皇は詔して、皇子を皇太子とした。
・僧綱と僧尼九十人が皇子の誕生を祝賀したのに対し、身分に応じ賜り物があった。
・十一月十九日　五位以上の官人と無位の諸王に宴を賜り、身分に応じ禄を賜った。
・十一月二十一日　従三位の藤原夫人（光明子）に食封一千戸を賜った。

いかがかな、天皇の大盤振る舞いから喜びが感じ取れるじゃろう。同じ誕生日の子供にまで及んでおる。極めつけは、立太子じゃ。生後一月余りでの立太子は、最年少記録じゃろう。嬉しくてたまらぬ聖武天皇の気持ちが表れたものじゃよ。子供が誕生した喜びは庶民とて同じじゃが、万世一系を願う天皇にとって皇子の誕生は格別だったのじゃ。

この皇子は、基王《もといのおおきみ》と呼ばれたが、お気の毒にも翌年の九月にわずか二歳で夭逝してしまったのじゃ。天皇が悼み悲しまれたのは、言うまでもない。歴史に、タラ、レバは無意味じゃが、基王が健康に成人しておられたら、孝謙女帝の誕生もなく奈良朝の歴史いや日本の歴史は大きく変わっておったじゃろう。

11　タレントの争奪（神亀五年（七二八）四月）

四月二十五日に、天皇は次のような勅を出された。

「聞くところによると、もろもろの国司・郡司らは、管轄区域内に騎射《うまゆみ》や相撲《すまい》に有能の者または力の強い者がいると、王侯・貴族の求めに応じて彼等を送り込んでしまう。このため、詔があって捜し求めてもすでにふさわしい人材がいない。今後はこのような事態があってはならない。もし違反者が有れば、国司は位記を剥奪し現職を解任し、郡司はまず罪を与え勅にしたがって解任せよ。…… およそこうした種類の有能者は、国司・郡司が予め知って、よく心掛けて選定・指名しておき、勅が来た時には即時に貢進するようにせよ。以上のことを全国に告げ、ことごとく知らせるようにせよ。」

騎射《うまゆみ》は、五月五日の節会で行われるもので今で言う流鏑馬じゃ。これに有能な者は人気が高かったのじゃ。また、相撲《すまい》は言うまでもなく七月七日の相撲節会の行事を意味しておる。したがって、相撲《すまい》の強い者も引く手あまただったのじゃ。ちょっと意外なのは、「力の強い者」のことじゃ。原文では膂力者《ちからのひと》となっておる。これは、力婦とか膂力《りょりょく》婦女とか呼ばれた女性で、諸国から貢上され後宮に配属された女性のことと考えられておる。確かに、力の強い女性は貴重だったかもしれんの。

このようなタレントは、当時は大変人気が高く、王侯貴族が先を争って抱え込んでおったのじゃ。そのため、朝廷が貢上させようとしても能力の高い者はすでに囲い込まれており、思うように集められなかったのじゃ。そこでこのような勅が出されたわけじゃ。それにしても、国司や郡司を解任してしまうとは、朝廷の怒り心頭ということじゃろうか。

現在の大学における推薦入学制度も、一芸に秀でたものを抱え込むという点では、似たようなものではないかの。高校でも、野球や陸上の強化のために優秀な中学生を集めておる。何時の世でも、優秀なタレントは大切にされるということじゃ。

12　謀略で長屋王自殺（天平元年（七二九）二月）

奈良朝最大の政変すなわち長屋王の変は、二月十日の記事が告げておる。

「天平元年（七二九）二月十日　左京の住人である従七位下の漆部造《ぬりべのみやつこ》君足《きみたり》と無位の中臣宮処《みやこ》連東人《あずまひと》らが、「左大臣・正二位の長屋王はひそかに邪道を身につけ、国家を倒そうとしています」と密告した。天皇はその夜、使者を派遣し三つの関を固めさせた。また、式部卿・藤原朝臣宇合《うまかい》らを派遣し六衛府の兵士を引率して長屋王の邸宅を包囲させた」そして、十一日には一品《いっぽん》の舎人《とねり》親王・新田部親王、…、正三位藤原朝臣武智麻呂《むちまろ》、…ら（六人）を長屋王宅に派遣し、その罪を糾問させておる。ところが、長屋王は十分釈明できなかったか、あるいは釈明しても無駄だと判断したのじゃろうか、翌十二日に自宅で自殺してしまったのじゃ。また、妻の吉備内親王および内親王の息子（四人）も首をくくって死んだのじゃ。ところが、同じ長屋王の子供でも藤原不比等の娘が産んだ子供は誰一人死んでおらぬ。長屋王の変は、藤原氏が仕組んだ謀略だったことは定説になっておる。その事は、『続日本紀』自身が認めておる。後に密告した東人が、長屋王の厚遇を得ていた大伴宿禰子虫によって斬殺される事件が起きる（天平十年七月）。その記事の中で、東人が長屋王を誣告したからだと述べておるのじゃ。

では、なぜ藤原氏はこのような陰謀を図ったのか。それには、前に述べた本章2項と10項とが関係しておるのじゃ。朝廷での勢力を強化したい藤原氏にとって基王《もといのおおきみ》の誕生は願ってもないことじゃった。しかし、10項で述べたように基王の夭折によってその願いは吹き飛んだのじゃ。そのため次に狙ったのが光明子の皇后擁立じゃった。2項のように令を重視する長屋王が、令の原則を破って臣下の娘を皇后にすることなど容認するはずがなかったのじゃ。そこで目の上のコブを除こうとしたわけじゃ。当時朝廷の首座にあった長屋王を葬るにはこのような手段しかなかったのかも知れぬ。

近年、長屋王宅の発掘によって七万点を超える木簡が出土し、新たな事実が明らかになってきておる。今後とも出土したあるいは出土する木簡によって新たな事実が見つかることじゃろう。しかし、事件の全容は究明しかねるじゃろう。最近の疑獄事件でさえその真相は解明しきれぬのじゃから。

13　厭魅呪詛《えんみじゅそ》の厳禁（天平元年（七二九）四月）

四月三日に天皇は次のような勅を出された。恐らくは前項で述べた長屋王の事件が引き金になったのじゃろう。

「内外の文武百官と一般人民のうちで、異端の道を学び、幻術を身につけ、厭魅《えんみ》呪詛して人を害し傷つける者があれば、主犯は斬刑に、従犯は流罪とせよ。また、僧尼のうちで、山林に住み着き、仏道修行と偽って邪法を学び、それを伝えて呪法を授け、呪文を書いて封印し、あるいは薬を調合して毒薬を作り、種々の怪しげなことをし、詔で禁じていることを犯す者があれば、罪は同罪とせよ。さらに、妖術などの書物は、この勅が出てから五十日以内に届出よ。もし、期限内に届けずに、後に密告された者があれば主・従を問わず皆ことごとく流罪とする。密告したものには絹三十四を褒賞としよう。その絹は罪人の家から徴する」

いかがかな、朝廷が厭魅呪詛《えんみじゅそ》いわゆるまじないで人を呪う行為を恐れていたことが分かるじゃろう。この勅は三つの部分からなっておる。まずは一般人を対象としたもの、僧尼に対するもの、そしてまじないの書物（妖書）の所有じゃ。僧尼とは行基の率いる集団との指摘もあるようじゃが、もっと広くその他の僧尼にたいしても禁止していると考えるべきじゃろう。言いかえると全国民を対象としているわけじゃ。それほど広く厭魅呪詛が行われていたと言うことなのじゃ。厭魅《えんみ》は、人形《ひとがた》などにより他人に危害を加えるまじないであり、呪詛《じゅそ》はそれを用いて呪うことじゃ。養老律令の賊盗律17によれば呪詛で人を殺そうとすれば懲役刑、もし死ねば殺人罪で斬刑となっておる。また、賊盗律21によれば妖書を作れば遠流、またそれを用いて民衆を惑わせても遠流となっておる。

このように律によって厭魅呪詛の刑罰が定められておると言うことは、厭魅呪詛が一般に広く行われており、それが有効であると考えられておったからじゃ。誰じゃ、「そんなに効き目があるのなら身につけたい」などと言う奴は。「人を呪わば、穴二つ」という。朝廷が禁じるように、決して良いことではないからの。ただし、科学の進歩に反比例して呪いの効果は減少してきたようじゃ。

14 「天平」と改元（天平元年（七二九）八月）

六月二十日のことじゃが、左京職が亀を献上した。長さ五寸三分、幅四寸五分で、その背中には、「天王貴平知百年（天皇は貴く、平和な治世は百年に及ぶであろう）」という文字があったのじゃ。これを大変目出度いこととして、八月五日に天皇は詔を出された。「…京職の大夫・従三位藤原朝臣麻呂らが文字を背にもつ亀を献上…、これは太上天皇（元正天皇）の厚く広い徳を蒙り、高く貴い行いによって現れた大瑞である。…この大瑞は天神・地祇がともに嘉として祝福されたがために顕された貴い端《しるし》である。そこで神亀六年を改めて、天平元年として、天下に大赦を行い主典《さかん》以上の百官の者に冠位一階を上げることをはじめとしてさまざまな恩恵を与えよう。…」天平文化などとして耳になじんでおる天平時代が始まったわけじゃ。その「天平」は、亀の背中の文字がもとじゃった。そして、七四九年まで二十年間続くことになるのじゃ。

ところで、実際に亀を捕らえたのは河内国古市郡の人で、無位の賀茂子虫《こむし》じゃった。子虫には従六位上が授けられ、絁《あしぎぬ》二十四、真綿四十屯、麻布八十反、貸し付け用の稲二百束が与えられた。また、唐から来日した僧の道栄には、子虫を教導して亀を献上させたとして、従五位下の位階になずらえて緋色の袈裟と物が施された。位階相当の禄は、令《りょう》の規定により与えられたのじゃ。道栄については、養老四年の記事にもあるが、経典を読む際の節回しの統一にも関与していたようじゃ。

天平時代は、天然痘の大流行や藤原広嗣の乱、繰り返される遷都など必ずしも平和を謳歌できたわけではないが、薬師寺の東塔、興福寺の五重塔が建てられ、東大寺の大仏、国分寺・国分尼寺の創建など多くの仏教文化が花開いた時代ではあった。「天平文化」のもつなにやら懐かしい響きは、これが我が国の文化の基礎となっていることを心に訴えておるのかもしれんの。

15 光明皇后誕生（天平元年（七二九）八月）

八月十日、天皇は詔して正三位の藤原夫人《ぶにん》（光明子）を皇后にされたのじゃ。このことは、同月二十四日に内裏に五位以上の官人と諸司の長官を集めて、知太政官事で一品の舎人親王が宣命を宣布したのじゃ。その中から注目すべき内容を拾い出してみよう。

「朕が皇位について六年、この間皇位を継承すべき皇太子がいた。これにより、その母である藤原夫人《ぶにん》を皇后に決めた。国にとって皇后の位は不可欠のものなので、六年間皇后として相応しいか選び試みてきた結果である。元明天皇が、初めてこの皇后を朕に賜った時、

「この娘の父・藤原不比等は心から朝廷に尽くした者であるから、この娘に過ちや罪がなければ、捨ててはならぬ」と仰せになった。そのお言葉にしたがって、ともかくも六年間試み使って、皇后の位を授けるものである。それも、臣下の女を皇后に立てるのは自分の時のみではない。仁徳天皇は、葛城曾豆比古《そつひこ》の娘の伊波乃比売命《いわのひめ》を皇后に迎え天下の政を行われた。光明子を皇后に立てることは、今さら珍しいことではない」

この詔に続いて、「今、宣布した詔は常のことではない」として、特に物を賜うとの勅が出され、地位に応じて絁《あしぎぬ》が下賜されたのじゃ。

いかがかな、いかにも言い訳がましい詔じゃろう。律令においては、皇后になれるのは内親王を原則としておった。このため弁明の羅列になったわけじゃ。まず、夭折した皇太子を産んだ（本章10項）から皇后にすると言い、六年間試した結果だと言っておる。さらに元明天皇の言葉を引き、忠臣・不比等の娘だからと言い、最後には仁徳天皇を前例に出しておるのじゃ。どれ一つとっても、令の原則に反し臣下の娘を皇后にする正当な理由にはなり得ないのじゃ。もっともらしい仁徳天皇の前例も、その活躍時期は五世紀中頃じゃから、律令が制定される二百年も前の話じゃ。令の原則を破る前例にはなり得ないのじゃよ。そのため、臣下の不満を抑えようと絁が下賜されたというわけじゃ。

長屋王の変（本章12項）から半年後、あえて火中の栗を拾おうとする者などおらんかった。ことは藤原氏の思惑通りに運び、藤原氏の権勢は温存できたというわけじゃ。

16　福引き（天平二年（七三〇）正月）

正月十六日は、踏歌《とうか》節会で、足を踏みならしながら歌う宮廷宴会が開かれる日じゃ。この日の『続日本紀』は、次のような記事を載せておる。

「天皇は、大安殿に出御して、五位以上の官人を召して節会の宴を開かれた。夕方、皇后宮に移られた。百官の主典《さかん》以上は天皇に従い、踏歌を奏しながら皇后宮に向かった。天皇は官人を宮内に引き入れ、酒食を賜った。また、短籍《たんじゃく》を引かせた。短籍には、仁・義・礼・智・信の五文字が書かれており、その文字に従って物を賜った。仁を得た者には絁、義には糸、礼には綿、智には布、信には常布《じょうふ》（商品用の布）が与えられた」

当時の皇后宮は、もとの藤原不比等邸で、平城宮の東隣にあり、後に法華寺となったところじゃ。大安殿からそこまで、踏歌の列が進んだわけじゃ。そして、踏歌の宴の一環として、福引きが行われたのじゃ。短籍《たんじゃく》は、短尺とも書き、短冊のことじゃよ。多くの木簡のいくつかに、仁・義・礼・智・信と書かれた木簡が混じっており、これを引き当てると賞品が下賜されたわけじゃ。短籍については、『続日本紀』の中でもこの記事にしか見られないが、福引きが踏歌節会の余興としてしばしば行われておったようじゃ。このような福引きはいつ頃始まったのじゃろうか。

にぎやかに踏歌を奏して、高揚した気分の中で行われた福引きじゃ。当たったと言って歓声が上がり、はずれを引いては笑い声があがる。さぞかし盛り上がったことじゃろう。平和で楽しい正月の雰囲気が彷彿とされるようじゃ。それにしても、当たり籤が仁・義・礼・智・信とは、何とも道徳的で、籤のギャンブル性とのミスマッチが面白いじゃろう。

17　特別給費生の創設（天平二年（七三〇）三月）

三月二十七日に、太政官が次のように奏上したのじゃ。

「大学に在籍する生徒のなかに年月を経ても学業が浅薄で、博く深く学べない者がいます。家計が貧しく学費を十分に出せないからです。学問を好んでいてもその志を果たせません。生まれつき知能聡明で学業に優れている者を五人から十人選び、学問に専念させ、後進の目標とさせたいと思います。そこで、夏・冬の衣服と食料を支給して頂きたい。

また、陰陽・医術・七陽暦・暦の頒布などは、国家の要の道であり、止めたり欠いたり出来ません。ただこれらの学術を指導する博士を見ると高齢で老衰しています。いまのうちに後進に学術を指導しておかないと、これらの業が絶えてしまうでしょう。そこで次のことをお願い申し上げます。吉田連宣《きったのむらじよろし》ら七人は、それぞれ弟子をとって学業を教授させます。弟子達の季節ごとの衣服と食料は大学生に準じて支給します。生徒の数は、陰陽・医術は各三人、七陽暦・暦の頒布は各二人とします。

また蛮国は国も違い風俗も様々です。もし通訳がいなければ事を通じることが出来ません。そこで粟田朝臣馬養ら五人に命じて各々弟子を二人取り、漢語を習わせたいと思います」

この奏上は天皇によって許可された。貧窮の故に学業が困難な優秀な人材に対し、衣服と食料を支給しようとするもので、得業生《とくごうしょう》と呼ばれておった。いわば、特別給費生というところじゃろう。大学生だけではなく、専門職である陰陽や医術の生徒にも適用されておる。また、通訳の育成にも配慮しておるところに奈良時代の国際性が感じられるじゃろう。

現在は、全体的には経済レベルも上がりまた育英制度なども充実してきておる。しかし、荒廃した戦後教育の影響が、教育そのものにいまだに大きな影を落としておる。子供の教育を見直すことは勿論じゃが、教師そして親の再教育が必要なのかもしれんぞ。

18　施薬院の設置（天平二年（七三〇）四月）

四月十七日、初めて施薬院が皇后宮職に設置されたのじゃ。施薬院は、病人に薬を施し治療する施設なのじゃ。光明皇后の有名な治績としてもう一つ悲田院がある。悲田院の設置については『続日本紀』は何も語っておらぬが、おそらくこの前後に設置されたものじゃろう。この悲田院の役割は、具体的には分かっておらぬが、貧窮者や孤児などに食事を与え宿泊所を提供したのじゃろう。両施設ともに仏教思想にもとずく社会事業であり、光明皇后の崇仏思想のあらわれなのじゃ。

施薬院は、皇后宮職の中に置かれたが、皇后宮職は藤原不比等の邸宅にあり、後に法華寺となった場所じゃ。施薬院の運営には、皇后宮職の封戸と藤原不比等家の封戸のうち庸の品物とがあてられた。これらの経費によって、各種の薬が購入されたのじゃ。正倉院文書によると、光明皇后は各種の薬を東大寺に施入し、病気の治療にあてておられる。麝香《じゃこう》・犀角《さいかく》・桂心・人参など六十種で、二十一の櫃にわけて収められたそうじゃ。今でもその一部は正倉院に残っておる。これらの薬種のほとんどが、中国・インド・西域などからの輸入品じゃ。大変に高価なものじゃった。ところで当時の行政機関には、典薬寮があり、薬草園なども運営しておった。しかし、朝廷を主対象としたもので、施薬院とは全く役割が別じゃった。

施薬院・悲田院ともに、大変立派な社会事業ではあったが、残念ながら長くは続かなかったようじゃ。詳しいことは分からぬが、せいぜい三十年程度ではなかったかの。いわば深い信仰心を持った光明皇后個人の事業であり、行政組織の一環になり得なかったからじゃ。しかし、両院とも光明皇后の心は通っていたのではないかの。行政組織といえども心を失ってはならぬ。社会保険庁などを反面教師とするべきなのじゃ。

19　雅楽の体制確立（天平三年（七三一）七月）

七月二十九日に雅楽寮の雅楽生《ぞうがくしょう》の定員が定められたのじゃ。ここでいう雅楽は、宮廷の儀式で行われる古来の久米舞・五節《こせい》舞などの歌舞以外の楽舞をいう。すなわち、外来音楽や地方の楽舞などじゃ。雅楽の楽師（楽生を教える先生）の定員は決まっていたので、ここでは、この雅楽の楽生の定員と採用対象を規定した。これによって雅楽を支える専門家集団の体制が確立したと言えるわけじゃ。

具体的には、「大唐楽は三十九人、百済楽は二十六人、高麗楽は八人、新羅楽は四人、渡羅《とら》楽は六十二人、諸県《もろかた》舞は八人、筑紫舞は二十人である。大唐楽生は日本人でも渡来系でも教習に耐えうる者を取り、百済・高麗・新羅等の楽生はそれぞれの国の出身者で学ぶ能力のある者を取る。ただし、渡羅楽・諸県・筑紫の舞生は楽戸（雅楽寮に所属する職業集団）から取る」ことが定められたのじゃ。雑楽生だけで百六十七人、日本古来の久米舞などの楽生を含めると約六百八十人にもなるのじゃ。雅楽が宮中の行事に不可欠のものとして大切にされていたことが分かるじゃろう。さらに、平安時代には催馬楽《さいばら》と朗詠の歌物が追加されておる。その後、宮中を中心に継承されてきた雅楽は、現存する合奏音楽としては世界最古であり、その歴史的価値は極めて高いのじゃよ。

現在では、雅楽を演奏するものを楽師と呼んでおる。楽師は、すべて宮内庁式部職の楽部に所属しておる。宮内庁楽部の楽師《がくし》が演奏する雅楽は，昭和三十年に国の重要無形文化財に指定され，楽部楽師は重要無形文化財保持者に認定されておるのじゃ。楽師の定員は、なんと二十六名じゃ。奈良時代の三％にすぎんのじゃ。それでいて、宮中の饗宴では洋楽も演奏せねばならんのじゃ。古来の楽器、舞、歌曲に加えて、ピアノ、バイオリン、フルートなどもこなすというわけじゃ。貴重な文化遺産を後世に残すためには、楽師の増員が必要だと思うのじゃが、如何かな。

20 治安維持体制を強化（天平三年（七三一）十一月）

十一月二十二日に、初めて畿内に惣管が、また諸道には鎮撫使が設置されたのじゃ。一品の新田部親王が大惣管に、従三位の藤原朝臣宇合《うまかい》が副総監に任じられ、従三位の多治比真人県守《あがたもり》が山陽道鎮撫使に、従三位の藤原朝臣麻呂が山陰道鎮撫使に、正四位下の大伴宿禰道足《みちたり》が南海道鎮撫使に任じられた。新田部親王を除いていずれも当時の参議の地位にあり、惣管・鎮撫使が如何に高い地位であったかが分かるじゃろう。なお、西海道については太宰帥であった大納言の藤原武智《むち》麻呂が兼務していたと考えられておる。また、残る東海道、東山道、北陸道については、この日の発令はなかったが、後日発令されたと考えられておる。天平十八年（七四六）四月の再設置の時には、これらの諸道にも鎮撫使が配置されておるからじゃ。

惣管の職掌は、畿内および京において国守の上に位置し、兵馬の動員、治安の維持、国司・郡司の監督などじゃ。鎮撫使の職掌も惣管と同様じゃが、兵馬の動員だけは認められなんだ。畿外での兵馬の徴発は反乱につながりかねないとの判断じゃろう。惣管・鎮撫使のような臨時の官が設置された背景を、前年九月の記事に見ることができる。そこには、京や諸国に多くの盗賊や海賊が発生していること、安芸と周防では死者の霊魂を祀り祈祷していること、京の近くで数千人を集め民衆を惑わしている者が居ること、勝手に兵馬や人を集めて猟をすることなどが行われており、これらを禁断せよとの詔が出されておるのじゃ。すなわち、世情不安、特に反政府的な活動を武力をもって押さえつけようとの意図があるわけじゃ。

天平文化が花開こうかという時期じゃが、一般民衆には不安や不満が鬱積していたことの現れじゃろう。対処療法では抜本解決にはならんことは何時の世でも同じじゃよ。

21　国防体制を強化（天平四年（七三二）八月）

八月十七日に、節度使が任命された。東海・東山二道の節度使には正三位の藤原房前《ふささき》が、山陰道には従三位の多治比県守《あがたもり》が、西海道には従三位の藤原宇合《うまかい》が任じられたのじゃ。節度使は、唐の辺境防衛軍の総司令官の称号にならったもので、臨時の官じゃ。唐・新羅・渤海など国際関係の緊張に対する軍備の強化を狙ったものなのじゃ。山陰道・西海道の節度使は、直接西方の防備の強化を図り、東海道・東山道の節度使は西方に赴任する兵士の補給や武器の供給に当たったのじゃ。

本章9項でもふれたように、渤海が日本に接近したことにより、新羅の警戒心が高まるとともに、渤海と唐とが対立するなど北東アジア情勢は緊張しておった。六日前の十一日には遣新羅使が帰朝しており、その情報をもとに節度使が設置されたことも考えられるのじゃ。節度使の任務については、八月二十二日の記事にあり、管内諸国の兵器・牛馬の確保、兵士の徴発、兵船の建造、食糧の確保、兵士に対する武芸の訓練などじゃ。具体的には、出雲国では、烽《とぶひ》の設置や試験、弩《ど》（大弓）の製造とその配備、天幕や釜などの整備、兵士に対する騎射などの訓練が活発に行われていたことが知られておる。

国際情勢が緊張する中で、朝廷は山陰から北九州にかけての海岸線の防備を強化したわけじゃ。そのために、東海から東山道に対しては兵士や武器の供給を命じておる。北陸道に対しては特に記述はないが、朝鮮半島に面する海岸線の警備について指示などはあったのではないかの。国を護ろうとすれば、軍備の強化は不可欠なのじゃ。遣新羅使の情報で節度使が設置されたとすれば、極めて素早い対応と言えるじゃろう。国防は、当時も今も喫緊の最重要課題なのじゃ。ところが今の日本はどうじゃ。中国の異常な軍事力強化や、北朝鮮の核開発に対しても、何ら有効な国防措置を執っておらんではないか。米国の傘に入っておれば安心と思っておるのかもしれんが、傘など米国の都合で何時なくなるか分からん。ならず者あるいはそれに近い国が攻撃を躊躇する程度の反撃能力は持たなくてはいかんのじゃ。

22　天覧の歌垣（天平六年（七三四）二月）

二月一日、天皇は朱雀門に出御され歌垣を御覧になったのじゃ。この歌垣には、男女二百四十余人が集い、五位以上の者でも風流心のある者はみな参加したのじゃ。正四位下の長田王ら四人の王が歌頭《かしら》となって、列の先頭と末尾にあって歌を唱和したのじゃ。難波曲《ぶり》・倭部《やまとべ》曲・浅茅原《あさじがはら》曲・広瀬曲・八裳刺《やつもさす》曲の音楽を奏し、都中の人々に自由に観覧させたのじゃ。歌垣は、歓を極めて終わり、参加した男女には地位に応じて物を賜った。

歌垣は、男女が集まり歌を交換しながら求愛する習俗じゃ。この習俗は東南アジアに広く分布し、現在でも中国貴州省のミャオ族などに見られるのじゃ。我が国の古代では、万葉集や常陸国風土記に見られる筑波山の歌垣が有名じゃが、現在の奄美で旧暦の八月に行われる八月踊りは、男女が円陣を作り互いに歌を交換しながら踊るもので、歌垣のなごりとも言えるのではないかの。歌垣は、古代では一般に広く行われており、農閑期の大切な娯楽の場であり男女の出会う場でもあったわけじゃ。

ところで、難波曲など実際に歌われた音楽がどのようなものであったかはよう分からん。例えば、難波曲は、「難波津に　咲くやこの花冬ごもり　今は春べと咲くやこの花」という古歌・「難波津の歌」に曲を付けたものではないかと言われておる。この歌は、『古今和歌集』の仮名序で紀貫之が、「安積香山《あさかやま》」の歌とともに歌の父母と呼んだ手習いはじめの歌とした有名な歌じゃった。ちなみに、「安積香山《あさかやま》」の歌は、『万葉集』の巻十六に収録されており、「安積香山《あさかやま》　影さえ見ゆる山の井の　浅き心を我が思はなくに」という。

平成九年に紫香楽宮から出土した一枚の木簡の表裏に、この二つの歌が墨書されていたことが平成二十年八月に発表されて大きな話題になった。七四四年頃の木簡じゃが、「難波津の歌」は、難波曲《ぶり》で歌われ、広く人々に親しまれていたのじゃろう。

23　得度《とくど》推挙の条件（天平六年（七三四）十一月）

十一月二十一日、太政官は次のような奏上をなし、天皇の許可を頂いたのじゃ。

「仏教が流布するか否かは、僧尼の資質に因ります。得度する者の才能や修行は担当する官司によって選ばれます。ところがこの頃の出家は学業を審議せず、官司への請託によっていいます。これは甚だ法意にもとります。今後は僧尼・俗人に関わりなく、得度に推挙される者は、ただ法華経一部あるいは最勝王経一部を暗誦し、仏事執行のための理解を有し、浄行が三年以上の者を選びます。そうすれば、学問が盛んになり請託は自然になくなるでしょう。また、僧尼の子をもらい受け自分の子と偽って出家させれば、法に従って罪を科します。もし担当の官司が知っていて正さなければ同罪とし、得度した者も還俗させます」

得度は、在俗の仏教信者（優婆塞《うばそく》（男）、優婆夷《うばい》（女））が仏門にはいるための儀式じゃ。得度を終えた者は、沙弥《しゃみ》（男）、沙弥尼《しゃみに》（女）と呼ばれ、一定の修行の後に受戒の儀式を経て正式の僧尼（比丘《びく》（男）、比丘尼《びくに》（女））となるのじゃ。得度すると、度縁《どえん》と呼ばれる証明書が発行され、一般の戸籍から外され、課役が免除されるのじゃ。

宮廷を中心に仏教行事が盛んになってきたため、仏事を執行する僧尼の資質を向上させることを目的に、得度についての最低条件を定めたものじゃ。一方で、得度すれば課役が免除されるため、それを目的に官司への請託が行われておったのじゃ。このために僧尼の資質の低下も見られたわけじゃ。これらの問題を解決するために、この奏上がなされたわけじゃが、得度の条件を規定したのはこれが初めてじゃった。しかし、この条件を満足したからといって誰もが得度できるわけではない。天皇や上皇の病気回復祈願などで、一度に百人、千人の得度者がでることもあるが、通常は毎年一定数しか得度できなかったのじゃ。無制限に得度させたのでは、国家財政に影響しかねないからじゃ。

一般庶民では、優秀な者は官吏になれなければ僧尼しかなかった。その僧尼さえ狭き門だったわけじゃ。今は多くの道が開けておる、贅沢を言っては罰が当たるぞ。

24　新羅《しらぎ》使節を追い返す（天平七年（七三五）二月）

二月二十七日に、中納言で正三位の多治比真人県守《あがたもり》を兵部省の庁舎に遣わして、新羅使に対して入朝の主旨を質問させた。しかし、新羅は軽々しく国号を改めて王城国と称した。このため、使節を国に追い返したのじゃ。この新羅からの貢調使は、先月初めに太宰府に到着し二月十七日に入京しておったのじゃ。朝貢国でありながら我が国の了解も得ずに勝手に国号を変更した無礼を怒ってのことなのじゃ。

渤海《ぼっかい》の我が国への接近、唐と新羅との確執の解消などにより、新羅は我が国に対し対等な関係に立とうとしておったのじゃ。翌天平八年二月に任命された遣新羅使は、おそらく朝貢を促すためのものじゃったろう。この遣新羅使は天平九年（七三七）二月十五日に帰朝報告をしておる。それによると、「新羅の国がこれまでの礼儀を失って、我が使節の命令を受け付けなかった」としておる。新羅は対等の関係を示そうとしたのじゃろう。そこで天皇は四十五人の官人を内裏に集めて、それぞれの意見を述べさせておる。「使者を派遣して理由を問うべし」とか、「兵を発して征伐を加えるべし」との意見も出されておる。相当に緊張した状況じゃった。しかし、今回は伊勢神宮や大神神社などへの報告で終わっておる。新羅使節は、天平十年（七三八）正月に来朝するが、六月まで太宰府に留め置き、ここで饗応しそのまま帰らせておる。理由は不明じゃが、遣新羅使への扱いの報復か、あるいは当時国内に疫病が大流行しておったからかもしれん。

その疫病の大流行は、天平九年の遣新羅使の帰国によるものなのじゃ。大使は、対馬に停泊中に死亡し、副使は病に感染し入京できなかったとしておる。この病気が天然痘で、やがて日本中で大流行したのじゃ。藤原氏の四兄弟はじめ多くの人々の命が奪われておる。四兄弟の死は、長屋王の祟りとして人々に噂されたものじゃった。

それにしても、相手国の無礼に対しては毅然とした態度で臨んだ姿勢は見事なものじゃろう。今の外務省の役人には、立派な手本にしてもらいたいものじゃ。

25　祈りこそが疫病対策（天平七年（七三五）八月）

八月十二日の記事は、次のように伝えておる。

「天皇は勅を出されて、「この頃、大宰府において疫病で死ぬ者が多いと聞く。疫病を治療して民の命を救いたいと思う」と言われた。これにより、太宰府管内の天神地祇に幣帛《へいはく》を奉り、民のために祈らせた。また大宰府の大寺（観世音寺）と管内諸国の寺院とに金剛般若経を読誦させた。さらに、使いを遣わして、疫病にかかった民に米や塩などを支給し、薬湯を与えた。また、長門国から東方の諸国の国守または介は、斎戒して、道饗祭《みちあえのまつり》を行った」

道饗祭《みちあえのまつり》とは、神祇令によれば毎年六月と十二月に京の四方から疫神の入るのを防ぐ祭で、祭神は八衢比古《やちまた》、八衢比売、久那斗《くなと》の三神なのじゃ。したがって、ここで行われた祭りは臨時の祭礼で、鬼魅《きみ》を饗応することによってその侵入を防ごうとするものなのじゃ。すなわち、大宰府の疫病が京に進入しないように途中の国の国守に祭を行わせたわけじゃ。

大宰府は大変な状況にあったようじゃ。八月二十三日の大宰府からの言上によれば、「管内諸国に天然痘が大流行し、人民はことごとく臥しています。今年の調の貢納を停止して頂きたい」とある。また、その流行は太宰府管内にとどまらず、全国規模で拡がったようで、この年最後の記事に、「この年、穀物が不作だった。夏から冬まで全国に豌豆瘡《わんとうそう》（分注：俗にいう裳瘡《もがさ》）を患い若死にする者が多かった」と記しているのじゃ。豌豆瘡《わんとうそう》とは、天然痘のことじゃ。

それにしても、大宰府における疫病対策が神社への幣帛奉納と寺院での金剛般若経の読誦が中心で、疫病蔓延の防御策が道饗祭《みちあえのまつり》とは、現代の人々には理解できんじゃろうな。しかし、当時は疫病は疫神が運ぶと考えておったので、人々は必死に祈ったことは理解して欲しいのじゃ。

26　蝦夷対策に道路建設（天平九年（七三七）正月）

正月二十三日、天皇は、持節大使として兵部卿で従三位の藤原朝臣麻呂、副使として正五位上の佐伯宿禰豊人、常陸守の従五位上で勲六等の坂本朝臣宇頭麻佐《うずまさ》らに詔して、陸奥国に派遣された。他に判官四人と主典《さかん》四人が同行したのじゃ。これは以前、陸奥按察使《あぜち》の大野朝臣東人らが、「陸奥国より出羽柵に通じる道は雄勝《おかち》村を経て行程は迂遠であります。そこで雄勝村を征服して直行路を通したいと思います」と奏上したことに応えて、軍の派遣を決定したものなのじゃ。

派遣された大使の麻呂は四月十四日に現地での様子を言上しておる。それによると、麻呂は二月十九日に多賀の柵に到着し、大野東人と協議し常陸など六カ国の騎兵千人を動員して山中と海沿いの二つの道を開いたので、夷狄《いてき》達は皆疑いと恐れをいだいているとのことじゃ。そのため、帰順した蝦夷らを使って鎮撫していると報告しておる。また、三月一日には東人は約六千の兵を率いて色麻《しかま》の柵（宮城県賀美郡中新田町）を発し一日で出羽国大室駅（山形県尾花沢市）に到着し、そこから賊地に入り、道を開きながら行軍したそうじゃ。賊地は雪が深く馬草が得難いため、雪が消え草が生えるのを待って再び行軍することとし、いったん多賀の柵に帰還したそうじゃ。東人が自ら指揮して新たに開削した道は百六十里（八四・二キロメートル）で、ある時は岩を砕き木を切り倒し、あるいは谷を埋め峯を削ったそうじゃ。

このように当時の朝廷にとって、東北地方の経営は重要な問題じゃった。ここに居住する人々は、蝦夷《えみし》と呼ばれておったが、アイヌとする説が有力じゃが辺境の日本人とも言われておる。のちに、この蝦夷を征討する最高指揮官が征夷大将軍と呼ばれ、明治維新まで続いたのは知っておるじゃろう。この称号は、蝦夷征討から、武門の最高の地位を顕すものへと変貌していったわけじゃ。それだけ蝦夷征討が困難だったというわけじゃ。

27　疫病大流行　（天平九年（七三七）四月）

四月十九日の記事は次のように伝えておる。

「太宰府の管内の国々に疫病が流行って多くの人民が死んでいる。天皇は詔を発して、管内の神社に幣帛を捧げて祈願させた。また疫病にかかった貧しい家には金品を恵み与え、あわせて薬湯を支給し治療させた」

太宰府を震源地とする疫病（天然痘）の大流行を告げる記事なのじゃ。二日前の十七日には藤原四兄弟の次男・藤原房前《ふささき》が死んでおる。五月十九日には、再び詔が出され、飲酒や屠殺の禁止、大赦などが行われたのじゃ。

しかし、疫病の猛威は衰えず、六月一日には諸官司が疫病にかかっているとの理由で朝廷での執務まで中止されたのじゃ。この日以降も有力な官人がばたばたと倒れていったのじゃ。有名な人物を列記してみよう。六月十一日に「あおによし…」を作った万葉歌人の小野老《おゆ》、六月二十三日に中納言の多治比真人県守《あがたもり》、七月十三日に藤原四兄弟の四男・藤原麻呂、同二十五日に四兄弟の長男・藤原武智麻呂、八月五日に四兄弟の三男・藤原宇合《うまかい》が死んでおるのじゃ。八月十三日には、天皇は災異を除くために徳を垂れるとして租税や出挙未納を免除する措置を行うとともに、諸国の効験ある神々に幣帛を捧げたのじゃ。さらに、十五日には天下泰平・国土安寧のために宮中の十五個所において僧侶七百人を招いて、大般若経と最勝王経を転読させ、四百人を出家させた。畿内四カ国と七道の国々でも五百七十八人を出家させたのじゃ。本章25項の対策では十分でなかったようじゃ。

藤原四兄弟の死は、藤原氏の陰謀で自殺させられた長屋王の怨霊によるものと噂された。不思議なことに、宇合の死後は天智天皇の皇女を唯一の例外として疫病によると思われる死亡記事は見られんのじゃ。怨霊が満足したのか、天神地祇への祈願が功を奏したのか、経文の転読・出家が寄与したのかは分からん。秋の深まりが人々の体力を回復させたのかも知れん。

28　内親王が皇太子に！（天平十年（七三八）正月）

正月十三日、天皇は阿倍内親王を立てて皇太子とされたのじゃ。阿倍内親王は、聖武天皇の皇女で、光明皇后を母とされ、この時二十一歳じゃった。後に即位して、孝謙天皇として重祚して称徳天皇になられた。しかし、皇太子には男性がなるのが原則で、皇女が皇太子になったのは前代未聞、唯一の例外じゃ。聖武天皇に親王がおらなんだら致し方なかろうが、県犬養広刀自《ひろとじ》との間に十一歳になる安積《あさか》親王がおられたのじゃ。このため、皇族や貴族の中には阿倍内親王を皇嗣として認めない雰囲気もあったようじゃ。

聖武天皇は、その母が藤原宮子であり、妻が藤原安宿媛《あすかべひめ》（光明子）で藤原氏との結びつきは極めて強かったのじゃ。さらに、聡明で、藤原氏の隆盛に配意した光明皇后の思いが強く反映して、この立太子になったものじゃろう。本章10項でも述べたが、皇后になる前の光明子が産んだ基王《もといおう》をわずか一ヶ月余で皇太子につけ、一年後に夭折して以来約十年間皇太子の位は空いたままだったのじゃ。光明皇后が皇子を産むことを期待して空けておいたのじゃろうが、ここにきて阿倍内親王の立太子となったわけじゃ。何が何でも藤原系の皇太子が欲しかったということじゃろう。お気の毒だが、安積《あさか》親王は眼中になかったのじゃろう。それどころか、十七歳での安積親王の死には不審な影さえ見えるのじゃ。

では、皇太子となり後に天皇となった阿倍内親王は幸せだったのじゃろうか。ワシには幸せだったとは思えんのじゃ。一生結婚することもできず、孝謙天皇として即位しても、政治の実権は光明皇太后と藤原仲麻呂に握られ、重祚して称徳天皇となった時には信頼できる皇親もなく、わずかに道鏡を寵愛し心慰められたのではなかったかの。阿倍内親王も、藤原氏を中心とした政治の犠牲者の一人のような気がしてならんのじゃ。

先年、現皇太子に皇子がおられないため、皇統の危機が叫ばれ国会でも議論されておった。二〇〇六年九月六日に秋篠宮ご夫妻の長男・悠仁《ひさひと》さまが誕生され、この議論は棚上げにされておる。じゃが、男系の皇統を維持するとなると、それなりの配慮が必ず必要になる。阿倍内親王の立太子は、今後参考になるかもしれんの。

29　不倫で流罪（天平十一年（七三九）三月）

三月二十八日のことじゃった、石上《いそのかみ》朝臣乙麻呂《おとまろ》が久米連若売《わくめ》を犯した罪により土佐国に配流となり、若売も下総国に流されたのじゃ。二人がともに流されたということは、密通だったのじゃろう。律の逸文・雑律姦條によれば、「姦する者は懲役一年、夫のある者は二年」となっておる。なぜ二人が流罪になったのかは、律に照らして考える限り未詳なのじゃ。しかし、この二人はなかなかに高貴な者達なのじゃよ。ちょっと二人の履歴などを見てみよう。

まず、乙麻呂《おとまろ》じゃが、左大臣・石上朝臣麻呂の第三子で、流罪になる時点では従四位下で左大弁じゃった。太政官に直属する弁官には左弁官と右弁官があり、左大弁は左弁官の長なのじゃ。左弁官は、中務・式部・治部・民部の四省を管掌し、文書の受理や命令の下達など行政執行の中軸となる非常に重要な官職なのじゃ。しかも左大弁の位階は従四位上じゃから、乙麻呂は一階上の職位に就いていたわけじゃ。父親の功績もあり、乙麻呂自身高く評価されておったのじゃろう。何時流罪を解かれたのかは不明じゃが、天平十二年の大赦からは除かれたようじゃが、十五年五月に従四位上に叙せられておるから、この時までに許されたことが分かる。後に従三位となり、中務卿や中納言などを歴任しており、流罪の影響は見られんのじゃ。出自・履歴とも輝かしいものじゃろう。

次に若売《わくめ》じゃが、『続日本紀』は彼女の薨伝で藤原百川《ももかわ》の母じゃと告げておる。だとすると、藤原宇合《うまかい》の室ということになる。本章27項で述べたように宇合は二年前になくなっておるわけじゃ。今流に言えば、深窓の未亡人に乙麻呂がよろめいてしまったというところじゃろう。若売は、翌年の六月に大赦によって入京を許されておる。流罪は一年で済んだということじゃ。後に従四位下にまで昇叙しておる。藤原一族の影響力があってのことじゃろう。

この事件は、いわば高級官僚とトップレディーのスキャンダルというところじゃろう。あまりに世間の話題をにぎわしたため、遠国に流すことによって噂の沈静化をはかったのではないかの。今なら、某国の大統領のように結婚することもできたろうに、気の毒じゃの。

30　遣唐使苦難の帰国（天平十一年（七三九）十一月）

十一月三日に、遣唐使の平群《へぐり》朝臣広成が朝廷を拝し、次のような報告をしたのじゃ。

「広成は、はじめ天平五年（七三三）に遣唐大使の多治比真人広成に従って入唐した。六年（七三四）十月に使命を終えて帰国する時、四隻一緒に蘇州（江蘇省呉県）から船出した。ところが、突然突風に襲われ、四隻の船は方向を失い離散してしまった。平群広成の乗った船の百十五人は崑崙《コンロン》国（インドシナ半島メコン川下流地域）に漂着した。そこに賊兵が来て、ついに囚われてしまった。船員は、ある者は殺され、ある者は逃亡し、その他九十余名は熱病にかかり死んだ。広成ら四人はようやく死を免れ、崑崙王に謁見できた。それでわずかな食料を賜りひどい場所に留め置かれた。七年（七三五）になって、唐国欽州（広西壮族自治区欽州県：トンキン湾に面す）の唐に帰服した崑崙人がその地に来た。そこで、ひそかにその崑崙人の船に乗せてもらい脱出し唐に戻った。日本からの留学生の阿倍仲麻呂に会い、仲麻呂を通して玄宗皇帝に奏上して唐の朝廷に入り拝謁し、渤海経由での帰朝を請願した。皇帝は、これを許可し、船と食料を支給して出発させた。十年（七三八）三月に登州（山東省牟平県）から海に出て、五月に渤海の境界に至った。たまたま、渤海王大欽茂《たいきんも》が使いを派遣して、わが朝廷を訪れようとしていたので、すぐに使節とともに出発した。波の荒れた海を渡る際に、渤海船の一隻が波にのまれ転覆し、大使の胥要徳《しょようとく》ら四十人がおぼれ死んだ。広成らは、残りの人々を率いて出羽国に到着した」

如何かな、当時の遣唐使の航海の厳しさが実感として理解できるじゃろう。広成の苦難の帰国は例外ではない。唐で高く評価された阿倍仲麻呂もいったんは帰国の許可をもらいながら、船が遭難して帰国できず、結局唐の地で没してしまった。運が良くないと帰国できなかったのじゃ。また、我が国に授戒制度を確立した鑑真和尚は五回も渡海に失敗しておるのじゃ。

このような困難を冒しながらも先進文化を吸収しようとしていた態度は今でも見習うべきじゃろう。

31　大宰府で広嗣謀叛（天平十二年（七四〇）九月）

九月三日の記事は次のように告げておる。

「広嗣《ひろつぐ》はついに兵を起こして、反乱した。天皇は詔して、従四位上大野朝臣東人《あずまひと》を大将軍とし、従五位上紀朝臣飯麻呂を副将軍に任じた。軍監・軍曹は各四人を任じ、東海・東山・山陰・山陽・南海の各道の軍一万七千人を徴発して、東人らに委ね、節刀（全権）を授けて広嗣らを討たせる」

藤原広嗣が反乱を起こしたのじゃ。広嗣は、八月二十九日に上奏文を提出しており、その中で「天災地異が起きているのは政治が悪いからであり、その元凶は僧・玄昉《げんぼう》と右衛士督《かみ》・下道《しもつみち》朝臣真備（吉備真備）なのでこの二人を除くべきである」としておる。親族との不仲が原因で太宰府の少弐（次官）に左遷された広嗣が、政治の中心で活躍する玄昉と真備を妬んでその追放を要求したと考えられるのじゃ。しかし、あからさまな政治批判は朝廷への叛逆と判断され征討軍が編成されたわけじゃ。

当時太宰府は、「大君の遠の御門」つまり九州のミニ朝廷として大きな権限を与えられておった。この時、太宰府の長官は空席だったので、広嗣は実質的な長官として九州全土に号令をかけ一万有余の兵士を集めたのじゃ。両軍は九州の板櫃《いたひつ》川を挟んで対峙したのじゃが、官軍の工作や作戦が功を奏し大規模な戦闘のないままに反乱軍は敗走し、後に広嗣は捕らえられ十一月一日に斬首されて反乱は落着したのじゃ。

戦闘は九州の限られた地域で行われただけであったが、その影響は意外なところに現れたのじゃ。反乱が収束する直前の十月二十六日に、天皇は突然平城京を後にして東国への行幸に出られたのじゃ。天皇の真意は分からぬが、反乱を恐れてのことも考えられるじゃろう。十二月には恭仁《くに》京へ遷都し、平城京へ戻るのは五年後のことになるのじゃ。

広嗣に勝算があっての挙兵とは思われんが、社会に大きな影響を与えたことだけは確かじゃ。政治は国民生活に大きく影響するだけに、しっかりとした見通しをもってことに望んで欲しいものじゃ。今の政治家も広嗣流が多いようじゃから。

32　行幸と恭仁京遷都（天平十二年（七四〇）十月）

十月二十六日、天皇は大将軍・大野東人らに次のように勅して、行幸に出られたのじゃ。

「朕は思うところがあって、今月末からしばらくの間、関東（鈴鹿関・不破関以東をいう）に行くつもりである。適切な時期ではないが、やむを得ない。将軍らはこのことを知っても驚いたり怪しんだりしてはならない」

前項でも述べたように広嗣の乱の最中なのに、なぜか聖武天皇は伊勢・美濃への行幸に出られたのじゃ。賊軍の京への乱入を恐れた、奈良における広嗣の内応者の反乱を恐れたなどが考えられるのじゃが、天皇の真意は分からん。

十月二十九日に平城京を発ち、伊勢、桑名、不破など壬申の乱の折りに天武天皇が辿った道筋をなぞるかのような、およそ四十五日におよぶ長い行幸が始まったのじゃ。そして十二月十五日に恭仁《くに》京に行幸し、恭仁の地を都と定められたのじゃ。恭仁の地は、現在の京都府木津市加茂町付近の木津川が大きく南に迂回するあたりで、平城京の北方五キロメートルほどのところじゃ。明くる年の元旦に天皇は初めて恭仁京で朝賀を受けられたのじゃが、「宮の垣がまだ完成していないので、幕を巡らせて囲んだ」と『続日本紀』は伝えておる。促成の宮殿は、垣根はおろか大極殿などもできていなかったのじゃ。広嗣の乱は完全に収束し、かつ平城京という立派な都があるにもかかわらず、なぜ恭仁京に遷都しなくてはならなかったのか。その理由も未詳なのじゃ。

突然の恭仁京への遷都じゃったが、三年ほどで難波京へ遷都され、さらに紫香楽《しがらき》京に遷り、結局恭仁京遷都から四年半後に再び平城京へ戻ったのじゃ。度重なる遷都の背景には、橘諸兄と藤原仲麻呂の勢力争いもからんでおったようじゃ。いずれにせよ莫大な経費と労力が必要じゃったろう。経済的に安定した時代ではあったが、人民には過大な労苦が課されたわけじゃ。必然性の見えない多大な出費、現在では決して許されないことじゃろう。

33　牛馬の屠殺禁止（天平十三年（七四一）二月）

二月七日に天皇は次のような詔を出されたのじゃ。

「馬や牛は、人に代わって働き人を養ってくれる。このために、明らかな制度を作り、屠殺を禁じた。今聞くところによると、国や郡ではまだ禁止することが出来ず人民はまだ屠殺を行っているという。そこで違反する者には、蔭や贖《しょく》の特権を持っている者もまず杖で百回打つ罪とし、そのあとで刑罰を与えよ。また聞くところによると、…」

ここで、「明らかな制度」とは、天武四年（六七五）四月十七日の詔のことと思われる。そこでは、「牛・馬・犬・猿・鶏の肉は食べてはならぬ。それ以外は禁制に触れない。もし禁を犯せば処罰する」としている。また、厩庫律8には「官私の馬牛を殺せば、徒《づ》（懲役）一年」とあり、賊盗律32には「官私の馬牛を盗みて殺せば、徒《づ》二年半」と規定されておる。このように馬牛の屠殺は以前から禁止されておったのじゃが、それが守られておらなかったのじゃ。そこでこれを破る者には、律による罰に杖打ち百回を加えたというわけじゃ。

天武天皇の時代と比べると、犬・猿・鶏が対象から外された。犬は縄文の時代から飼われており、長屋王家木簡からペットとして飼われていたことが知られておる。韓国と違い犬を食する文化はなかったのじゃ。猿も同様に食の対象から落ちていったのじゃろう。その点、鶏は異なる。鶏は、食用として飼育されており、むしろ重要な食材だったのじゃ。そのため、屠殺禁止にしては食生活に支障が出かねなかったと思われる。同じように飼育されておった動物に猪がおる。今の豚と考えればよかろう。これも屠殺禁止の対象にはならなかったのじゃ。

今では、牛肉を食べられない生活など考えられんじゃろう。トラクターや耕耘機などが牛に代わって働いてくれるから、牛を食べられるようになったわけじゃ。これらの機械に、感謝、感謝じゃ。

34 国分寺の建立（天平十三年（七四一）三月）

三月二十四日（実際は二月十四日の書き違い）に、天皇は国分寺建立の詔を出されたのじゃ。それは次のような内容じゃった。

「…　全国に命じて、各国それぞれ七重の塔一基を造営し、あわせて金光明最勝王経・妙法蓮華経をそれぞれ一部書写させよう。また、朕は金泥で金光明最勝王経を写し、塔毎にそれぞれ一部を置かせる。仏法が盛んになり天地とともに永く伝わり、四天王の擁護の恵みを現世と来世に行きとどかせて常に十分であることを願ってのことである。そもそも、塔を持つ寺は国の華ともいうべきで、必ず良い場所を選んで永く久しく保つようにせよ。……国司らは、各々国分寺を厳かに飾るよう努め、あわせて清浄を保つようにせよ。……また国毎に建てる国分僧寺には、封戸五十戸と水田十町を、国分尼寺には水田十町を施入する。僧寺には必ず二十人の僧を住まわせ、寺の名を金光明四天王護国之寺とする。尼寺には尼十人とし、名は法華滅罪之寺とする。僧寺と尼寺は離れて建立し、個別に仏教の戒を受けなくてはならない。……毎月の六斎日には公私ともに漁労や殺生をしてはならない。国司らは常に検査・監督せよ」

このように、仏教の興隆により国家の安寧を願う護国の思想に基づいて、国分寺の建立がなされたのじゃ。国分寺は、僧寺（金光明四天王護国之寺）と尼寺（法華滅罪之寺）とからなっておった。

現在では、全国に六十六の国分僧寺跡があり、十一の国分尼寺跡が確認されておる。現在も国分寺として法灯を継承している寺は全国で十ほどじゃ。聖武天皇は、国分寺建立とともに寺を維持するための経済的基盤も与えておるのじゃが、時代が進むとともに寺の経営は困難になっていったのじゃ。しかし、時が流れても護国の重要性は変わらん。国分寺の法灯を維持するとともに、どのような形であれ、護国の思想は堅持して欲しいものじゃ。

35　税収確保の大英断（天平十五年（七四三）五月）

五月二十七日に、天皇は次のような詔を出されたのじゃ。

「聞くところによると、「墾田は養老七年の格（第三章20項　三世一身法　参照）によって、期限が満ちた後は令に従って官に収め口分田になる。このため期限近くなると農夫は怠けて投げやりになり、開墾した土地も荒廃してしまう」と。そこで今から後は、自分で開墾した土地は自由に個人の財産として、三世一身法を当てはめることなく、すべて永年にわたって官が取り上げることのないようにせよ。土地の広さは、親王の一品と一位の者には五百町、二品と二位には四百町、……、初位以下庶民にいたるまでは十町とせよ。……」

墾田永年私財法の成立を告げる詔じゃ。すべての土地は公地であるという大原則が崩れたという意味で画期的な詔なのじゃ。人口の増加とともに農地は不足し、これを解決するための養老七年の三世一身法は、新たに開墾した土地の三世代にわたる利用を許可したが、その期間を過ぎると官にその土地を収用されてしまう。このため、上記詔にあるように収用期限が近付くと農民は公地を放棄し、土地が荒廃してしまったのじゃ。農地、実際には税収を安定的に確保するために、このような施策を採らざるを得なかったのじゃよ。
天平年間に日本を襲った天然痘の大流行（本章27項参照）により、多くの農民が倒れ農地は荒廃し流民が増加して、もはや公地公民制は存続し得なくなりつつあり、税収の極端な減少が生じておった。一方で、平城京から恭仁京への遷都、国分寺の建立、さらには次項で述べる東大寺大仏の造立と巨大な出費が続く。そこで、公地公民制を捨ててでも、必要な税収を確保することのほうがより重要と判断したわけじゃ。

時代の流れを見据えた的確な判断だったと言えるじゃろう。正確な現状認識は政治の要諦じゃが、今の政治家は如何なものかの。

36　大仏造営を発願（天平十五年（七四三）十月）

十月十五日に、天皇は盧舎那《るしゃな》大仏造立の詔を出されたのじゃ。そのなかで、造立のねらいとして、「三宝（仏法僧）の威光と霊力にたよって、天地が安泰となり万代までの幸せを願う事業を成就させて、生きとし生けるものことごとく栄えん事を願うものである」とされておられるのじゃ。そして、「天下の富と権勢を有する天皇の事業として行うものだが、一枝の草や一握りの土でも捧げて、この造仏の仕事に協力したい者があれば、これを許す」と述べておられる。仏教を信仰する庶民の協力も求められたわけじゃ。大仏造立を通じて多くの人々が盧舎那仏と結縁することを天皇は願っておられたのじゃよ。

大仏の造立は、当初紫香楽《しがらき》の甲賀寺で開始され、体骨柱の組み立てまで進んだのじゃが、平城京への遷都によって現在の地に遷され、天平勝宝四年（七五二）四月に開眼供養が行われたのじゃ。この間、菩薩と呼ばれ民衆から絶大な尊敬を集めておった行基和尚も造立に積極的に協力しておる。開眼供養は、それはそれは盛大なものじゃった。その後、平安時代や戦国時代に戦火を受け、創建当時のもので現在まで伝えられておるのは台座のみなのが残念じゃの。なお、大仏殿は宝永六年（一七〇九）に再建されたものなのじゃが、明治に建てられた東本願寺の御影堂とともに日本最大級の木造建築物なのじゃよ。

大仏が戦火によって失われたことが示すように、聖武天皇が建設したかったであろう仏教国家は、人間の強欲に流され実現することはなかった。しかし、世界各地で戦乱が続き多くの難民が生じておる現在、そして日ごとに地球環境が劣化していく今、大仏造営の発願の根本にある「万物繁栄への願い」（今流にいえば、世界平和と地球環境保護）に向けた努力こそ、新たに光が当てられるべきではないかの。

37 皇都の地を問う（天平十六年（七四四）閏正月）

閏正月一日に、天皇は詔して百官を朝堂に呼び集め、次のように問われた。

「恭仁・難波の二京のうちいずれを都と定めるべきか、各々その考えを述べよ」

「その結果、恭仁京が便利であると述べる者が、五位以上で二十四人、六位以下が百五十七人であり、難波京が便利であると述べる者が、五位以上で二十三人、六位以下で百三十人であった」と『続日本紀』は伝えておる。天皇が皇都の地を百官に問うのは異例なことなのじゃ。天皇・太上天皇・政府首脳の間で意見が分かれていたのじゃろう。しかし、下問の結果は拮抗しており、いずれの地とも決めかねるのではなかろうか。そのためじゃろうか、四日には、巨勢奈弖麻呂《なでまろ》と藤原仲麻呂を恭仁京の市に差し向け、京をいずこにすべきかを尋ねさせておる。その結果、市人は皆恭仁京を都にして欲しいと願ったそうじゃ。ただし、難波京を願うものが一人、平城京を願うものが一人あったそうじゃ。一般庶民は、遷都を嫌い現状維持を願っておるのじゃ。


それにしても、一般庶民にまで皇都の地を尋ねるとは画期的なことではないかの。今で言えば世論調査じゃ。大仏造立に際し「朕は国家なり」と豪語した聖武天皇の言動を考えると、この世論調査からは違和感に近いものさえ感じられるじゃろう。おそらく、難波に遷都したい聖武天皇と藤原氏に対し、恭仁京を皇都とし続けたい太上天皇・橘諸兄《もろえ》派との大きな対立があったのじゃろう。政情に敏感な官吏達は、大樹の陰に入ろうとしたのじゃが、この時大樹はほぼ同じ大きさだったということじゃ。結果的には、翌月に難波京への遷都が行われておる。しかし、九ヶ月後には紫香楽《しがらき》に京は遷されてしまうのじゃ。調査結果がどう利用されたのかは全く分からんが、天皇の最終決断によることだけは確かじゃ。

せっかくの世論調査がいかされなかったのは残念じゃが、絶対権力を持っておる者でも判断に迷う時に庶民の意見を聞きたくなるものなのじゃろうか。

38　建築技術を持つ僧侶（天平十六年（七四四）十月）

十月二日　道慈法師が死去した。『続日本紀』は次のような卒伝を載せておる。

「律師の道慈法師が卒した。法師は俗姓額田氏で、添下《そうのしも》郡の人である。生まれつき理解が早く賢く、人々に尊敬された。大宝元年の遣唐使船で唐に入り、広く経典を学び、なかでも三論に精通していた。養老二年（七一八）に帰国した。この時仏門で秀でた者は道慈法師と神叡法師の二人だけであった。愚志一巻を著し僧尼のことを論じた。……その弟子で法師の業績を引き継いでいる者は、今も絶えることはない。先頃大安寺を平城京に移転する時、天皇は法師に勅してその任務を担当させた。法師はとくに工作技術に詳しく、建物の構造から細部の形状まで皆に模範を授けた。あらゆる技術者で敬服しない者はなかった。卒した年は七十有余であった」

道慈は、大宝元年（七〇一）任命の遣唐使に留学僧として随行し、在唐十七年ののち養老二年（七一八）に帰国したのじゃ。その時、新訳の金光明最勝王経を持ち帰ったとされる。帰国の翌年には、神叡とともに沙門の第一人者として顕彰され食封五十戸を賜っておる（翌年十一月一日）。そして天平元年（七二九）十月に律師に任命された。

『続日本紀』における僧侶の卒伝記事は、道慈以外では五人（道昭、玄昉、行基、鑑真、道鏡）しかない。いずれも歴史に名を刻んだ有名な僧侶じゃから、いかに道慈が高く評価されていたかが分かるじゃろう。道慈とともに顕彰された神叡法師（僧綱第二位の僧都）さえその卒伝はない。なぜ、道慈はこのような高い評価を得たのじゃろうか。それは、卒伝の最後に書かれておるように高い建築技術にあったのじゃ。

仏教への広く深い知識だけではなく、全く異分野の建築技術に関する造詣の深さが人々の尊敬を得たわけじゃ。現代において、僧侶に限らず、異なる複数の分野でぬきんでた能力を持つ人を何人数えることができるじゃろうか。

39　万歳で歓迎（天平十七年（七四五）五月）

天皇は、五月五日に紫香楽《しがらき》京を出られ、五月六日に恭仁《くに》京に戻られたのじゃ。『続日本紀』によれば、恭仁京近くの木津川にかかる泉橋において、人々は遙かに天皇を望み見て道の左端から拝謁し、皆が「万歳」と高く称えたそうじゃ。恭仁京への還御を歓迎してのことじゃった。

ところで、『続日本紀』が「万歳を称える」という表現を用いるのは、二個所で、ここが最初なのじゃ。しかし、人々が一斉に万歳を叫んでおる様子から、万歳はすでに定着しておったのは分かるじゃろう。現在でも毎年正月の皇居一般参賀において万歳がわき起こるように、当時から天皇に対し、万歳によって慶賀を表現していたのじゃ。

恭仁京に天皇を迎えた時には、すでに平城京への遷都が内定しておった。恭仁京への還御によって、相継ぐ遷都が終わることを人々が如何に喜んだかを、万歳の声で伝えたかったのではないかの。五月十一日、天皇は恭仁京から平城京へ遷られ、平城京への遷都が完了することになるわけじゃ。そして、延暦三年（七八四）の長岡京への遷都まで、平城京が再び政治の中心となったわけじゃ。もう一個所の万歳は、延暦七年（七八八）四月十六日の記事にある。五ヶ月間も干天が続き灌漑の水もつきた時、桓武天皇自ら沐浴し降雨の祈念をすると、突然雨が降り皆が欣喜雀躍し万歳を称えたというのじゃ。このような状況では、万歳の声も自然にわき起こるじゃろう。

万歳は、いつまでも栄えることを意味するが、祝福を表すために両手をあげて称えることが多い。これが転じて、どうにもならない状態・お手上げ状態を示す表現にもなったわけじゃ。世界的な経済不況で、万歳してしまった企業も多いようじゃが、早く不況が克服され万歳とまでは行かなくとも、安心できる経済状況になって欲しいものじゃの。

40　平城京の大掃除（天平十七年（七四五）五月）

「五月七日に、天皇は右大弁で従四位下の紀朝臣飯麻呂を派遣して平城京の掃除をさせた。その時、諸寺の僧侶たちは、家人や童子を引き連れて争うように集まり来たった。また人民もことごとく京に出てきて里には人がいなくなるほどだった。ちょうど農作業の時期に当たっていたので慰労して、里へ帰させた」と、『続日本紀』は伝えておる。

平城京への遷都のために大掃除をさせたわけじゃ。五年ぶりの平城京じゃから掃除は当然じゃろう。しかし、天皇が平城京に入られたのは五日後の十二日じゃから、随分と忙しい作業だったじゃろう。この記事からは、各寺の僧侶たちはもちろん一般庶民までが大歓迎している様子が伝わるじゃろう。

ところで、この時代の様子を伝える重要な資料として木簡がある。紙が貴重だったので、色々な情報を薄い木の板に墨で書き留めていたのじゃ。木簡は、比較的腐りにくいため土壙《どこう》（ゴミため用の穴）、溝、井戸などから多く発見されておる。平城宮内の内裏の東北あたりに、一辺が四メートル、深さ約一・三メートルの方形の大きな土壙《どこう》が見つかっておる。この土壙は、天平十九年以降の遠くない時期に埋め戻されたと考えられておるのじゃ。ここから見つかった木簡には、養老二年（七一八）から天平十九年（七四七）年までの年紀が記されておったのじゃ。三十年間も同じ穴が使われていたとは考えにくい。おそらく、ある時期に土壙が掘られ、保存されていた古い木簡を一気に処分したのではないかの。

わざわざ『続日本紀』に記載するほどの掃除じゃから、相当大規模なものだったのじゃろう。この年以外にはこのような平城京の掃除の記録はないので、この時に大きな土壙が掘られ、二年ほど使われた後に埋め戻された可能性が高いのじゃ。貴重な木簡が散逸せずに保存されていたのも、掃除のお陰と言えるかもしれんの。

41　大宰府の再興（天平十七年（七四五）六月）

六月五日に大宰府が再興された。大宰府は、本章31項で述べた藤原広嗣《ひろつぐ》の乱の影響を受けて天平十四年（七四二）に廃止されてしまったのじゃ。ところが、大宰府の重要性と広嗣の乱の後遺症が薄らいだことにより、このたびの再興となったのじゃ。ここで大宰府について簡単に復習しておこう。

大宰府は、筑前国いまの福岡県太宰府市におかれ、西海道諸国を統轄するとともに外国使節の迎接機関として重要な役割を果たしていたのじゃ。その起源を遡れば、魏志倭人伝にある邪馬台国統治下の伊都国に置かれた魏の使者の迎接機関にまでおよぶのじゃ（三世紀中葉）。天智二年（六六三）の白村江の役に敗れて後、組織が拡大整備されいまの地に移されたと考えられておる。大宰府政庁跡からは、およそ百メートル四方の回廊に囲まれた遺跡が発掘されておる。その中には東西各二棟の脇殿が建っておった。京から遠く離れながらも、九州全域を統轄する権力と、外国との折衝を委ねられた大宰府は「大君の遠の御門」と呼ばれるほどの力を持っていたのじゃ。

養老令によれば、大宰府は帥《そち》（長官）、大・小弐、大・小監、大・小典の四等官のほか多くの役人から構成されておった。帥の位階は、従三位じゃから、朝廷は大宰府を重視していたことが分かるじゃろう。ところが、帥は空位となることがしばしばあった。その際は、次官である大・小弐が長官代行として実権を握ることになるのじゃ。広嗣が謀反を起こしたのはそのような状況だったのじゃ。大弐は京にいたため、小弐である広嗣が全権を掌握できたということじゃ。これに懲りた朝廷は、天平十四年（七四二）に大宰府を閉鎖してしまったのじゃ。しかし、天平十五年（七四三）には、新羅への警戒は不可欠として、将軍（従四位）を長とし軍事を中心とする鎮西府が設置された。おそらくは軍事に加え、大宰府の機能とくに外国との折衝の重要性が再認識され、今回の大宰府再興になったのじゃろう。

外国からの侵攻に備えることと外国との円滑な交流の重要性は、何時の時代でも変わらぬのじゃよ。

42　寺院の買地厳禁（天平十八年（七四六）三月）

三月十六日　太政官は次のように処分したのじゃ。

「およそ寺院が土地を買うことは律令によって禁じられている。ところが、このところ寺院による土地の買い占めがしばしば行われている。条理に基づいて考えれば、憲法に深く違反している。京職と畿内の国司に厳しく禁制を加えさせよ」

養老田令26には、「およそ官人や市民は田畑や土地を寺に布施したり売却してはならぬ」とある。これを寺の側から見れば、土地の買い取りが禁止されているわけじゃ。ところが、これが公然とかつ頻繁に行われるようになったため、このような通達が出されたのじゃ。

その背景には、天平十五年（七四三）に出された墾田永年私財法（本章35項参照）がある。この法が施行されてから私財となった百姓墾田が売買の対象になっていったのじゃ。借金等で土地を手放したい百姓と、収入増を図るために土地を買い取りたい寺との関係は、一本の通達などでなくなるようなものではない。この年の五月にも寺院による土地購入禁止の指示が出されておる。にもかかわらず、寺院の買地は行われておったのじゃろう、延暦二年（七八三）六月にも再度買地の禁止が出されておる。

たとえ墾田が私財であっても、そこからは税金を取り立てることができる。しかし、寺に施入されてしまえば税金の対象にはならず、国庫収入の減少につながるわけで、買地禁止令は当然の措置と言えるじゃろう。律令で禁止されているからには、買地禁止令などの生ぬるい措置だけではなく、不正に購入した土地の国家への返却を命令すればよいように思うじゃろうが、国家仏教を護持する寺院に対しそこまでの介入は不可能だったのじゃ。それがまた、奈良仏教界の腐敗へとつながっていったのじゃろう。

律令が整備されたとはいえ、仏教を越えて律令を徹底させることは難しかったのじゃ。法治国家へはまだ道遠しということかの。

43　僧・玄昉《げんぼう》の死（天平十八年（七四六）六月）

六月十八日の記事に僧・玄昉《げんぼう》が死んだとあり、その略伝が記されておる。玄昉は、霊亀二年（七一六）に遣唐使にしたがって入唐し、勉学に励み唐の玄宗皇帝に尊ばれて紫の袈裟の着用を許されたのじゃ。天平七年（七三五）に仏教の経典など五千余巻と多くの仏像をもって帰国した。天平九年（七三七）には、僧尼を統轄する僧綱の第一位である僧正に任じられておる。いわば僧尼の頂点に立ったわけじゃ。さらにその年の十二月には、皇太夫人《こうたいぶにん》藤原宮子（聖武天皇の母）の病を治しておる。宮子は、天皇出産以来強度の鬱病にかかり、子である天皇にも会っておらなんだそうじゃ。ところが、皇后宮において玄昉が看病すると精神が正常に戻ったそうじゃ。そのときたまたま皇后宮に天皇がおられて、母子で対面されたのじゃ。天皇は大変喜ばれて、以後玄昉を寵愛された。

玄昉が、僧正として仏教界を領導した時期には、国分寺創建（七四一年）や大仏建立（七四三年）の詔が出されておる。このため政治への関与も大きくなり、略伝が伝えるように「次第に僧侶としての行いに背くようになった」のじゃろう。本章31項で述べたように藤原広嗣《ひろつぐ》の弾劾を受け、反乱の原因にまでされてしまった。そして、天平十七年（七四五）十一月に筑紫の観世音寺の造営に当たらせるとの名目で、事実上の左遷となってしまったのじゃ。その七ヶ月後に死を迎えることになったわけじゃ。人々は、広嗣の怨霊によって殺されたと噂したそうじゃ。

『続日本紀』では、僧侶の死は「卒」と記すのが原則で、「死」と記載しているのはこの玄昉と道鏡のみじゃ。玄昉は、道鏡なみの悪僧にされてしまったようじゃ。しかし、具体的な玄昉の悪行を『続日本紀』は伝えていない。一時期寵愛していた天皇からも見放されているわけで、一体どのような行動が問題視されたのじゃろうか。

人間絶頂期こそ身を慎めと、僧侶自らが体験を通して教えておるのかもしれんの。

44　行基《ぎょうき》和尚の遷化（天平勝宝元年（七四九）二月）

『続日本紀』は、「二月二日に大僧正の行基《ぎょうき》和尚が遷化した」とし、その略伝を伝えておる。「遷化」は、高僧の死を表す言葉で、『続日本紀』ではこの行基と鑑真にのみ用いておる。『続日本紀』が、如何に行基を高く評価していたか分かるじゃろう。『続日本紀』は享年を八十としておるが、行基の墓所である生駒山竹林寺から発掘された「大僧正舎利瓶記」によれば八十二歳で、こちらに信憑性がおかれておる。

行基は、玄昉のように中央で活躍することもなく、ひたすら民衆と共に歩いた僧侶じゃった。そして人生の大半を中央から弾圧を受け続けた僧でもあったのじゃ。当時の僧侶には、寺院にこもり学問と読経に励み国家の安寧を祈ることが要求された。しかし、行基は民衆の中に入り、多くの人々の教化に励んだのじゃ。このため、中央からの弾圧を受けたのじゃが、行基が来たと聞くと数千から万におよぶ人が集まったと『続日本紀』が伝えるほど、絶大な民衆の支持を受けておったのじゃ。そして自ら弟子を指導して各所に橋を造り堤防を築いたのじゃ。噂を聞いた人々は争ってその仕事に協力したのじゃ。行基は六十五歳にしてやっと朝廷の認めるところとなり、朝廷は行基の行動を容認するようになった。行基もまた大仏建立など朝廷に協力していくのじゃ。聖武天皇は、行基を敬い重んじられて、大僧正に任じられた。

行基は不思議な霊験を多くあらわしたと『続日本紀』は伝えるが、『日本霊異記』もその霊験を述べている。行基はまれに見る霊能者であったようじゃ。それかあらぬか、行基の死の二十日後に、陸奥国から黄金が貢進された（本章46項）。我が国で初めて金が発見されたのじゃ。大仏の造立は進んでおったが、それを塗金するための金が不足し行基も苦慮しておったのじゃ。勿論十分な量ではなかったが、金発掘の可能性が開けたという面でも大きな出来事じゃった。そこに霊能者・行基の思いを見るのもよいのではないかの。

45　匿名の投書（天平勝宝元年（七四九）二月）

宮城の周辺の道端にしばしば匿名の書を投ずる者がいるので、二月二十一日に天皇は詔を出して、百官および大学生を教えいましめ、今後このようなことのないよう禁じられたのじゃ。匿名の書を投ずる者は、百官や大学生に多かったので、このような詔になったのじゃ。匿名で書を投じ他人の罪を告げる者は、禁固二年などの処罰の対象になっており、その書の取り扱いにも厳しい規定が設けられておった。

このような禁止令が出された背景には、個人の罪過の告発ばかりではなく、政治批判が多くあったためじゃ。政治批判を放置することによって、それが増幅することを恐れたのじゃろう。匿名の投書は、えてして過激な表現に走りがちじゃからの。度重なる遷都、国分寺建立、大仏造立など庶民の生活に大きな負担をしいたことも政治批判が増えたことの要因かもしれんの。この詔がどの程度有効だったかは明らかではないが、これ以降この種の禁止令は出されておらぬ。

匿名の投書は無責任発言につながりかねない。この問題は現在でも生きておる。いや、むしろ今のほうがより大きな問題ではないかの。政治批判ならまだよい。今は個人攻撃に使われておるではないか。携帯メールによるイジメはその最たるものかもしれん。インターネットの掲示板やブログも本名を使うことは稀じゃろう。激しい中傷や卑猥な書き込みなども本名を使わないがゆえの問題なのじゃ。仮面をかぶり姿を変えると道に外れたことも平気でできる本性が問題なのじゃが、今の教育ではこれを直しようがない。かといって本名の記入を義務づけるわけにもいくまい。

聖武天皇に倣って「匿名禁止」の命令を出したいところじゃが、それが出せぬところに現代の問題があるのかもしれん。

46　海ゆかば（天平勝宝元年（七四九）四月）

四月一日に、天皇は東大寺に行幸し、盧舎那《るしゃな》仏像の前殿に出御され、北面して像に対されたのじゃ。皇后と皇太子がともに傍らに控えられた。群臣・百寮および民衆は分かれて前殿の後ろに行列した。天皇は、左大臣・橘諸兄《もろえ》を遣わして大仏に勅を申し述べさせたのじゃ。その概要は次のようなものじゃった。

「三宝の奴としてお仕えする天皇が盧舎那仏像に申し上げる。我が国には金はないものと思っていましたが、陸奥国守・百済王《くだらのこにきし》敬福が金が産出したと献上してきました。これは盧舎那仏がお恵み下さったものと、大変喜んでおります。そこで、百官を率いて礼拝しお仕えさせて頂きます」

そして、そのあとに従三位・中務卿の石上《いそのかみ》朝臣乙《おと》麻呂が宣命を述べたのじゃ。まずは、国を守るために盧舎那仏を造ろうと思い立ったが、金が不足し心配していたところ、初めて金が産出された。これは、三宝、天神・地祇、そして祖先の霊のお恵みと考え、年号に感宝の文字を加えることを述べたのじゃ。さらに、諸社寺に感謝し、御陵や功臣の墓を大切にし、大伴・佐伯宿禰《すくね》は皇居を守ってきた兵なので格別に取りはからうなどと述べておるのじゃ。そして、大伴・佐伯氏の言い伝えとして、次の文言が入っておる。

「海行かば　みずく屍《かばね》　山行かば　草むす屍　王《おおきみ》のへにこそ死なめ　のどには死なじ」

戦前・戦中に、第二の国家とも言われた有名な「海ゆかば」じゃ。

この歌は、万葉集の大伴家持の長歌にも含まれておる（四〇九四）。そこでは、最後の句が、「のどには死なじ（のどかには死ぬまい）」ではなく、「顧みはせじ（我が身を振り返ることはすまい）」となっており、こちらが歌われたのじゃ。家持の長歌は、翌五月十二日に越中国守の館で作られておるので、大仏礼拝での出来事を読み込んだのじゃろう。あの有名な歌が、『続日本紀』から来ておることを知っておいても良いのではないかの。

第五章　孝謙天皇の御代（七四九〜七五八年）

1　孝謙天皇の即位（天平勝宝元年（七四九）七月）

七月二日に、聖武天皇は皇位を阿倍皇太子に譲られ、孝謙天皇が誕生されたのじゃ。孝謙天皇は、聖武天皇の第二皇女で阿倍内親王と呼ばれておった。母は、藤原不比等の三女で安宿媛《あすかべひめ》（光明子）じゃ。異母姉弟として第一皇女の井上内親王、第三皇女の不破内親王および安積《あさか》親王がおられたが、いずれも聖武天皇の夫人・県《あがた》犬養広刀自《ひろとじ》を母としておった。親王がおられるのに、第二皇女が皇位を継いだ背景には藤原氏の存在が大きいことは容易に推察できるじゃろう。安積親王は十七歳で不思議な死に方をされ、井上・不破両内親王はいずれも悲劇的な最後を迎えられておる。

聖武天皇の頃から光明皇后は影響力を示しておられたようじゃが、孝謙天皇の御代になるとその後見役として一層大きな力を発揮されたのじゃ。光明皇太后が厚い信頼を寄せられた藤原仲麻呂が政治の実権を握っていくようになった。孝謙天皇は皇位についたとはいえ、指導力を発揮できるような状況ではなかったのじゃ。

孝謙天皇が最も輝いたのは、東大寺大仏の開眼供養じゃったろう。仏教伝来以来最も盛大な法会と言われたものじゃ。唐の高僧鑑真が来朝し、東大寺戒壇院において聖武上皇、光明皇太后、孝謙天皇などに戒を授けるなど、我が国の授戒制度を確立したのもこの時期じゃった。聖武上皇が崩御されると、光明皇太后はその遺品を東大寺に施入され、今に至る正倉院御物として貴重な文化財が残された。聖武上皇の遺勅により道祖王《ふなど》が皇太子となるが、聖武天皇への哀悼の心がないとして廃され、仲麻呂が推す大炊王《おおい》が皇太子に立てられた。仲麻呂の権力は大きくなり、やがてその専横ぶりを憎む橘奈良麻呂が仲麻呂打倒を図るが失敗してしまう。無力な天皇に嫌気がさしたのか、孝謙天皇は母への孝養を理由に皇位を譲り、淳仁天皇が誕生することになる。

聖武天皇の御代は比較的安定した時代じゃったが、孝謙天皇の御代は時代の激しい変動の予兆を感じさせる時代と言えるじゃろう。

2　八幡大神へ品位《ほんい》（天平勝宝元年（七四九）十二月）

八幡大神《やはたのおおかみ》とは宇佐八幡神のことで、十二月二十七日に孝謙天皇は一品《いっぽん》を奉ったのじゃ。これより先の十一月十九日に八幡大神は託宣をくだして平城京に向かった。これを知った朝廷は、臨時の官職・迎神《かみをむかふるつかい》使を任命し、道を浄めるなど丁重に京へ迎え入れたのじゃ。そして二十七日には八幡大神の禰宜尼《ねぎに》・大神社女《おおみわもりめ》に天皇と同じ輿を用意し東大寺を参拝させておる。孝謙天皇、聖武太上天皇、光明皇太后も行幸され、僧侶五千人を請じ礼仏読経させたのじゃ。そこで八幡大神に品位が献上されたというわけじゃ。

品位を献上した経緯は、この日の詔が伝えておる。それによると、

「去る辰年（天平十二年（七四〇））に、聖武天皇が河内国大県郡の智識寺におわします盧舎那仏《るしゃなぶつ》を礼拝して、朕も造り奉ろうと思ったが造れないでいる間に、豊前国宇佐郡におわします広幡の八幡大神が申されるには「神である我は、天神地祇を率い誘って必ず造仏を完成させよう。取り立てて言うほどのことではない。熱い銅の湯を冷水とするほどの霊力で、我が身を草木土に交えて、支障なく成し遂げよう」と仰せられたとおりに大仏が完成したので喜ばしく貴いことと思い申し上げている。そこでこのままではすまされないので、恐れ多いことながら、冠位を献上することをかしこみかしこみ申し上げます」

品位献上は、八幡大神が大仏建立に協力したことに対する感謝のしるしというわけじゃ。

宇佐八幡宮の主神は、八幡大神すなわち誉田別尊《ほむだわけのみこと》（応神天皇）の御神霊なのじゃ。ほかに比売《ひめ》大神と神功皇后も祭神として祀られておる。朝廷と宇佐八幡宮との関係は、今回

の品位献上を境に強いものとなり、新羅との関係が悪化した時も状況説明などしておる。品位献上もそうじゃが、まるで生きている貴人に対するものの如くじゃろう。それが当時の神に対する接し方じゃった。それに引き替え今はどうじゃ、本当に嘆かわしい。

3　新羅使への詔（天平勝宝四年（七五二）六月）

六月十七日に、新羅の使者を朝堂で饗応し、天皇はつぎのように詔された。

「新羅の国が我が国に朝貢するようになったのは、神功皇后が彼の国を平定してからであり、今に至るまで我が国の防護壁となってきた。しかしながら、前国王の承慶《しょうきょう》や大夫の思恭《しきょう》らは言行が怠慢で通常の礼儀を欠いてきた。そこで使いを出して罪を問おうとした間に、いま新羅王の軒英《けんえい》が以前の過ちを悔い改めて自ら朝貢することを願った。しかし、国王は国政を顧みるためとして、王子の泰廉《たいれん》を遣わして代わりに入朝させ、あわせて御調《みつぎ》を貢進した。朕は、大変嬉しく喜ばしく思うので、使者に位をおくり物を与えよう。これから後は、国王自ら来朝し、言葉で奏上するように。もし余人を派遣して入朝させるならば、必ず上奏文を持参するように」

新羅の使者として王子の金泰廉を筆頭に七百余人が船七艘で来日したと、三月二十二日に大宰府が言上しておる。そして六月十四日に金泰廉らは天皇にお目にかかり、御調《みつぎ》を献上しておる。これに対しての使者への饗応がなされたというわけじゃ。使者らは、六月二十二日に大安寺と東大寺を訪れ、仏を礼拝しておる。大仏にはさぞかしビックリしたことじゃろう。おそらく当時の我が国の国力を実感したに違いない。使者らは七月二十四日に帰国の途についておる。

朝貢の使者に対してとはいえ、詔の歯に衣着せぬ物言いは如何じゃ。非をしっかり指摘し、褒めるべきところは褒め、今後の有り様まで指摘しておるではないか。これが外交の基本じゃろう。しかしながら、このの ち新羅の無礼は続き、征討の準備まで始まることになる。如何に筋を通しても、相手のある話じゃ、相手の出方によってはどのような対応でも取れるようにしておかなくてはならんのじゃ。

4　俗信の禁断（天平勝宝四年（七五二）八月）

八月十七日に京にいた巫覡《ふげき》十七人が捕らえられ、伊豆・隠岐・土佐などの遠国に流されたのじゃ。「巫《ふ》」は女みこ、「覡《げき》」は男みこのことで、巫覡は、神懸かりになって人の未来・吉凶禍福を予言する者達なのじゃ。その者達が十七人も流罪になったわけじゃ。その者達がどのようなことをしておったかは、宝亀十一年（七八〇）十二月の詔から見て取れる。

「… この頃無知な人民は、巫覡と一緒になってみだりに祀るに値しない神を崇め、藁で作った犬を並べたり、お札や護符のたぐいなど様々に妖しげなものを作り、それらが街路に満ち溢れていると聞く。幸福を求める事にことよせて、かえって国法で禁じている呪術に関わっている。これはたんに朝廷の法律を恐れないばかりでなく、まことにまた妖しく妄《みだ》りがましいものを長く養うことにもなろう。今後は、厳しく禁断せよ。 … ただし、病にかかり祈祷しようとする者は、京内に居住しなければ、これを許可せよ」

お札や人形などを作り、吉凶を占ったり幸せを呼び寄せるなどと称していたのじゃ。これを朝廷は怪しげなものとして禁じておった。ただし、病を治す祈祷は京外なら認めていたのじゃ。このことから、朝廷も呪詛の力を信じていたことが分かるじゃろう。いや、その力が朝廷に向けられることを恐れたからこそ、第四章13節でも述べたように強く禁断したのじゃ。

図形や人形などを用いて人を害するまじないの法を厭魅《えんみ》という。呪詛《じゅそ》はそれを用いてまじない呪うことじゃ。賊盗律17によれば、厭魅を造り、また符書を造って呪詛し人を殺そうとしたなら、謀殺人罪から二等を減じた罪を課すとなっておる。まあ、通常なら懲役一年というところじゃ。もしその相手が死ねば、もちろん斬刑じゃ。

このたびの巫覡《ふげき》の追放は、このような俗信の排除が目的じゃが、治世への影響をも恐れたのじゃろう。確かにゆがんだ信仰は、穏やかに暮らす人々の幸福を奪いかねない。いま現在でも、イスラム原理主義者のテロによって多くの罪のない人々が殺されておるではないか。

5　席次変更を要求（天平勝宝六年（七五四）正月）

唐より帰国した遣唐副使の大伴古麻呂《こまろ》が、正月三十日に次のように奏上したのじゃ。

「大唐天宝十二年（日本の天平勝宝五年）元旦に唐の官人と諸国からの使人が朝賀し、玄宗皇帝が蓬莱《ほうらい》宮含元《がんげん》殿においてこれを受けられました。この日、唐の朝廷は我の席を西側第二席の吐蕃《とっぱん》の次に置き、新羅の使いを東側第一席大食《だいじき》国の上に置きました。そこで古麻呂は次のように論じました。「古来より今に至るまで、新羅は日本国に朝貢してきました。それなのにいま新羅は東側の最上位に列し、我は逆に下座にいます。それは道理に合いません」と。その時、唐の将軍の呉懐実《ごかいじつ》は、古麻呂がこの席次を容認しない様子を見て、ただちに新羅の使いを導いて西側第二席の吐蕃の下座につけ、日本の使いを東側第一席の大食国の上座につけました」

如何かな、古麻呂はなかなかやるじゃろう。唐の将軍を相手に堂々と筋を通すだけの胆力は、武門の出に相応しいと言えるじゃろう。

大伴古麻呂は、万葉集によれば大伴旅人《たびと》の甥とされておる。天平勝宝四年（七五二）に遣唐副使として入唐し、当代屈指の名僧・鑑真《がんじん》和尚をともなって帰国しておる。鑑真の出国に際しては、大使の藤原清河は唐の官憲に妨げられることを恐れて鑑真らを下船させてしまうが、古麻呂はひそかに己の船に乗せてしまったと言われておる。鑑真の招聘はこの遣唐使の重要な任務の一つだったからじゃ。その後、正四位下まで昇叙するが、橘奈良麻呂らと専横著しい藤原仲麻呂を除こうと計画するが発覚して捕らえられ、拷問の杖に打たれて死んでしまったのじゃ。常に朝廷に尽くそうと努めた人生だったと言えるじゃろう。

たかが席次と思うかもしれんが、外交の舞台では重要なことなのじゃ。外交においては、論理や説得力も大切じゃが、どのような場でも堂々と意見を述べられる胆力と、ぶれることのない考え、特に国を愛する強い信念が欲しいものじゃ。

6　厭魅《えんみ》で流罪（天平勝宝六年（七五四）十一月）

十一月二十四日、薬師寺の僧・行信《ぎょうしん》が下野の薬師寺に流罪となったのじゃ。行信が、宇佐八幡宮の大神朝臣《おおみわ》社女《もりめ》ならびに大神朝臣多麻呂と心を合わせて厭魅《えんみ》を行ったからじゃ。おそらく誰かを呪い殺そうとしたのじゃろう。行信は、僧侶じゃから僧尼令によって罰せられるべきじゃが、ことの重大性により刑部省が担当し律によって遠流となったのじゃ。共犯の社女と多麻呂に対しては、二十七日に判決が出ておる。それによると、両名とも除名《じょみょう》（位階・勲位の剥奪および本来身分での課役）され、社女は日向国に多麻呂は種子島に流罪になっておる。なかなか厳しい判決じゃよ。

本章4項で述べたように、通常なら懲役一年程度なのに、これほど厳しい刑を受けたのにはわけがありそうじゃ。『続日本紀』は何も語らぬが、厭魅《えんみ》の対象が天皇まではいかないものの朝廷の高官だったのではないかの。この時すでに従二位となり専横を極めていた藤原仲麻呂への呪詛は十分考えられることじゃ。行信は遠流とされながら下野の薬師寺であり、社女の日向国は出身の豊前に近い。また多麻呂の種子島も同様じゃ。何らかの政治的な配慮が働いておると考えてもおかしくはなかろう。多麻呂については、仲麻呂が斬殺されると直に本位に復しておるのじゃ。余談じゃが、多麻呂が流された種子島はこの後左遷や配流の地としてしばしば登場することになる。

厭魅《えんみ》については、律において八逆の中の不道《ふどう》に位置付けられており、重大な犯罪行為だったのじゃ。現代人からは奇妙に思われるかもしれんが、それだけ厭魅が信じられ恐れられておったわけじゃ。この事件がその事を如実に示しておるのじゃ。あとで述べることになろうが、このの ちも皇族をも巻き込んだ厭魅事件が何度も起きておる。厭魅事件が日本の歴史に影響を与えたともいえるのじゃ。

人の心は弱い。厭魅がその弱さにつけ込んだものとすれば、現代社会にあっても形の違う厭魅事件は数えきれないほどあるのではないかの。

7　不運な皇太子（天平勝宝八年（七五六）五月）

五月二日、かねてより病気がちであった聖武太上天皇が五十六歳で崩御されたのじゃ。太上天皇は遺詔して、中務卿で従四位上の道祖王《ふなどのおおきみ》を皇太子に任命された。聖武天皇のあとを継いだ孝謙天皇は未婚の女帝であったから、誰を皇太子につけるかは大問題じゃった。太上天皇にとって最も気がかりな問題の一つだったはずじゃ。そこで遺詔とされたのじゃろう。

道祖王は、天武天皇の孫で新田部親王の子なのじゃ。立派な血筋じゃろう。兄に塩焼王《しおやきのおおきみ》のちに臣籍降下した氷上《ひかみ》塩焼がおり、聖武天皇の娘・不破内親王を妻にしておるのじゃが、聖武天皇は塩焼王のことを無礼であるとして評価されなかったのじゃ。

ところが、その道祖王は翌年（七五七）三月に皇太子を廃されてしまうのじゃ。『続日本紀』の記事はその様子を次のように伝えておる。

「三月二十九日　皇太子の道祖王は、服喪中にもかかわらず淫らな心があり、教え諭す勅を与えても、いっこうに悔い改めることがない。そこで勅を出して群臣を集め、先帝の遺詔を示し、皇太子を廃するか否かを問われた。右大臣以下皆が、「廃しても遺詔に相違することはありません」と同じように奏上した。この日、道祖王の皇太子を廃し、もとの王として私邸に戻らせた」

淫らな心とは何か分からぬが、四月四日の勅では、「侍童と姦淫した」とか、「機密を民間に漏らした」などと述べられておるのじゃ。また遺詔には、道祖王の立太子だけではなく、状況によっては皇太子の変更もあり得ること、その際は孝謙天皇の判断に任すことなどもあったのではないかと考えられておる。

道祖王は、その後橘奈良麻呂の変に巻き込まれ、拷問を受け杖に打たれ死亡するのじゃ。皇太子にさえならなかったら、このような死に方はしなかったろうと、ワシは思う。人間、いつどのような不幸が舞い込んでくるか分からんものじゃ。

8　不敬事件で禁固（天平勝宝八年（七五六）五月）

五月十日に出雲国守で従四位上の大伴古慈斐《こじひ》と天皇の側近くに仕える淡海三船《おおみのみふね》は、朝廷を非難した不敬の罪で左右の衛士府に拘禁された。ところが、その三日後には天皇の詔によって二人とも放免されたのじゃ。この時、古慈斐は六十二歳、三船は三十五歳じゃった。古慈斐は、大伴吹負《ふけい》の孫にあたり、家持と同じ名門の家系なのじゃよ。後に従三位まで出世しておる。また三船は、大友皇子の曾孫で、もと御船王と呼ばれた皇族の出身じゃ。奈良時代を代表する学者の一人で、『懐風藻』、歴代天皇の漢風諡号《しごう》を撰したとされておる。

この事件の内容はつまびらかでないが、奇妙な事件ではある。本当に不敬を働いたなら、天皇が放免の詔を出すことはなかろう。おそらく讒言《ざんげん》と思われるのじゃが、誰がなんの目的で讒言する必要があったのか。『万葉集』四四六七番の左注には、「右の歌は、淡海真人三船の讒言によって出雲守大伴古慈斐宿禰が解任されたので、家持がこの歌を作った」

とあるのじゃ。家持によれば、古慈斐は三船の讒言を受けたことになる。讒言をした者と、された者とがともに獄に繋がれるというのも妙な気がするがの。

宝亀八年（七七七）八月十九日の古慈斐の薨伝には、「古慈斐が政治を誹謗していると藤原仲麻呂に讒言されて土佐守に降格させられた」とある。当時従二位で政治の実権を握っていた仲麻呂が何らかの理由で、古慈斐と三船とくに古慈斐の経歴を汚したかったのかもしれん。古慈斐がいつ土佐守になったのかは明らかではないが、天平宝字元年（七五七）の橘奈良麻呂の変に連座して土佐に配流された時には土佐の国守じゃった。この不敬事件で左降されたのは事実のようじゃ。ところが、同時に拘禁された淡海三船の経歴にはこの事件の影響は見られない。これも奇妙と言えば奇妙じゃろう。

この時代、讒言によって不幸な目にあった人は多かった。今の世では、インターネットや携帯メールによるイジメにも讒言に類するものが多いのではないかの。

9　外寇に備え築城（天平勝宝八年（七五六）六月）

六月二十二日に怡土《いと》城の築造が始められたのじゃ。怡土城は、福岡県糸島郡前原町と福岡市の境にある標高四一五メートルの高祖山《たかすやま》の西側斜面に沿って造られた山城じゃ。その築城は太宰府の大弐《だいに》であった吉備真備の指導で行われた。宝亀六年（七七五）の真備の薨伝によれば、ここに城を造るように建議したのは真備自身であったという。国際情勢とくに無礼が続く新羅との間の緊張に対処するためだと考えられておる。怡土城は、唐津から大宰府に至る要地に位置しておるのじゃ。万が一上陸を許した外敵から大宰府を守るためだったのじゃよ。

真備は、奈良朝屈指の学者で、遣唐留学生として我が国に兵法をもたらした最初の人物とされておる。唐で学んできた軍事知識をもとに、山城の築城を建議し、城の設計・築造を指揮したのじゃ。そのような大学者を太宰府の次官などに左遷したのは、藤原仲麻呂と考えられる。その仲麻呂の権力が弱まると称徳天皇は、天平宝字八年（七六四）正月に造東大寺長官として真備を京に呼び戻すのじゃ。何しろ真備は称徳天皇の皇太子時代の教育係で厚い信頼を得ておったのじゃ。余談になるが、のちに藤原仲麻呂が反乱を起こした時には真備の活躍で短期間に鎮圧できたとされておる。

天平神護元年（七六五）三月に、太宰大弐の佐伯今毛人《いまえみし》が怡土城築造の責任者となり、神護景雲二年（七六八）二月に完成させておる。城の完成を『続日本紀』が伝えておるということは、それだけ重要なものだったのじゃろう。九世紀初めまでは城として機能しておったようじゃが、いつ廃城になったかは分からんのじゃ。今では八個所の望楼跡と、一・六キロメートルほどの土塁の跡が残されておるだけじゃ。

国際情勢を睨んで早々に国防の手を打つというのは大したもんじゃろう。現代の政治家は、もそっと真備を見習うべきではないかの。

10　大炊《おおい》王の立太子（天平宝字元年（七五七）四月）

三月二十九日に道祖《ふなど》王が皇太子を廃された（本章7項）のを受けて、四月四日に天皇は群臣を集め、「どの王を皇嗣とすべきか」を尋ねられたのじゃ。右大臣・藤原豊成らは「道祖王の兄・塩焼王を立てるべきでしょう」と述べた。また、大友古麻呂らは「池田王を立てるべきでしょう」と述べた。これに対し、藤原仲麻呂は「臣下を知ること君主に勝るものなく、子を知ること父に勝るものはありません。私は、天皇が選ばれた人に仕えるだけです」といったのじゃ。

天皇は、「舎人親王の子・船王は女性関係に問題があり、池田王は孝行の点で欠けるところがある。また塩焼王は太上天皇が無礼であると責めたことがある。ただ大炊《おおい》王のみが悪い噂を聞かない。したがってこの王を立てようと思うが諸卿の意見はどうか」と仰せられた。右大臣以下の人々は、「ただ勅命にのみ従います」と申し上げたのじゃ。そして。この日大炊王を迎えて皇太子に立てたのじゃ。後の淳仁天皇じゃよ。

『続日本紀』は言う、「これより先、大納言の仲麻呂は大炊王を招いて田村第（仲麻呂の私邸）に住まわせていた」と。どうじゃ、出来過ぎだとは思わんか。さらに、淳仁天皇の即位前記によれば、仲麻呂の亡息・真従《まより》の妻を大炊王に娶せておったのじゃ。仲麻呂は、孝謙天皇に強い影響力を持つ光明皇太后の厚い信頼を得ておった。道祖王の廃太子から大炊王の立太子までは、仲麻呂の筋書き通りに運んだのではないかとワシは睨んでおる。大炊王が天皇になれば、光明皇太后亡き後も仲麻呂は権力の座に座り続けることが出来るからじゃ。仲麻呂の思惑通り大炊王は天皇になるが、すべてうまくいくわけではない。道鏡の出現によって、仲麻呂は謀反を起こし、斬殺されるのじゃ。これはあとで述べることになろう。淳仁天皇となった大炊王も最後は流刑地の淡路島で憤死してしまうのじゃ。

結局、大炊《おおい》王は権力闘争の犠牲者なのじゃ。偉くなどならずとも、家族に囲まれ平凡に暮らし寿命を全うするのが一番幸せなのじゃよ。

11　戒厳令布告（天平宝字元年（七五七）六月）

六月九日、天皇は次の五箇条を制定し申し渡したのじゃ。
（一）　諸氏族の氏上《うじのかみ》は、公務をないがしろにして、勝手に一族の者を集めている。今後このようなことをしてはならぬ。
（二）　王族や臣下が所有できる馬の数は格《きゃく》による制限がある。これを超えて馬を飼ってはならない。
（三）　個人が保有する兵器は令《りょう》による規定がある。これを越えて武器を貯えてはならない。
（四）　武官以外は京内で武器を携行することは以前から禁止している。しかし、これが守られていない。所司に告げて厳しく禁断せよ。
（五）　京内を二十騎以上の集団で行動してはならない。
以上について所司に告げて厳しく禁断せよ。もし違反する者があれば、違勅の罪を科せ。

このような勅が出されたと言うことは、裏返せば一族を集めて集会を開いたり、武器や馬を買い集める動きが多く見られたわけじゃ。さらに武器を持つ者が京内を徘徊したり、騎馬の行き交いも頻繁だったということじゃ。如何かな、何やら不穏な雰囲気が京内に満ちている感じがするじゃろう。何がこのような雰囲気を作り出したのか。実は、藤原仲麻呂が原因だったのじゃ。本章10項でも述べたように皇太子まで仲麻呂の意のままに決まってしまった。仲麻呂の専横はますます増大し、それにつれて反仲麻呂派の動きも激しいものになっていったのじゃ。その反仲麻呂派の動きを規制するためにこの勅が出されたわけじゃ。いわば一種の戒厳令だったのじゃ。しかし、このような勅だけではその動きが止まるわけはない。次に述べる「橘奈良麻呂の変」へとつながっていくことになる。

戒厳令が出されると言うことは、異常事態じゃ。一見平穏そうに見える奈良時代じゃが、この時期大きなうねりが起きていたことを知って欲しいのじゃ。

12　橘奈良麻呂の変（天平宝字元年（七五七）七月）

七月二日の夕方に、中衛舎人《とねり》で従八位上の上道《かみつみち》斐《ひ》太都《たつ》が、藤原仲麻呂に朝廷転覆の企てが進んでいることを内通したのじゃ。その計画は次のようなものだったようじゃ。

「まず、藤原仲麻呂の家を囲んでこれを殺し、すぐに御座所を囲んで皇太子を廃する。次に皇太后のおられる紫微中台を占拠して駅鈴と御璽と関の通行証を奪い取る。そして右大臣の藤原豊成を召して天下に号令させる。その後、帝《みかど》を廃して、黄文王《きぶみのおおきみ》、道祖《ふなど》王、塩焼《しおやき》王、安宿《あすかべ》王の四人の王から天皇を選ぶ」

これは、故左大臣・正一位橘諸兄《もろえ》の子息である奈良麻呂が中心となって起こした事件で、「橘奈良麻呂の変」と呼ばれる事件じゃ。捕らえられた奈良麻呂は、「なぜ謀叛を企てたのか」との尋問に対して、仲麻呂の治世は甚だ無道なことが多いからだと応えておる。すなわち、仲麻呂の専横が目に余るようになったのが引き金なのじゃ。

謀議に加わったのは、奈良麻呂をはじめとして大伴古麻呂、黄文王、安宿王、多治比犢養《こうしかい》、多治比礼麻呂《いや》、大伴池主、多治比鷹主《たかぬし》、大伴兄人《えひと》などの名が『続日本紀』に見られる。この他計画に加わっていた人物としては、小野東人、賀茂角足《つのたり》などの名もある。

斐太都の密告を受けると、仲麻呂はその日のうちに宮中の諸門を固めさせ、小野東人らを逮捕するのじゃ。その後、関係者を召喚・拘禁・尋問し、事件の全容を明らかにしていくのじゃが、その過程で拷問の杖に打たれて黄文王、古麻呂など多くの人が死んでいったのじゃ。その中で注目すべきは、道祖王なのじゃ。道祖王は謀議に加わったり計画遂行に関わったりした様子はないのじゃが、小野東人らと真っ先に拘禁され、杖下に殺されるのじゃ。四王に名を連ねられただけなのに。名を連ねた王がもう一人いる。道祖王の兄・塩焼王じゃ。こちらは、父の新田部親王が朝廷に尽くしたとの理由で無罪になっておる。かつて皇太子であった道祖王が、再び立太子することのないように、この事件を利用して仲麻呂が抹殺したとしか考えられん。

密告した斐太都は従八位上から一気に従四位下に昇叙したのじゃ。もちろん、密告を奨励してのことじゃ。何やら悲しいのう、今でもこんな国があるようじゃが。

13 民の苦を救済（天平宝字二年（七五八）正月）

正月五日に天皇は詔によって、問民苦使《もんみんくし》を派遣されることにしたのじゃ。「問民苦使」とは、文字通り民の苦しみを知りこれを救済するための使いなのじゃ。

詔の中で天皇はつぎのように述べておられる。

「…使者を八道に遣わし、各地を巡らし人民の苦しみを問い、貧乏と疫病の人々に恵みを与え、飢寒に苦しむ者を憐れみ救おう。…」

そして七人の問民苦使が任命されたのじゃ。『続日本紀』には問民苦使の成果も記述されておる。その例をあげてみよう。

東海・東山道の問民苦使の奏上によれば、「天平勝宝九年（七五七）の恩寵に老丁（六十一歳以上）と耆老《きろう》（六十六歳以上）が漏れているので是正して欲しい」との人民の要望がある。天皇はこれをもっともだとして老丁を六十歳、耆老を六十五歳とされた。老丁と耆老の年令が一才繰り下がることによって、課税負担が軽減されるのじゃ。これは有難いことなのじゃ。

「西海道の問民苦使は、人民の苦しむところ二十九件を採り上げたので、大宰府に勅して、事情に応じて処理させた」と、『続日本紀』は伝えておる。大した成果じゃろう。

また、東海道の問民苦使は、常陸と下総の二国に関わる河川の改修に関するもめ事を処理しておる。このように各問民苦使は人民の問題点を拾い上げ適切な処置をしておったのじゃ。天皇の意図したところが実現されたと言えるじゃろう。

何とも素晴らしい施策ではないか。残念ながら、この時だけの臨時の使者だったようで、『続日本紀』はこのような使者の派遣を二度と伝えておらん。おそらく藤原仲麻呂の施策であろうが、画期的な試みと言えるじゃろう。民衆の中に入り込み、その要望を政治に反映することの重要性は、今でも全く変わらんのじゃから。

14　飲酒・集会禁止（天平宝字二（七五八）年二月）

天皇は、二月二十日に詔を出して、飲酒と集会を禁じられた。そこでは、

「…　この頃、人々が宴会などで集まるとややもすれば法に背くことがある。あるいは同悪の者が集まってみだりに帝王の治世を誹り、あるいは酔乱して節度をなくし争いにおよぶ。理非によって考えれば、はなはだ道理に背いている。今後、皇族・貴族以下の者は祭祀ならびに病気の治療以外に酒を飲んではならない。友人や同僚、あるいは遠近の親族が閑な日に互いに訪問する場合には、まず所属する官司に申し出て、その後集うことを許す。もしこれに違反したなら、五位以上は一年間の俸禄を停止し、六位以下は現職を解任する。これ以外の者は杖八十に処す。…」と、なっておる。

いわば治安維持を目的として、飲酒と集会が禁止されたのじゃ。違反者には厳しい罰則も科されておる。しかし、集会の届け出制はまだしも、禁酒が守られるとは思えんじゃろう。

予想通りこの禁制は有名無実化したようで、三年後には皇族の一人が酒を飲んで人を殺し、種子島に流罪になったとの記事があるのじゃ。その二年後にも役人三人が酒を飲んで「時の惲り事」（孝謙上皇と道鏡のことか）にふれた罪で流罪になっておる。素戔嗚尊《すさのおのみこと》の大蛇《おろち》退治に見られるように、太古から酒は生活の中に入っておったのじゃ。万葉歌人大伴旅人《たびと》

が、有名な「酒を讃《ほ》むるの歌十三首」をつくっておることからも分かるじゃろう。それを突然禁酒せよと言われても、守れるわけがない。いやいや、ワシが飲みたいから言うわけではないぞ。生活の中に入り込んだものは簡単には外せないと言いたいのじゃ。イスラムのように飲酒を厳禁し、生活の中から酒を排除しない限り無理というものじゃよ。

酒が悪いわけではない。飲み方が悪いのじゃ。何事によらず自信を失った親が多い昨今のことじゃ、そのうち学校で酒の飲み方を教えろと叫ぶ親が出てくるのではないかの。

15 船が貴族に（天平宝字二年（七五八）三月）

三月十六日の記事は次のように述べておる。

「播磨と速鳥《はやとり》という名の船にともに従五位下を授けた。その冠はそれぞれ錦で造った。この船は先の遣唐使船である」

どうじゃ、面白いじゃろう。船が貴族になったのじゃ。それにしても船はどのように冠をかぶるのかの。冗談はおいといて、この時代には船にたいしても神に対すると同様に擬人観があったのじゃ。その事を如実に示す記事が五年後の天平宝字七年八月にある。

「最初に高麗国（渤海）に派遣した船を能登と名付けた。帰国の日に風波荒れ狂い、船は海中を漂流した。そこで、人々は祈りながら「幸にも船霊《ふなだま》の力で平安に国に帰れたら、必ず朝廷にお願いして錦の冠を頂き酬います」と言った。船霊への航海中の祈りがかなったので、この日に従五位下が授けられた。その冠の造りは、表を錦に、裏を絁《あしぎぬ》にして、紫の組紐を冠の後ろに垂らしてある」

当時、日本海を渡るのは大変なことじゃった。海が荒れた時には、船のもつ霊力に頼るほかなかったのじゃ。そこに船霊を感じ、神として擬人化し位階を奉ったというわけじゃ。

遣唐使が乗るような船は、厳しくかつ長い航海をこなすので、無事帰国できたことへの感謝も大きかったのじゃ。播磨と速鳥とは天平勝宝四年（七五二）に出発した遣唐使船じゃが、同時に出発した残り二隻は行方不明になっておる。遣唐使船が叙位されたのは前例がある。慶雲三年（七〇六）二月に佐伯という名の船に従五位下が出されておる。この佐伯には、歌人として有名な山上憶良が乗っておったのじゃ。また、播磨と速鳥には、本章5項で述べた大伴古麻呂や吉備真備、鑑真などが乗っておった。

船霊は今でも漁船などで大切に祀られておる。西洋の大型船の船首にある女神像も同じ事じゃ。人智を越えたところに神を感じるのは誰も同じなのじゃ。それは自然を敬うことでもある。それこそが自然環境保護につながることなのじゃよ。

第六章　淳仁天皇の御代（七五八〜七六四年）

1　淳仁天皇の即位（天平宝字二年（七五八）八月）

八月一日　孝謙天皇は皇位を皇太子の大炊《おおい》王に譲られ、淳仁天皇が誕生したのじゃ。淳仁天皇は、天武天皇の孫で、一品の舎人親王の第七子で、この時二十五歳じゃった。母は、当麻《たぎま》氏の出で、名は山背《やましろ》といい、上総守・従五位上の当麻老《おゆ》の娘じゃ。

淳仁天皇の即位前記（天皇の国風諡号《しごう》、漢風諡号、系譜、人となりなどを記したもの）によれば、皇太子の道祖《ふなど》王は聖武天皇の服喪中に哀悼の心がなかったので、天平勝宝九年（七五七）三月孝謙天皇と光明皇太后は、藤原豊成、藤原仲麻呂、紀麻路《まろ》、多治比広足《ひろたり》、文室智努《ふんやちぬ》らと宮中で策を練り、皇太子を廃し、王の身分として私邸に帰らせたとある。これより以前に、仲麻呂は亡き息子真依《まより》の妻・粟田諸姉《もろあね》を大炊王に嫁がせ、仲麻呂の私邸・田村第に住まわせていた。そして四月、大炊王は皇太子となったのじゃ。やがて孝謙天皇は、病がちの光明皇太后に孝養を尽くしたいとの理由で、大炊王に皇位を譲ったわけじゃ。実際には、天皇とはいえ皇太后と仲麻呂に実権を握られた治世に嫌気がさしたのではないかの。淳仁天皇の即位までには、仲麻呂が大きく関わっておることが分かるじゃろう。

淳仁天皇の治世はわずか六年じゃった。最初は、孝謙上皇や仲麻呂に気を遣いつつ、天皇として懸命に努力したのじゃ。しかし、光明皇太后が亡くなると情勢は大きく変わり始めた。孝謙上皇が道鏡を寵愛するようになると、天皇は見るに見かねて諫言したのじゃ。これが上皇の激怒をかい、上皇と天皇が対立することになる。それはとりもなおさず、仲麻呂の権力低下を意味するわけじゃ。やがて、仲麻呂は謀反を起こし誅殺される。それにともなって重祚した称徳天皇によって淳仁天皇は淡路島に流され、憤死されるのじゃ。

聖武天皇をはじめとして多くの天皇が藤原氏の影響を強く受けたのじゃが、淳仁天皇は藤原氏というより藤原仲麻呂個人に振り回されたような人生だったのではないかの。

2　般若経を念誦せよ（天平宝字二年（七五八）八月）

八月十八日に、天皇は次のような勅を出された。

「陰陽寮が奏上して言うには、「占いの本によると来年は厄年にあたり、水害、日照り、疾病などの災害が起こる」と。聞くところによると「摩訶般若波羅密多《まかはんにゃはらみた》経は諸仏の母であり、四句の偈《げ》を受持し念誦すれば、思いもよらぬほど福徳が集まる」という。それ故、天子がこれを念ずれば、戦乱や災害は国内に入らず、庶民が念ずれば病気や疫病神は家の中に入らない。悪を断ち、吉祥を得ることこれに勝るものはない。全国に布告して、老若男女の区別なく、行住坐臥口にとどめ、皆ことごとく摩訶般若波羅密多経を念誦させよ。およそ文武百官の者達は、朝廷に出仕し官司につく際に路上において毎日常に念誦して、無駄に往復してはならない。願わくば、風雨は季節通りで水害や日照りがなく、寒暖は順調で疾病の災いを避けられることを。広く遠近の者達に告げて、朕の意志を知らしめよ」

摩訶般若波羅密多経は、大般若経の一部で二十七巻からなる。これほど大部の経典を通勤の途上で念誦せよといわれても困るのではないかの。実際に念誦させたのは般若心経だったようじゃ。般若心経は、大般若経の要約で、現在のものは二百六十六文字からなる。この程度なら暗誦できるじゃろう。般若心経の効果なのじゃろう、翌三年の記事には大風による被害が記録されておるだけで、水害、日照り、疫病などは起きなかった。

般若心経がいつ我が国に伝来したかは定かではない。じゃが、世界最古とされる「貝葉《ばいよう》梵字《ぼんじ》般若心経」が東京国立博物館の法隆寺宝物館に収蔵されておるそうじゃ。これは六百九年に伝来したそうじゃから、淳仁天皇の御代にはよく知られておったじゃろう。般若心経は、宗派を越えて今では最も広く読まれておるお経じゃ。その普及に淳仁天皇が寄与されたのかもしれんの。

3　来寇準備命令（天平宝字二年（七五八）十二月）

十二月十日、帰国した遣渤海《ぼっかい》使の小野朝臣田守《たもり》らが、唐において安禄山《あんろくざん》が謀反を起こしたことを報告したのじゃ。その余波は渤海国にも及んできたため、報告は生々しいものじゃった。これを受けて、天皇は太宰府に概略次のような勅を出されたのじゃ。まず、「安禄山は天に背いて叛逆したのだから、必ず失敗するだろう。征西する計画は不可能だから、却って海東を侵略することを疑う必要があろう」としたうえで、次のように命じられた。

「太宰府の長官の船王《ふねのおおきみ》と次官の吉備真備《きびのまきび》は、ともに碩学として、名声は当代に聞こえている。朕は二人を心に選んで重責を委ねている。この状況を知った上は、予め防衛策を立て、たとえ来寇がなくても準備を怠ることのないようにせよ。立案した上策と準備すべき様々な事柄とを、一々具体的に記録して報告せよ」

安禄山の来寇に備えて、大宰府に準備命令が出されたわけじゃ。この勅の背後には藤原仲麻呂がおるのじゃ。たび重なる新羅の無礼な朝貢に対し新羅征討をもくろんでいた仲麻呂は、安禄山の乱を利用して軍事力の強化を図ろうとしたのじゃ。

ところで、当代きっての碩学・吉備真備が太宰府の次官に左遷されたのは、仲麻呂に煙たがられたからじゃ。天平勝宝六年（七五四）四月のことじゃった。じゃが、いざ防衛準備となると仲麻呂も軍学者の側面ももつ真備を用いざるを得なかったというわけじゃ。皮肉な話ではあるが、この場合は適所に適材がおったと言えそうじゃ。真備を中心に検討された防衛上の問題点が翌年三月に報告されておる。

たとえ来寇がなくても準備を怠るなという天皇の言葉は、今でも大切にされるべきじゃろう。国を守るためには、必要な防衛力の確保は当然として、相手に攻撃を躊躇させるだけの軍事力も備えておく必要があるのじゃ。

4　真正面からの直言（天平宝字三年（七五九）五月）

五月九日に天皇が出された勅の一部を次に述べよう。

「…人民の声を聴こうとしても隔てられて聞き難く、無実の罪に泣く者が居るのではないか、広く世界の隅々まで見ることは難しく、憂いに包まれた家があるのではないかと、朕はひそかに恐れている。そのためよい建言を広く取り入れ、よい策略をあまねく問い、衆智によって国を益し、多くの賢人によって人々の利をはかろうと願っている。そこで、百官の五位以上と僧侶の師位以上の者は、すべて意見を書き密封し上表文として奉り、真正面から直言し、隠したり畏れたりしてはならない。……」

災害などの頻発に対し、治世に問題があるのではないかと、官人や僧侶に意見を求めた勅なのじゃ。少しでも治世を安定させたいとする天皇の姿勢が見えるじゃろう。このような例は、『日本書紀』では天武九年（六八〇）十一月、同十年十月、および『続日本紀』の養老五年（七二一）二月にも見られれが、今回のものが最も大上段に振りかぶった感がある。

六月二十二日の記事に、この勅に対する上奏文の例が四件記述されており、それらの意見に対する朝廷の対応も述べられておる。全部でどれほどの数の直言があったのかは分からぬが、具体的な提言があり、それに対処しておることは分かる。この時代の組織は単純で、官吏と僧侶以外は、少数の商人を除くとほとんどが農民じゃった。したがって、下手な発言をして官吏や僧侶の身分を外されると生活レベルは一気に下がることになる。真正面から直言せよといわれても、政治の問題を指摘するなどできはせんじゃろう。

その点、今の日本は幸せじゃの。言いたいことの言い放題じゃ。マスコミなどは、言論の自由なるものを錦の御旗にかかげ、国益に反することでも平気であげつらう。愛国心とまでは言わぬが、もう少し自国を、自分の家族を、自分自身を大切にした発言をして欲しいものじゃ。国民のために直言を求める淳仁天皇の姿勢を見習って欲しいのじゃよ。

5 公文書偽造（天平宝字三年（七五九）七月）

七月十六日に、公文書偽造の記事が出ておる。すなわち、

「左京の人・中臣朝臣楫取《かじとり》が、勅書を偽造し、庶民を欺き惑わせた。このため、出羽国の柵戸《きのへ》に配流した」

柵戸は、辺境の地とくに東北地方の城柵に配され、開墾や農耕に従事する民戸じゃ。この時期、柵戸としての強制移住は、浮浪人はもとより、重罪人や前線逃亡の兵士などへの懲罰的意味もあったのじゃ。現にこの年の九月には浮浪人二千人が雄勝《おかち》の柵戸にされておる。また、翌年の三月にも犯罪歴のあるおよそ五百人が雄勝の柵にうつされておる。前年十二月に完成したばかりの雄勝城の柵戸の補強が急務だったのじゃ。その一環として楫取《かじとり》も流されたのじゃろう。当時、勅書偽造の罪は遠流だったのじゃ。

ところで、楫取《かじとり》はどのような内容の勅書を偽造したのかは分からぬが、随分と大胆なことをしたものじゃ。しかし、公文書偽造はこれだけではない。天平宝字八年（七六四）九月に起こった藤原仲麻呂の乱においては、太政官符を偽造して兵を徴発し、また自らの逃げ道を作ろうとしておる。延暦七年（七八八）五月には、官司の印を押した公文書を偽造し官庫の物品を搾取するという事件も起こっておる。公文書偽造ならびに行使じゃな。この犯人は、逮捕直前に首をくって自殺しておる。

公文書偽造だけではなく、公印の偽造・行使もあった。和銅四年（七一一）十二月に、太政官の印を偽造し位階を授けた男が流罪になっておる。また同様の事件が宝亀三年（七七二）十月にも起きておるのじゃ。

現在の刑法では、詔書偽造の場合「無期または三年以上の懲役」であり、公文書偽造では「一年以上十年以下の懲役」となっておる。どの時代の罪がより厳しいかは別として、相変わらず同じような犯罪が行われておるということじゃ。

6　新羅人の送還（天平宝字三年（七五九）九月）

九月四日に、天皇は次のような勅を出されたのじゃ。

「近年、我が国への帰化を希望する新羅人を乗せた船が連なるほどに来ている。賦役の苦しみを忌避せんとして、墳墓の地を捨て遠くまで来ている。彼等の心情を思うに、故郷を恋しく思わないはずがない。再三問い質して、心から帰りたいと思う者があれば、食料を支給して送還せよ」

新羅の賦役が厳しいため、我が国への帰化希望者があとを絶たなかったのじゃ。天皇は、帰化希望者を受け入れつつも、帰国したいとする者へも手を差しのべておるのじゃ。淳仁天皇の優しさが表れておるようじゃろう。

一方で、本章3項で簡単にふれたがこの時期は藤原仲麻呂を中心に新羅征討の準備が進められておった。三ヶ月前の六月には、新羅征討のための軍事行動規程を大宰府に作らせておる。また、半月後の九月十九日には新羅征討のための船五百隻を三年以内に建造するようにとの命令が出されておるのじゃ。このような中でのこの勅じゃ。深読みすれば、帰国希望者に日本の姿勢を伝えさせ、新羅の反省を促そうとの意図と思えなくもない。しかし、知られたくない情報が伝えられる危険性もある。ワシは、単に天皇の善意から出たものじゃと考えておる。

この勅を読むと、北朝鮮からの脱北者を思い出さんかの。故国での厳しい生活に耐えかねて、韓国や日本へより良い生活を求めて故郷を捨てた人々のことじゃ。ここまでは奈良時代と同じじゃが、この先が違う。この勅は帰りたい者は帰そうと言っておるが、今の脱北者達は国に帰れば命に関わるようじゃ。千二百五十年経って、生活レベルは向上したかもしれんが、社会生活はむしろ不自由になっておる。総体的には、やはり人間はさほど進歩しておらんということじゃろう。

7 税金逃れ（天平宝字三年（七五九）十二月）

十二月四日の記事は、隠し田による脱税とその摘発を指示しておる。

「隠没田《おんもつでん》は武蔵国で九百町、備中国では二百町が存在する。そこで、その道《どう》の巡察使に命じて台帳に照らして田を調べさせる。その他の諸道の巡察使にも田を調べさせるのもこのためである。巡察使がまだその国境に到着する以前に田を隠していることを自首する者は罪を免除する」

隠田《おんでん》は、私的に開墾し土地台帳に登録されず、租を収めていない隠し田のことじゃ。隠没田《おんもつでん》は、摘発されて官に没収された隠田を言う。この記事は、隠し田の実例を挙げて、各道の巡察使に隠田の摘発を命じているわけじゃ。田を調査することは巡察使の重要な使命の一つじゃった。

摘発した隠田の処置については、次の記事がある。

「天平宝字四年（七六〇）十一月六日　天皇はつぎのように詔した。「……七道の巡察使が摘発した隠し田は、国司に命じて土地の大きさに従って、全課役を負担する正丁の土地に加えよ。もし正丁の不足する国があれば、剰余の田として、貧家に耕作させて家業を続けさせ、憂えている人の負担を軽くさせたい。これを広く遠近に伝えて、朕の心を知らせしめよ」と」

奈良時代にすでに隠し田が存在し、かつ朝廷がその摘発に躍起になっていた様子が分かるじゃろう。厳しい租税から逃れるための庶民の知恵じゃよ。したたかな庶民のことじゃ、巡察使の摘発などで、一掃されるようなことはない。隠し田は、度重なる検地をも逃れ、明治時代まで存続する。したがって、日本全国至る所に隠し田に関する伝説や民話が残っておる。形こそ違うが、税金逃れは今に至るも続いておる。むしろ複雑かつ巧妙になっておる。凡人の金銭欲は、時代とともに増大しても、減少することなどないのじゃ。

8　新銭鋳造（天平宝字四年（七六〇）三月）

三月十六日に、天皇は次のような勅を出された。

「銭を使用し始めてから、すでに久しくなる。公私にわたりその必要性と利便性は、銭に勝るものはない。しかしながらこのごろ私鋳銭が大変多くなり、贋金が全体の半分にもなっている。急にこれを禁断すると、市場に混乱が起きかねない。そこで、新しい銭をつくって、旧銭と併用させることとする。願うところは、民に損が出ず、国に益があることである。その新しい銭の文字は「万年通宝」とし、新銭一を旧銭十相当とする。銀銭の文字は「大平元宝」とし、銀銭の一を新銭十相当とする。金銭の文字は「開基勝宝」とし、金銭の一を銀銭十相当とする」

このように銅銭、銀銭、金銭の三種類が新たに鋳造されたと『続日本紀』は伝えておるのじゃ。しかし、奇妙なことに銀銭については使用された痕跡がなく遺品もいまだに確認されておらんのじゃ。

新銭の鋳造は、贋金の横行によるとしておるが、銭の鋳造権をもつ藤原仲麻呂がその権威付けのために行ったとの見方もあるのじゃ。また、新銭に旧銭の十倍の価値を持たせることによって政府の利益を図ろうとしたのではないかとも言われておる。

それにしても流通している貨幣の半分近くが贋金とは、驚くべきことじゃろう。贋金によって巨額の利益を上げていた者どもがおったということじゃ。なにせ、第二章3項でも述べたが我が国最初の銀銭「和同開珎」が鋳造されて七ヶ月後には偽造禁止令が出ておるほどじゃから、贋金造りは最高の金儲けの手段なのじゃろう。

現代でもスーパーノートと呼ばれる極めて精巧な偽百米ドル札が作られておる。北朝鮮国内で印刷され、北朝鮮政府の保護のもとに国外で流通させていると言われておる。違法な金儲けを国家レベルで行っているとしたら、あまりに情けない話ではないかの。

9　光明皇太后崩御（天平宝字四年（七六〇）六月）

六月七日に光明皇太后が崩御された。『続日本紀』が告げる薨伝からめぼしい内容を拾い出してみよう。

「皇太后は、藤原鎌足の孫で正一位・太政大臣を追贈された藤原不比等の娘である。幼くして聡明で思慮深いとの評判が高かった。皇太子だった聖武天皇に迎えられ十六歳で妃となった。つねに礼の教えに通じ、厚く仏道を崇めた。孝謙天皇と皇太子を産んだが、皇太子は二歳で夭折した。天平元年（七二九）皇后となった。皇太后は、仁慈に富み、志は人々の苦しみを救うことにあった。東大寺と諸国の国分寺とを創建したのは、もともとは皇太后が聖武天皇に勧めたからである。また、悲田院と施薬院を創設して、飢えと病で苦しんでいる天下の人々を治療し養った。孝謙天皇が皇位につくと、皇后宮職を紫微中台と改め、勲功のある人や賢明な人を選び抜いて中台の官人とした」

光明皇太后は、幼名を安宿媛《あすかべひめ》といい、その美しさが光り輝くようだったので光明子とも呼ばれたのじゃ。才色兼備だったということじゃな。

この記事に書かれていない皇太后の功績は、今で言う正倉院御物じゃろう。聖武天皇の七七忌（天平勝宝八年（七五六）六月二十一日）に天皇の遺品を東大寺に施入し、盧舎那仏に献納されたのじゃ。その目録が、『国家珍宝帳』として残されておる。その巻頭と末尾には、皇太后の御製の願文があり、献納の意図などが知られる。その巻尾では、「先帝が愛用された珍しい品々を眼にすると、先帝の生前が思い出されて泣き崩れてしまう。そのため、謹んで盧舎那仏に奉献したい。願わくば、この善因によって先帝の霊が安らかに往生されんことを」としておる。先帝への慕情が感じ取れるじゃろう。

光明皇太后のお陰で、世界に類を見ない多くの珍宝が伝えられてきたのじゃ。我が国が世界に誇れる宝じゃ。毎年秋には奈良国立博物館で「正倉院展」が開かれておる。この時期ぐらいこれらの珍宝に接して、我が国の文化の素晴らしさを実感して欲しいものじゃ。

10　吉備真備と兵法（天平宝字四年（七六〇）十一月）

十一月十日、朝廷は舎人六人を太宰府に派遣したのじゃ。大宰府の次官の吉備真備《きびのまきび》から、諸葛亮《しょかつりょう》の八陣（軍陣の八つの形式）、孫子の九地篇（九種類の地形に対応した戦術）および軍営の作り方を学ばせるためじゃ。本章3項でふれたように、藤原仲麻呂は安禄山来寇に備え大宰府の防備を固めるとともに、新羅への侵攻を計画しておった。前年九月に船五百隻の建造を始めたことは本章6項で話したとおりじゃ。また、翌年一月には、新羅を征討するために四十人の少年に新羅語を習わせておる。

見知らぬ新羅の地で戦うためには、地形に応じた戦術と陣立てを身につけておく必要があり、それを真備から習わせようとしたわけじゃ。ところで、吉備真備はどの程度兵法の知識を持っていたのじゃろうか。彼は、霊亀二年（七一六）に遣唐留学生となり、唐に赴き、天平七年（七三五）僧玄昉らと帰国し、多くの漢籍、武器などをもたらした。以後日本に流布した漢籍の祖本は真備がもたらしたとも伝えられておる。

また、日本に「孫子の兵法」を伝えた人物ともいわれ、留学中は「諸葛亮の兵法」と「孫子」を深く学んだと言われておる。天平勝宝四年（七五二）遣唐副使として再び入唐し、同六年（七五四）に鑑真をともない帰国したのじゃ。太宰府次官として、国際緊張のなか大宰府の防衛策をまとめ、また怡土城《いとじょう》構築など海岸線の防備を固めておる。ここでも兵法の知識が存分に生かされたのじゃ。さらに、天平宝字八年（七六四）九月の藤原仲麻呂の謀反に際しては、その平定に活躍した。薨伝は、「指揮や編隊は非常に優れた軍略で、賊軍は策謀に陥り、短期間で平定された」と伝えておる。真備の兵法は、単なる学問ではなく、実践においてもその真価を発揮したのじゃ。従二位・右大臣まで登りつめ、八一才で薨じた。まさに当代随一の学者であり、政治家じゃった。

今の時代、学者の能力まで望まんから、せめて当代きっての政治家と呼ばれる人物が欲しいものじゃの。

11　皇族が猟奇殺人（天平宝字五年（七六一）三月）

三月二十四日、皇族の葦原《あしはら》王が殺人の罪で流罪にされたのじゃ。何ともすさまじい事件なので、『続日本紀』の記事を記述してみよう。

「葦原王は、刃物で人を殺した罪によって、龍田真人《たつた》の姓を与えられ、種子島に流罪となった。男女六人もまた随行させられた。葦原王は、三品の忍壁《おさかべ》親王の孫で、従四位下の山前《やまさき》王の息子である。生まれつき性格が凶悪で、酒の店で遊ぶことを好んだ。ある時、御使連《みつかいむらじ》麿と酒を飲みながら博打をしていて突然怒り出し、麿を刺し殺し、太股の肉を切り取り胸の上に置き切り刻んだ。その他の罪状も明らかになったので、太政官で審議した結果を奏上した。天皇は、葦原王が皇族であるので法のままに処罰するに忍びず、王名を除いて配流とした」

如何かな、猟奇ともいえそうな事件じゃろう。現代のバラバラ事件などと比べればまだ罪は軽いかもしれんが、このような記述が残されたのは当時としても大きな話題となったからじゃと思われる。

刃物による殺人は、律に従えば斬刑に当たる。しかし、皇族や功績の大なる者などが罪を犯した場合は、太政官が審議した結果を天皇に奏上し、天皇の裁可を仰ぐべきことが名例律8で定められておるのじゃ。この事件では、天皇は罪一等を減じて臣籍に落として遠流の処置とされたわけじゃ。天皇の判断は、法律を越えておったのじゃ。

事件の内容以外で、この記事は興味深い事柄を伝えておる。第一章8項で触れたことじゃが、天平勝宝六年（七五四）に出された双六禁止令にもかかわらず、皇族までもが相変わらず博打に関わっていたことじゃ。そしてもう一つ、平城京にはすでに酒を飲ませる店があり皇族までもが出入りしていたということじゃ。殺人事件を介して奈良朝の社会状況を伝えてくれておるのも、『続日本紀』の価値と言えるじゃろう。

12　孝謙上皇の復権（天平宝字六年（七六二）五月）

淳仁天皇と孝謙上皇とが仲違いをされた。そのため五月二十三日に、お二人は保良宮から平城京にお帰りになり、天皇は中宮院に、上皇は法華寺に入御されたのじゃ。そして、六月三日に上皇は、五位以上の官人を朝堂に呼び集められ、つぎのように詔されたのじゃ。

「…　淳仁を今の帝として立てて年月を経る間に、朕に対し礼儀正しく従わず、卑賤の者が仇敵に対する言動の如く、言うべきでないことを言い、なすべきでないことをなした。すべてそのようなことを言われるべき朕ではない。　…　政事《まつりごと》のうち、通常の祭祀などの小事は淳仁帝が行い、賞罰などの国家の大事は朕が行うこととする。　…」

天皇と上皇の不和が決定的になったことが分かるじゃろう。その原因は、淳仁天皇が孝謙上皇に対して、「言うべきでないことを言い、なすべきでないことをなした」からなのじゃが、この詔からだけでは何のことだかさっぱり分からん。宝亀三年（七七二）の道鏡伝などから、上皇が道鏡を寵愛したことに対し、淳仁天皇が諫めたのではないかと考えられておるのじゃ。

この詔からは、以後の実権は上皇に移ったように見えるが、どうもそうではないようじゃ。少なくも藤原仲麻呂の乱が起きるまでは、皇室の象徴である駅鈴と御璽が淳仁帝の御座所である中宮院にあったからじゃ。しかし、たとえ実体が伴わなかったとしてもここまで上皇が強い態度に出られたのは、政権の移動が行われ始めていたということじゃ。光明皇太后が亡くなられ仲麻呂の権力に陰りが出始める一方、道鏡という精神的支えを得た上皇が天武天皇直系の誇りを取り戻していったわけじゃよ。

政権の交代はいつの世にもある。それが庶民を少しでも幸せにするものであって欲しいのじゃが、残念ながらこの事件も含め庶民をないがしろにしたものがほとんどなのじゃ。

13　物乞い百人陸奥へ（天平宝字六年（七六二）十二月）

十二月十三日に乞索児《ほがいびと》百人を陸奥国にわりつけ、土地を与えて定住させたとの記事が見られる。ホガイとは、神を祝福して幸せを招くことじゃ。乞索児は、もともとは祝詞を歌い芸を演じてまわる芸人じゃった。万葉集にも彼等の歌が二首あげられておる(三八八五、三八八六)。しかし、次第に各家の門口に立ち寿詞《ほがい》を述べて、門付けをもらうようになったのじゃ。はやく言えば、物乞い、要するに乞食じゃな。おそらく平城京近辺の物乞い百人を、柵戸《きのへ》として陸奥に移して開拓に当たらせようとしたのじゃろう。

この時期、このような例が他にもある。天平宝字三年(七五九)九月には、板東の八国と北陸の四国の浮浪人二千人を雄勝《おがち》の柵戸《きのへ》にしたとの記録もある。この時の記事および神護慶雲三年(七六九)正月の記事などから、実際には雄勝城と桃生《もものう》城とに千人ずつ配属されたようじゃ。出来たばかりの雄勝城と桃生城とに柵戸を配し、開墾や農耕に従事させようとしたわけじゃ。二千人もの浮浪人をよく集めたものじゃとは思うが、浮浪人が東北の地で農民として定着するじゃろうか。そもそも浮浪人は、税の負担から逃れるために自ら土地を捨てたものが大半なのじゃ。故郷から遠く離れた東北に流刑者のように移されたのではなおさらじゃ。乞索児《ほがいびと》も同様じゃ。彼等はもともと門付けで生計を立てておったので、定住にはなじまないじゃろう。彼等を定住させるためには、それなりの優遇措置が必要じゃろう。神護慶雲三年(七六九)正月の記事では、浮浪人の定着が難しいとの陸奥国からの言上を受けて、太政官は「そこに定住しようと願う者には租税の軽減措置を与え、他の地域のものが移住したいと願うようにさせたい」と奏上し、それが許されておる。

乞索児《ほがいびと》や浮浪人を移動させ定着させられれば、税収入が増え朝廷にとっては好都合じゃが、人は物ではないからそう思うようにはいかん。移された者にも利益を与える必要があると太政官は奏上したわけじゃ。何事によらず、自分のことだけではなく、つねに相手の立場に配慮することが大事なのじゃが、今の世の中それが出来ておらんのではないかの。

14 飢饉への備え（天平宝字七年（七六三）三月）

三月二十四日に、諸国に命じて不動倉《ふどうそう》のカギを太政官に進上させたのじゃ。国司が交替する時、不動穀《ふどうこく》の確認が大変煩わしいからじゃ。カギがなければ確認の必要がないわけじゃ。倉の修理が必要な時や湿気で穀に損害が出る可能性がある時は、申請してカギを受け取るようにさせたのじゃ。

不動倉とは、諸国の正倉のうち不動穀を収納する倉庫のことじゃ。不動穀は、非常時に備えて貯えておく穀で平常時には使用されんのじゃ。これに対し、経常的に使用されるのが動用穀で、動用倉に収められる。不動穀は、和銅元年（七〇八）から蓄積が開始されておる。天平期には、田租約三十年分相当という莫大な量が蓄積されていたとの指摘もあるのじゃ。しかし、本来使用されることのない不動穀じゃが、蓄積された古い穀を入れ替えるとして使用されるようになっていく。平安時代になり律令制が崩壊していくと有名無実化されていくのじゃ。

この時期に不動倉のカギを進上させた背景は、国司交替の煩わしさを避けることもあったのじゃろうが、朝廷にとって不動倉の重要性が増したためじゃろう。前年、三河、尾張など九カ国が旱害に襲われたのをかわきりに、京および畿内をはじめとする全国各地で飢饉が発生し、不動穀の供出が行われたのじゃ。陸奥国では疫病が流行り、食糧の供給がなされておる。年が変わった天平宝字七年二月（この記事の一月前）にも、出羽で飢饉が起きておるのじゃ。このような状況の中で、不動倉の朝廷による一括管理がおこなわれたのじゃろう。

それにしても、飢饉などの緊急事態に備え、田租三十年相当の穀物を備蓄していたとはすごいことではないか。四十パーセント程度の日本の穀物自給率の現状を知ったら、奈良時代の太政官らは何と言うじゃろうか。

15　鑑真の功績（天平宝字七年（七六三）五月）

五月六日、鑑真大和上《だいわじょう》が逝去された。『続日本紀』は、その卒伝を伝え功績を高く評価しておる。鑑真は、唐の揚州龍興寺の高僧であったが、留学僧の栄叡《ようえい》や業行《ぎょうぎょう》らの要請を受け、我が国への渡海を決意する。五回にわたり渡海を試みるがことごとく失敗するのじゃ。この間、栄叡が死去し、それを泣き悲しんで鑑真は失明したのじゃ。天平勝宝六年（七五四）に遣唐副使大伴古麻呂の船に便乗し二十四人の弟子とともに渡来し、我が国に帰化した。朝廷は、鑑真を東大寺に安置し供養したのじゃ。

鑑真は、経典の誤りを正したり、新しい医薬の知識を伝えたりしたのじゃが、なんと言っても我が国の授戒制度を確立したことが特筆に値しよう。正式な僧尼になるためには、戒律を遵守する必要がある。「戒」は、釈迦の教えに則り正しい生活をしていく上での「きまり」であり、自らに課し守るものじゃ。一方、「律」は僧尼間の誓いじゃ。律を誓うには、十人以上の正式な僧侶の前で儀式（これを授戒という）を行う必要がある。授戒を行う僧を戒師というが、当時の日本には戒師がいなかったため正式な授戒は行われず、諸仏を請じて自ら誓願を立てる自誓受戒という形式をとっておった。

来朝した鑑真は、「今よりのち授戒伝律はもっぱら和尚に任す」という孝謙天皇の勅を受け、東大寺の大仏殿の前に臨時の戒壇を築き、聖武上皇・光明皇太后・孝謙天皇などに菩薩戒を授けたとされておる。また僧尼達にも三師七証の具足戒を授けたという。これが我が国最初の登壇授戒とされておるのじゃ。その後、東大寺に常設の戒壇院が設けられ、さらに筑紫観世音寺や下野薬師寺にも戒壇が設置され、地域ごとに分担した授戒制度が整備されたのじゃ。

鑑真は、老齢をいたわって大僧正の任を解かれたのちは、唐招提寺を建立し戒律の道場とし、死ぬまで若い僧侶の育成に努めた。乱れた僧尼を矯正しようとする厳しい姿勢が敬遠され、僧綱の地位を追われたとの指摘もある。奈良時代を代表する名僧であったことは確かじゃ。

16　暦の変更（天平宝字七年（七六三）八月）

八月十八日、従来の儀鳳歴《ぎほうれき》を廃し、大衍歴《たいえんれき》を用いることにしたのじゃ。したがって、翌天平宝字八年（七六四）からの暦は大衍歴が用いられておるのじゃ。ここで、内田正男編著『日本暦日原典』をもとに古代の暦を振り返ってみよう。

『日本書紀』における「暦」の初見は、欽明天皇十四年（五五三）六月じゃが、我が国で暦が正式に採用されたのは持統天皇六年（六九二）からと考えられておる。この時は、元嘉暦と儀鳳暦とが併用されておったのじゃ。月朔には元嘉暦が、日食の予報には儀鳳暦が用いられていたと考えられておる。文武天皇の即位以降、すなわち文武元年（六九七）八月以降は儀鳳暦のみが用いられるようになったのじゃ。したがって、『続日本紀』の前半の記録は儀鳳暦により、天平宝字八年以降の記録は大衍暦によっておるわけじゃ。この大衍暦は、天安元年（八五七）まで用いられ、宣明暦へと引き継がれたのじゃ。宣明暦は貞観四年（八六二）から貞享元年（一六八四）まで八百二十三年間使用された。

儀鳳暦は、唐で麟徳二年（六六五）から六十四年間使用された麟徳暦のことで、唐では儀鳳暦とは呼んでおらなんだ。編者は李淳風で、元嘉暦より計算法が進んでおったのじゃ。一方、大衍暦は、唐代暦法中の傑作といわれ、唐では開元十七年（七二九）から三十三年間使用された。撰者は、僧の一行じゃ。我が国には、天平七年（七三五）四月に遣唐留学生・吉備真備が大衍暦経一巻と大衍暦立成十二巻を献上したことによって伝えられたのじゃ。ただちに使用されたわけではなく、二十二年後の天平宝字元年（七五七）に大衍暦議が教科書に採用され、標記の暦法変更へとつながっていったのじゃ。

日の出、日没、月の満ち欠けなど、暦は日常生活に密接に関連しておる。より精度の高い暦を求めて、暦法の変更がなされたわけじゃ。明治五年（一八七二）に太陽暦が採用されるまでは、各地方毎に地方歴が作られておった。例えば、伊豆・相模では三島大社に関係する暦師《こよみし》・河合家が作った三島暦が使われたのじゃ。この暦は、かな文字の暦では日本最古で、鎌倉時代まで遡るそうじゃ。地味な分野じゃが、暦の変遷も興味深いものがある。

17　貧者の救済（天平宝字八年（七六四）三月）

三月二十二日に次のような勅が出された。

「… 近年水害や旱害が生じ人民はかなり飢え窮乏している。京の東西の市には物乞いが多い。… 聞くところによると、弾正台《だんじょうだい》の少疏《しょうそ》・正八位上の土師《はじ》宿禰嶋村は、自分の貯えていた食料を出して、十余人の困窮者を助け養っているという。その行為は小さくともその道義心は褒められるべきである。よって、位一階を授ける。今後、もしこのようなことがあれば、所管の官司はよく調べて実状を記録し太政官に申告せよ。一年のうちに二十人以上を救済した者には位一階を加え、五十人以上には位二階を加えよ。ただし正六位以上はこの限りではない」

本章14項でも触れたが、天平宝字六年からこの年に至るまで、日照りや洪水で飢饉は深刻なものになっていたのじゃ。このため、貧窮の人々を救済する篤志家が現れてきたのじゃ。朝廷は、奨励する意味もあって、貧民を救済した篤志家への叙位を法制化したわけじゃ。

この勅が適用された例は、天平神護二年、宝亀二年、宝亀十一年、延暦五年、延暦九年に見られる。天平神護二年の例では五十七人を救済し、宝亀十一年の例では女性がなんと百五十八人を救済しておる。このような大規模な救済が出来るということは、一般人の中にも大きな富を有する人々が現れてきたことを意味しておる。貧富の格差が増大してきたのじゃ。

一方で、行基による民衆への布教や大仏建立への民衆の協力などによって仏教が広く浸透し、善行や施しの意義が理解されていったのじゃろう。当時は国からの賑給《しんごう》以外は、このような個人の篤志家に頼らざるを得なかったのじゃ。現在は行政による生活保護やボランティア団体の活動などもあるが、やはり一人でも多くの個人が弱者を助けようとする心を持つことが大切なのではないかの。

18　藤原仲麻呂の乱（天平宝字八年（七六四）九月）

九月十一日に、藤原仲麻呂の乱が起こり、『続日本紀』は次のように伝えておる。

「大師の藤原恵美《えみ》朝臣押勝《おしかつ》（藤原仲麻呂）が謀反を企てていることがはっきりと漏れてきた。高野天皇（称徳天皇）は少納言の山村王を使わして、中宮院（淳仁天皇の御所）の駅鈴と内印（天皇御璽）を回収させた。押勝はこれを聞いて、息子の訓儒麻呂《くずまろ》らに待ち受けさせて、これを奪わせた。高野天皇は、授刀少尉《たちはきしょうじょう》の坂上苅田麻呂…らを遣わし、訓儒麻呂らを射殺させた。　…　この夜、押勝は逃走し、官軍はこれを追討した」

藤原仲麻呂の乱は、天皇御璽などの激しい争奪戦によって始められたのじゃ。初戦に敗れた仲麻呂は一族を率いて瀬田を経て近江国庁に入ろうとするが、瀬田橋が焼き落とされ高嶋郡に逃走する。仲麻呂は、塩焼王を偽帝に立てて越前国に逃れようとするが、愛発《あらち》関越えも果たせず、勝野の鬼江で惨殺され、十八日にその首が京に送られたのじゃ。

九月二十日に、乱の平定が宣言されるとともに、孝謙上皇が再び政務を執ることをおよび、道鏡を大臣禅師とすることを宣言したのじゃ。そして、十月九日に淳仁天皇の帝位を廃し、大炊親王《おおいのみこ》として淡路国に流罪とした。そして、上皇が重祚して称徳天皇が誕生したというわけじゃ。仲麻呂の時代が終わり、道鏡の時代が始まったのじゃ。

藤原仲麻呂の乱は、内印の争奪戦から始まったわけじゃが、内印は皇権の発動に不可欠であり皇位の象徴でもある。その内印が中宮院にあったということは、本章12項でも触れたが事実上淳仁天皇が皇権を掌握していたわけじゃ。それを孝謙上皇が奪取したわけじゃよ。したがって、孝謙上皇によるクーデターとの見方も出来るのじゃ。見事な内印の奪取とその後の仲麻呂討伐には、吉備真備の功績が大であったと言われておる。真備は仲麻呂が逃走した九月十一日に正四位下から従三位に叙せられておる。

孝謙上皇を真備や藤原永手などの反仲麻呂派が支えたが、仲麻呂を支える有能な人材はおらなんだ。仲麻呂は稀に見る優秀な人物であったが、惜しむらくは独善的であり協調性に欠けておったのじゃろう。今の世でもそのような人物は見かけられるのではないかの。

19　淳仁天皇　淡路に流罪（天平宝字八年（七六四）十月）

十月九日、称徳天皇の命を受け兵部卿の和気王らは兵士数百人を率いて淳仁帝の御座所・中宮院を取り囲んだのじゃ。急なことで帝は身支度が調っていなかったのじゃが、和気王らは急ぐよう急きたてた。数人の護衛者は逃げ去って従う者も無く、僅かに母と親族の二、三人と共に歩いて図書《づしょ》寮の西北の場所に到着したのじゃ。ここで、淳仁帝を帝の位から退け、親王の位を与えて淡路国の公として退けるとの旨の詔を伝えたのじゃ。詔を伝えると、和気王らは淡路公（淳仁帝）とその母を連れて小子門《ちいさこべもん》にいたり、道路に留めていた鞍付きの馬に乗せたのじゃ。右兵衛督・藤原蔵下《くらじ》麻呂が、淡路の配所に護送して一つの院に幽閉したのじゃ。このため、淳仁帝は淡路廃帝とも呼ばれておる。かくして、淳仁帝は政治の場から完全に追放されてしまったのじゃ。

この日、称徳天皇は次のような勅を出されておる。

「淡路国を大炊《おおい》親王に与える。淡路国の官物・調・庸などの類は大炊親王の裁量に任せる。ただし、官稲出挙《すいこ》の利稲は、従来通り国衙《こくが》財政にあてる」

これで、一応生活の心配はないわけじゃが、幽閉の身であることに変わりはない。一年後の天平神護元年（七六五）十月二十二日に、幽閉された憤りに耐えきれず、垣根を越えて逃亡を企てるのじゃが、引き戻されてしまった。その翌日、淡路廃帝は命を落とされたのじゃ。薨年は三十二歳じゃった。

すべての人々が淡路廃帝を見捨てたわけではない。「多くの人が商人と偽って淡路に向かっていると聞く」（天平神護元年二月）とか、「淡路公を連れてきて再び帝として立て、天下を治めさせたいと思っている人もいるらしい」（天平神護元年三月）などの称徳天皇の言葉があるのじゃ。道鏡を寵愛する称徳天皇より、淳仁天皇のほうが望ましいと考える人々が少なからずあったということじゃ。淡路廃帝の死は、自殺の可能性が高いが、何らかの力が働いたとも考えられよう。いずれにせよ、流罪になった最初の天皇であり、仲麻呂や道鏡などの政治家に翻弄された短い一生じゃった。

第七章　称徳天皇の御代（七六四〜七七〇年）

1　皇太子とは（天平宝字八年（七六四）年十月）

十月十四日に称徳天皇が出された詔は、次の二点に要約される。

①「国を鎮め守るには、皇太子を定めて皆が安心して穏やかに過ごすことだ」と誰しも考える。しかし、いまだに皇太子を定めないのは、人が良かれと思っても、天命によって選び授けられたのでなければ、その位にあっても役目を全うすることは出来ないからである。今しばらくの間、皇太子を思い見定めていれば、天が授けてくださる人が徐々に現れてくると思って定めないでいるのだ。

② 人々が、己の贔屓で皇太子を擁立しようと、人を誘い勧めるようなことをしてはならない。先祖からの家門を滅ぼし、後継者をなくすことになる。

この詔は、皇太子を定めない理由を説明しているわけじゃが、称徳天皇の皇太子観を述べていると考えてもよかろう。残念ながら、そのような皇太子が現れなかったが故に、称徳天皇の御代は不安定な時代になってしまったのじゃ。

淳仁天皇を淡路島に流し、称徳天皇が政治の実権を握ったのじゃが、背後にいる道鏡の存在が大きな影を落としておったのじゃ。称徳天皇の治世はおよそ六年間じゃが、いくつかの仏教保護政策を除くとめぼしい政策はほとんど見られんのじゃ。東大寺にも引けをとらない西大寺の建立を天皇に勧めたのは道鏡じゃといわれておる。西大寺や四天王寺など多くの寺に広大な田地の施入が行われておる。これも道鏡が与っておるのじゃろう。

称徳天皇治世の六年間で最大の出来事は、「道鏡事件」じゃ。「宇佐八幡宮神託事件」とも呼ばれるが、道鏡が皇位を窺った前代未聞の出来事じゃった。和気清麻呂の活躍によって、皇統の断続は免れたのじゃが、この六年間を象徴する出来事と言えよう。

2　騎女を貢進せよ（天平宝字八年（七六四）十月）

十月三十日に、天皇は東海・東山道の国々に対し騎女を貢進するようにとの勅を出されたのじゃ。騎女とは、騎馬に優れた女性のことじゃ。如何かな、奈良時代とくに天平文化などと言うと、たおやかな女性がイメージされはせんかな。ところが、天皇がこのような勅を出すということは、見事に馬を乗りこなす女性が多くいたということなのじゃ。

女性の乗馬については、天武十一年（六八二）四月二十三日の記事に「婦女《たおやめ》の馬に乗ること男夫《おのこ》の如きは、それこの日に起これり」とある。女性が馬に乗ることはそれまでもあったのじゃが、中国の風習に倣って女性が鞍に跨って乗るようになったことを意味しておる。また天武十三年（六八四）閏四月には「女子四十才以上に限って馬の乗り方は縦でも横でもよい」との記述があることから、以前は女子は横乗りが主であったのじゃろう。当時、中国では女性の乗馬が盛んだったようで、風帽や笠帽をかぶり美しい装束で騎乗する婦人俑も出土しておる。我が国においても、女子が鞍に跨って馬に乗ることに対して抵抗感はなかったのじゃ。想像以上に女性が活動的で開放的だったというわけじゃ。

ところで、なぜこのような勅が出されたのじゃろうか。行幸に際して、諸国の騎兵が徴発されて従属し、行列の威儀を整えたことはよく知られておる。女性である称徳天皇の行幸をより華やかにするために、騎女が集められたと思われるのじゃ。

京都三大祭りの一つ葵祭は、わが国の祭のうち最も優雅で古趣に富んだ祭として知られておる。その行列の中心である斎王代列の中に、斎王付きの清浄な巫女である騎女（「むなのりおんな」と呼ばれ、駒女とも書く）六騎が従う。この「むなのりおんな」こそが、称徳天皇が貢進させた騎女そのものなのじゃ。まさに、今も生きてる『続日本紀』ではないか。今後とも、このような伝統文化を大切にして欲しいものじゃ。

3　大飢饉（天平神護元年（七六五）三月）

三月二日に出された詔は次のように告げておる。

「このところ、旱にあって穀物が実らない年が続いている。朕は、このことを思って心で深く民を憐れんでいる。そこで、去年収穫の無かった国々は、今年よい稔りであったならば、初めて租税を納めさせよ。もし今年も稔らなければ、秋の収穫時期まで天皇の処分を待て。備前・備中・備後の三国は、多年日照りが続き、最も荒廃が激しい。このため、人民が負っている正税を納めることが出来ない。そこで、天平勝宝八年（七六四）以前の官稲の未納分はすべて免除せよ」

実は、天平宝字六年（七六二）から各地で干害が発生し、疫病まで起きている国もあったのじゃ。その干害は、今年で四年連続となる。人民の疲弊の大きさは十分想像できるじゃろう。前年の『続日本紀』の記録は、「戦乱（仲麻呂の乱）と旱魃が重なり、米の値は一石につき千銭となった」と結んでいるほどじゃ。

この大飢饉に対し、朝廷はどのように対応したのじゃろうか。まずは、飢饉の国への賑給《しんごう》（国家が人民に食料を施すこと）じゃ。この賑給は、九州を除くほぼ日本全国に及んでおる。如何に広範囲だったか分かるじゃろう。

飢饉が続けば、米価は高騰する。そこで、朝廷は備蓄米を市場に放出して米価の安定を図ろうともしておる。それだけではない。通常禁止されていたのじゃが、個人の米を自由に船で京に運ぶことも許しておる。さらに、米三百石を売却したら位一階を昇進させるとの詔もこの年の六月に出しておるのじゃ。秋を迎え、やっと飢饉は収束したのじゃ。

第六章14項で述べたように、緊急時に備え備蓄米を確保しておったのじゃが、それでも民間の米の放出まで要請しておる。食糧の確保は国の安全保障に直結しておる。今の日本にそれが出来ておるのじゃろうか。奈良時代の方が勝っておるように思うのじゃが。

4　和気王《わけのおおきみ》の謀叛（天平神護元年（七六五）八月）

八月一日、従三位の和気王が謀反の罪で誅せられたのじゃ。天皇の勅から要点を整理すると次の二点になる。

① 和気王が、先祖の御霊に祈願した文書を見ると、「もし私が心に思い願っていることを成就させて頂ければ、貴い御霊の子孫で遠流に処せられている方達を都に召し返し、天皇に仕える臣といたしましょう」と言っている。また、「自分には仇とする男女二人がいる。これを殺したまえ」とも言っている。

② この文書を見れば、和気王に謀叛の心があるのは明らかである。このため、法に従って（謀反の罪は斬）処分する。

和気王は、舎人《とねり》親王の孫で、御原《みはら》王の子なのじゃ。①において、先祖とは、祖父の舎人親王や父である御原王じゃろう。心に思い願っていることとは、皇位に就くことの意じゃ。遠流に処せられている方々とは、仲麻呂の乱で流された舎人親王の子の船王と池田王じゃ。また、仇とする男女とは、称徳天皇と道鏡と考えられるのじゃ。

『続日本紀』の記事によれば、紀益女《きのますめ》は鬼神への祈祷を行うことでよく知られていた。和気王は、皇位を窺う心を持ち益女に呪詛を依頼し多額の謝礼を贈ったとあるのじゃ。このほか、和気王と親交のあった参議の粟田道麻呂、兵部大輔の大津大浦、式部員外少輔の石川永年らも、官職を解任され左遷されたのじゃ。

この事件は、道鏡を後見とする称徳天皇の治世に反旗を翻す人々が現れてきたと見るべきじゃろう。和気王らは、皇太子不在の治世に不安定なものを感じていたのじゃろうし、後の道鏡の専横を予感していたのかもしれん。いずれの世でも、治世の安定を感じさせるためには、国民に長期的な展望を与えることが大切なのではないかの。

5　皇族詐称事件（天平神護二年（七六五）四月）

四月二十九日のことじゃ、一人の男が遠流に処せられた。この男は、自ら聖武皇帝の皇子・石上朝臣志斐弖《しひて》が生んだ者であると称したのじゃ。取り調べてみると、果たして詐称じゃった。そこで流罪となったわけじゃ。この男が詐称によってどのような利益を上げたかは分からんが、随分と大胆なことを行ったものじゃ。そこには、皇太子のいない称徳天皇の治世の影が映し出されておるようじゃ。

道鏡は天智天皇の皇子・志基皇子の第六子であるとの道鏡皇胤説もあるが、道鏡自らが公言していたわけではない。自称天皇が乱立したのは、大東亜戦争後のことじゃ。戦前の大日本帝国憲法には不敬罪があり、皇族詐称など皇室を貶めるような行為は重罪だったからじゃ。最も話題になったのは、熊沢天皇じゃろう。南朝の後亀山天皇の子孫と称し、昭和二十一年にGHQなどの取材を受け、雑誌「ライフ」などで報道されたのじゃ。あわよくばとばかりに、一時期は多くの取り巻きが集まったようじゃ。

記憶に新しいところでは、平成十五年に起こった「有栖川宮詐欺事件」がある。大正十二年に断絶した有栖川宮家の後継を自称する男女が現れ、ニセの結婚披露宴を開催して、約四百人の招待客から祝儀を騙し取った事件じゃよ。皇族の披露宴に出席できるのは名誉とばかり多くの人が騙されたわけじゃ。皇族への畏敬の気持ちは、まだまだ高いとも言えるじゃろう。この二人は、二年二ヶ月の実刑を受けたのじゃが、いまでも有栖川宮を称して活動しておるそうじゃ。

皇太子のいない称徳朝、敗戦で皇室の存続が揺らいだ時期、そして皇統問題がさかんに議論された時期、奇しくも符帳を合わせるかのように皇族詐称事件が起きておる。皇室に対する国民の気持ちが揺らいでいたことを示しておるのかもしれんの。

6　民の不満を聴く（天平神護二年（七六五）五月）

五月四日に、『続日本紀』は次のような記事を記しておる。

「大納言・正三位の吉備朝臣真備の奏上によって、二つの柱を中壬生門《なかのみぶもん》の西に建てた。その一つの柱には「官司から不当な処置をされている者は、この柱の下に来て訴え出よ」と記し、もうひとつの柱には「人民の中で官司から誤った判断を下されている者があれば、この柱の下に来て訴え出よ」とし、いずれも弾正台にその訴状を受け取らせた」
中壬生門は壬生門のことと考えられる。これは、平城宮南面の東門で、二条大路と左京一坊坊間大路との交差点に位置し、人通りは多かったのじゃ。ここに目印となる柱を立てて、人民の声を聞こうとしたわけじゃ。

このような施策は、古代中国の聖人の治績として伝えられているが、我が国では大化の改新の直後に同じようなことが行われている。『日本書紀』によれば、大化元年（六四五）八月に鐘と匱《ひつ》を朝廷に設ける旨の詔を出し、訴人の奏上を受け付けたという。いわゆる「鐘匱《かねひつ》の制」じゃ。天皇自らが、民の声を直接聞こうとしたものじゃ。大化二年（六四六）の記事には、「集まった人民からの訴えは多かった」とある。したがって、相当な効果があったのじゃろう。

吉備真備は、政治家というより学者としての色彩が強い。官の政治姿勢を正すために、人民の声を聞きくことを意図し、儒教色の濃い「鐘匱の制」を復活しようと考えたのじゃろう。その背景には、仲麻呂の乱による政治的な混乱や大飢饉による民の疲弊があったからじゃ。人民に課された不当な処置や誤った判断の解消はもちろんじゃが、人民の不満のはけ口としても機能したかもしれん。残念ながら、真備のこの施策に対する人民の反応について、『続日本紀』は何も語っておらん。

何時の世でも、政治家が国民の声を聴くのは当然の事じゃ。多種多様な声を取捨選択し適切な判断を下すには、しっかりした判断基準が必要になる。はたして立派な判断基準をもつ政治家を政治の場に送り出しておるのじゃろうか。

7 仏舎利の出現（天平神護二年（七六五）十月）

十月二十日に、隅寺（海龍王寺）の毘沙門天像から出現した仏舎利を法華寺にお遷し申し上げたのじゃ。各氏《うじ》から容貌の優れた壮年を選び、五位以上二十三人、六位以下百七十七人の者達に幡《はた》や蓋《きぬがさ》を捧げ持たして仏舎利の前後に行列させたのじゃ。彼等の衣服には、金・銀、朱・紫など自由に使用させた。煌びやかな行列のようすが目に見えるようじゃろう。仏舎利の出現を大変喜ばれた天皇の詔の中に次のような御言葉がある。

「… 今現れた如来の尊い御舎利は、いつも拝見しているものより御色も光り輝いて大層美しく、御形も丸く整い特別よく拝見されるので、極めて神秘的で不思議であることは、考えるのも困難なほどである。このため、心の中に昼も夜も倦み怠ることなく、謹んで礼拝させて頂いている。……」

天皇が、仏舎利の出現に感激し喜んでおられることが分かるじゃろう。

天皇は、その喜びを臣下への叙位によっても表されておるのじゃ。まず、仏舎利の出現は道鏡の力であるとして、道鏡に法王の位を授けたのじゃ。また、道鏡の腹心の円興を法臣（大臣相当の法位）に、仏舎利を発見した基真を法参議（参議相当の法位）・大律師に任じたのじゃ。また、藤原永手には左大臣、吉備真備には右大臣の位を授けておる。

ところが、出現した仏舎利は基真の詐欺だったことが後に判明したのじゃ。神護景雲二年（七六八）十二月四日の記事によれば、「基真が毘沙門天の像を造り密かに数粒の珠玉を置いて仏舎利が出現したと称した。道鏡は、世人の目をくらまして自分の見つけた瑞兆にしようと思い、天皇にほのめかし天下に恩赦を行い百官に位階を賜った」とある。さらに、この記事では、基真が法臣・円興を侮ったため、飛騨国に退けられたと記されておる。

詐欺事件はいつの世にもあるが、天皇まで騙すとは前代未聞じゃ。事件当初から道鏡が関与していたか否かは不明じゃが、「悪い奴ほどよく眠る」かもしれんの。

8　続く贋金造り（天平神護二年（七六五）十二月）

『続日本紀』には、この年の最後に、次の記事が付加されておる。

「この年、人民の中に贋金を造る者が相継いだ。捕らえた者は、鋳銭司《じゅせんし》に配属し使役した。彼等すべてに鈴をつけた鈦《かなき》（鉄製の足かせまたは首かせ）をし、逃亡に備えた。逃亡した時は、鈴の鳴るのを聴いて追捕した」

この一年、贋金造りが相継いで逮捕されたわけじゃ。面白いのは、この贋金造りの者を鋳銭司に配属したことじゃよ。鋳銭司とは、銭貨の鋳造にあたる令外官じゃ。すなわち、贋金造りに、本物を造らせたわけじゃな。その所有する技術を活用しようとは、なかなかの名案ではないか。とはいえ、彼等は逃亡防止のために鈴の付いた鉄製の足かせをつけられ、囚人として作業させられたのじゃ。

贋金造りを鋳銭司で使役したとの記事は、天平十七年（七四五）四月にもある。この年は、天平十五年に大仏造営の詔が発せられて二年目にあたる。大仏造営は佳境に入り、多くの鋳物師が動員され、鋳銭司の技術者が不足したためではないかとの指摘がある。説得力のある指摘だと思うがどうじゃ。おそらく、「窮すれば通ず」でこの年を契機にこのような使役が始まったのじゃろう。

すでに、第二章3項で見たように、和銅元年（七〇八）に通貨が流通し始めると同時に贋金造りが始まっておる。それから五十年を経て刑罰は重くなったが、贋金造りはますます増えているようじゃ。少ない労力で、大きな財産を得られる贋金造りはきわめて魅力的なのじゃろう。しかし、社会・経済に与える影響はきわめて大きい。政府として放置し得ないのは、今も昔も同じ事じゃ。他の犯罪に比べて刑が重くなるのは当然のことじゃろう。ところで、技術の進歩は精巧な偽造通貨を生む。その識別技術も重要になるわけじゃ。

9　節婦《せちふ》を表彰（神護景雲二年（七六八）年二月）

二月五日の記事で、『続日本紀』は次のようなことを伝えておる。

「…　対馬嶋《つしまのしま》の上《かみあがた》県郡の人、高橋連波自米女《はじめめ》は、夫が死亡したのち、夫の父に仕えることを誓ってその志を改めなかった。しかし、その父も間もなく死んでしまったので、夫と父の墓の側に庵を造り、毎日斎食《さいじき》（一日に一回だけ正午前に食事を取ること）を行った。これは孝義の極まるところであり、道行く人を感動させた。そこで、その旨を村里の門に表示し、終身田粗を免除した」

当時、夫や父に孝義を尽くす女性は節婦《せちふ》とされ、表彰や優遇されたのじゃ。このように具体的に人名とその業績を記した記事は、『続日本紀』では七件見られるが、なぜかこの年に三件も集中しておる。この記事の三日後と四ヶ月後じゃ。

節婦表彰の詔は、和銅元年（七〇八）正月十一日に発せられたのが初めで、「節婦は、家の門と村里の門にその旨を掲示し、とくに優遇して三年間租税を免除せよ」とある。そして和銅五年に最初の表彰記事がある。具体的な人名などはないが、大赦などの折りにはしばしば節婦への優遇措置が出ておる。朝廷も、節婦の辛さ・厳しさを知るが故に、表彰や優遇で応えようとしたのじゃ。実際に、夫亡き後、舅・姑に仕え子育てをするのは大変なことだったにちがいない。多くの妻達は、生きるために再婚の道を選ばざるを得なかったはずじゃ。節婦と呼ばれた妻達は、己を殺す日々の中にどのような悦びを見つけ出していたのじゃろうか。

最近、夫の定年と前後して離婚する熟年離婚が話題になっておるようじゃ。夫が死んでもその墓を守り続けた奈良時代の節婦からは、熟年離婚はどのように見えるのじゃろうか。

10　不適切な名前（神護景雲二年（七六八）五月）

五月三日　天皇は次のような詔を出されたのじゃ。

「…　この頃、諸司の奏上する官人の名簿を見ると、国主《くにぬし》（天皇の意）・国継《くにつぐ》（皇太子の意）を自分の名に使用し、朝廷にその名で奏上している。このようなことを見ると、恐れおののかざるを得ない。あるいは姓《かばね》の真人や朝臣を取って字《あざな》としたり、氏の名を字にしているが、これは姓の秩序を乱すに近いものである。また仏菩薩や聖賢の名を使用する者もいる。これらを聞くにつけ見るにつけ、心安らかでない。今後このようなことのないようにせよ。　…」

名前として、不適切のものが横行しておったのじゃ。確かに、天皇や皇太子を意味する名前は、憚られるじゃろう。「国継」の例としては、出雲臣国継、紀国継などがある。「真人」の名を持つ例は、粟田朝臣真人、石川朝臣真人などのほか、相模真人などカバネの無い者などにもある。また「氏」の名を持つ例としては、海部直大伴、川原連犬養などもある。仏・菩薩では、延光菩薩、南菩薩、宮首《おびと》阿弥陀などがある。聖賢では、県犬養宿禰老子、衣縫造孔子などがある。何ともたいそうな名前を付けたものじゃ。天皇が禁じるのも理解できるじゃろう。しかし、延暦二十三年（八〇四）の太政官符に同じような禁止令があることから、この詔はあまり効果がなかったのじゃ。

現在でも、子供に良かれと思ってじゃろう、奇抜な名前を付ける親がおる。考えてもみなされ、「名前負け」という言葉はあるが、「名前勝ち」という言葉はない。不適切な名前は、かえって子供を苦しめることになりかねない。親が大きな期待を持って子供に立派な名前を付けたくなる気持ちはよく分かる。じゃが、トンビがタカを産むことはめったにないこともよくわきまえておく必要があるのではないかの。

11　内親王を追放（神護景雲三年（七六九）五月）

五月二十五日　天皇は詔を出し、不敬をなしたとの理由で、不破内親王を厨《くりや》真人厨女《くりやめ》と改名させ、都から追放したのじゃ。そして息子の氷上志計志《しけし》麻呂を土佐に配流した。不破内親王は、聖武天皇の第三皇女で、称徳天皇の異母妹に当たる。夫は、藤原仲麻呂の乱で偽帝に立てられた氷上塩焼（塩焼王《しおやきのおおきみ》）じゃよ。それにしても、天皇が実の妹の内親王を追放するなど前代未聞じゃよ。
不敬の内容は四日後の二十九日の詔が明らかにしておる。県《あがた》犬養姉女が、忍坂女王、石田女王らを率いて、不破内親王のもとに通い、志計志麻呂を天皇の位につけようと企てたのじゃ。具体的には、天皇の髪の毛を盗み出し、佐保川に打ち捨てられていたドクロに入れて、内裏に持ち込んで三度にわたって厭魅《えんみ》呪詛を行ったというのじゃ。何ともおどろおどろしい事件じゃが、関係者は全員遠流となったのじゃ。

ところが、二年後の宝亀二年八月に、この事件は丹比《たじひ》宿禰乙女の誣告だったことが明らかになるのじゃ。この乙女が、どのような人物で、誰からの指示で誣告をなしたのかは分からん。乙女一人の行為とは考えにくいので、何らかの力が働いたことは確かじゃろう。首謀者とされた姉女は翌九月にはもとの地位に戻されたのじゃが、なぜか不破内親王が属籍を回復するのは翌宝亀三年（七七二）の十二月なのじゃ。息子の志計志麻呂に至っては、全く記録が残されておらん。土佐で死んだ（殺された）かもしれんのじゃ。

不破内親王は、何ともお気の毒じゃの。夫は仲麻呂に利用されたあげく斬殺され、息子は無実の罪で抹殺されてしまったわけじゃ。この当時、皇太子問題は最大の関心事じゃった。母は聖武天皇の皇女、父の塩焼王は天武天皇の孫じゃから、志計志麻呂の血統の良さは抜群じゃった。じゃが、両親とも藤原氏との結びつきは弱かった。この誣告事件の背後には、このような事情があるように思われるのじゃが如何かの。

12　「道鏡事件」（神護景雲三年（七六九）九月）

九月二十五日の記事は、有名な「道鏡事件」（宇佐八幡宮神託事件）を告げるものじゃ。この記事は、長文の宣命（天皇の言葉）とこれに続く『続日本紀』編者の筆による地の文とからなっておる。この記事から読み取れる事件の概要は次のようになる。

「習宜阿曾麻呂《すげのあそまろ》は、道鏡に気に入られようと、「道鏡を皇位につければ天下は泰平になるであろう」との宇佐八幡宮神のお告げがあったと偽って道鏡に言上した。道鏡はこれを聞いて大変喜び、天皇にその旨を奏上した。天皇は和気清麻呂を玉座近くに招き、「昨夜の夢に八幡神の使いが来て「大神は天皇に奏上することがあるので、尼の法均《ほうきん》を遣わされることを願っています」と告げた。そなた清麻呂は、病弱な法均に代わって八幡大神のところへ行き、その神託を聞いてくるように」と勅した。和気清麻呂が出発するに臨んで、道鏡は「大神が使者の派遣を請うのは、おそらくは私の即位のことを告げるためであろう。もしそのような託宣を持ち帰れば、そなたの官職位階を重くしょう」と言った。

清麻呂は出かけていき宇佐八幡宮に詣でた。大神は「我が国家は開闢以来、君臣の秩序は定まっている。臣下を君主とすることは未だかつてなかった。天つ日継には必ず皇統の人を立てよ。無道の人は早く払いのけよ」と託宣した。

和気清麻呂は帰京して、神のお告げのままに天皇に奏上した。そこで道鏡は大いに怒り、清麻呂の官職を解いて因幡員外介に左遷した。清麻呂がまだ任地に着かないうちに続いて詔があり、除名（位階・官職を剥奪）され、大隅国に配流された。姉の法均は還俗させられ、備後国に配流された」

素直にこの記事を読んでみると、多くの疑問が出てくるのじゃ。その謎解きについては、『「道鏡事件」の真相』（栄光出版社）にゆずるとしよう。道鏡が皇位に就くようなことがあれば、皇統は断絶していたことになる。和気清麻呂の献身的な行動が皇統を守ったのじゃ。少なくとも千五百年以上続く皇統じゃ、大切にせねばいかんぞ。

13　大宰府に史書を（神護景雲三年（七六九）十月）

十月十日、太宰府が次のように要請したのじゃ。

「この府は、人・物ともに多く、天下有数の都会です。青年には学ぼうとする者が多いのですが、府の倉にはただ五経（易経、書経、史経、春秋、礼記）があるのみで、未だ三史（史記、漢書、後漢書）の正本がありません。本を読みあさる人にとっても学ぶ道が広くありません。歴代の史書各一部を賜らんことを伏してお願い申し上げます。これらを管内に伝え学ばせて、学業を興したいと思います」
天皇は、詔して、史記、漢書、後漢書、三国志、晋書各一部を授けた。

当時、大宰府は平城京に次ぐ第二の大都市じゃった。その大都市にさえ三史がなかったということは、如何に書物が貴重だったか分かるじゃろう。これらの本は、もちろん印刷などではない。一字一句書き写したものじゃ。木版による印刷技術は、七世紀頃中国で発明され、この頃には日本にも入ってきておった。年代が確定できる世界最古の印刷物は、我が国の『百万塔陀羅尼経』（無垢浄光大陀羅尼経）で、宝亀元年（七七〇）に印刷されたものじゃ（本章14項）。百万という大量印刷なら版木なども起こせようが、史書ではとても無理な相談じゃ。

それにしても、管内の青年の学業振興のために、天皇に史書を請うとは立派な行為ではないか。この時の太宰府の長官は、道鏡の弟・弓削浄人で、次官が藤原田麻呂じゃった。浄人は二十日後の天皇の行幸に従っておるので、現地で実際の業務に携わったのは、田麻呂じゃろう。田麻呂が、浄人を使って天皇に言上したのではないかの。田麻呂は、兄の藤原広嗣の乱に連座して隠岐島に流されたのじゃが、許されて後も山中に隠遁し政治に関わらなかったという。政治に復帰して後は、右大臣・正二位まで昇進しておる。

学問をしたいという青年が多くいて、政治家がそれを援助しようとする、何とも良い関係ではないか。これを史実のみにとどめておいては、いかんのじゃないかの。

14 百万塔完成（宝亀元年（七七〇）四月）

四月二十六日の記事は、百万塔の完成を次のように伝えておる。

「天皇は、藤原仲麻呂の乱を平定して後、その供養のために発願し、三重の小塔百万基を造らせた。高さ四寸五分、基底部の直径三寸五分で、相輪の基部にそれぞれ根本・慈心（自心印）・相輪・六度（六波羅蜜）等の無垢浄光大陀羅尼経を収める。ここにいたって完成したので、各寺に分置した。これに携わった官人以下仕丁以上の者百五十七人に地位に応じて位を授けた」

無垢浄光大陀羅尼経は、仏塔の造立と陀羅尼経の書写およびその呪法によって、罪障の消滅と成仏を願うものじゃ。とくに根本陀羅尼経は、仏塔の功徳により兵乱が無く、仮に起こってもすみやかに平定されることを説いておるのじゃ。このことからも分かるように、仲麻呂の乱は天皇の心に大きな影を落としたのじゃろう。二度とこのような乱が起こらぬように、そして乱によって命を落とした者達の成仏を祈ったに違いない。

百万塔は、十大寺に分置されたとの記録もあるが、法隆寺、東大寺、西大寺、興福寺、薬師寺、元興寺の六寺が判明しておる。現存するものは、法隆寺に伝来されたものだけじゃ。陀羅尼経は、本来書写されるべきであり肉筆の経典も見つかっておるが、ほとんどが印刷されておる。印刷時期の分かる印刷物としては世界最古とされることは、前項で述べた通りじゃ。ただし、印刷法については銅版説と木版説があり、未だ確定しておらん。

三重の小塔は、九輪を含めた総高が約二十一センチメートルで、ロクロ挽きで作られ、用材は塔身が檜、九輪は桂、桜などじゃ。小さな塔ではあるが、百万ともなると大変な作業じゃ。百数十人が関わったことも納得できよう。

奈良朝の文化財も多く残存する。ひとえにそれらを護り伝えてきた先人のお陰じゃ。百万塔は、仏教に深く帰依した称徳天皇からの現代への贈り物と言えるかもしれんの。

15　称徳天皇崩御と立太子（宝亀元年（七七〇）八月）

八月四日　称徳天皇が西宮の寝殿で崩御されたのじゃ。御年五十三歳じゃった。天皇は、由義宮に行幸されて体調不良となり、四月に平城京に帰られてから百日余り自ら政務を執ることはなかった。群臣らも謁見できるものはいなかった。典蔵《くらのすけ》で従三位の吉備朝臣由利（吉備真備の娘）のみが寝所に出入りして、奏上すべきことをお伝えしたのじゃ。このような状況じゃから、皇太子は定まっておらなんだ。

左大臣・従一位の藤原永手、右大臣・従二位の吉備真備らが禁中で策を練り、白壁王を皇太子に立て、永手が、天皇の遺言の宣命を述べたのじゃ。その概要はこうじゃ。

「事は突然起きたため、諸臣らが協議して、「白壁王《しらかべのおおきみ》は諸王の中で年長であり、先帝（天智天皇）の功績もあるので、皇太子と定めたい」と奏上すると、奏上通りに定めると仰せになった」

称徳天皇の遺言の形をとって、白壁王（のちの光仁天皇）の立太子が決まったわけじゃ。

ところが、『日本紀略』藤原百川伝によれば、吉備真備は、藤原永手らの反対にもかかわらず文室《ふんや》真人浄三《きよみ》を押したが、浄三が固辞したため、その弟の文室真人大市《おおち》を立て、ほぼ決まりかけていたとのことじゃ。吉備真備のこのような行動に対し、藤原百川《ももかわ》（雄田麻呂と称していた）は永手らと相談し、策を弄し宣命の言葉を作り替え、白壁王の立太子を宣命使に宣命させたとも言われておる。このようなことがあったためかどうか分からんが、吉備真備は、光仁天皇の即位とともに辞表を出し、一年後には政界を引退しておる。

立太子の経緯はどうあれ、未婚の女帝の死によって、皇太子不在という不安定な状況は解消されたわけじゃ。じゃがはたして、この女帝の五十三年の人生は幸せだったと言えるのじゃろうか。

16　道鏡左遷（宝亀元年（七七〇）八月）

八月二十一日に、白壁皇太子は次のような令旨を下されたのじゃ。

「聞くところによれば、道鏡法師は密かに天位を望む心を持って日を経ること久しいという。しかし、山陵の土がまだ乾かぬうちに悪だくみが発覚した。これこそ天神・地祇が守られたところであり、国家を守護する神々の助けるところである。今、先帝の篤い恩寵を顧みると、法によって罰するわけにもいかない。そこで、道鏡を造下野国薬師寺別当に任じ、派遣する。この事情を了解せよ」

翌々日の二十三日には、道鏡の悪だくみを告発したとして、従四位上の坂上大忌寸《おおいみき》苅田麻呂に正四位下が授けられたのじゃ。ところが、十七日の記事には、道鏡は称徳天皇の御陵に仕え、その山陵の辺りに庵してとどまったとあるのじゃ。

ここでは、道鏡が悪だくみ（原文では奸謀《かんぼう》）をしたとしておるが、具体的には何かは示されておらんのじゃ。前後の関係から皇位を窺ったと解せられるのじゃが、庵にこもっている道鏡がにわかに謀反をたくらんだとは考えにくいのではないかの。むしろ何者かが坂上苅田麻呂を使って、道鏡を陥れたのではないかの。今まで抑圧されていた貴族による報復だったように思われるのじゃが。

ちなみに、「道鏡事件」の首謀者・習宜阿曽麻呂《すげのあそまろ》は道鏡と同日に多褹嶋《たねのしま》守に左遷されておる。また、翌八月二十二日には道鏡の弟の弓削浄人《きよひと》とその息子の広方《ひろかた》・広田・広津が土佐国に流された。いずれも理由は示されておらんが、形式上は道鏡の悪だくみに対する連座と言うことなのじゃろう。

法王という天皇に匹敵する地位を得、専横を極めた道鏡じゃったが、ついに政治の舞台から退くことになったわけじゃ。そして、宝亀三年（七七二）に下野国でひっそりと最後を迎えたのじゃ。悪名高い道鏡じゃが、称徳天皇には誠心誠意仕えたと思うのじゃ。最後まで称徳天皇の御陵を護りたかったのではないかの。

第八章　光仁天皇の御代（七七〇～七八一年）

1　光仁天皇即位（宝亀元年（七七〇）十月）

十月一日に、白　壁　王《しらかべのおおきみ》は大極殿で即位し、元号を宝亀と改められたのじゃ。御年六十二歳じゃった。天智天皇の孫で、志紀親王の第六皇子で、母は紀朝臣橡姫《とちひめ》じゃ。即位前記（天皇の国風諡号、漢風諡号、系譜、人となりなどを記したもの）によれば、「天皇は、心が広く情け深く、人情に篤く、心がゆったりとされていた。天平勝宝以降皇太子が定まらず、人々はあれかこれかと疑って罪に堕ち、皇族を廃せられる者が多かった。天皇は、思いがけない災難を逃れるため、ある時は酒をほしいまま飲んで行方をくらました。それによって害を免れたことがしばしばあった」とある。

妃は、聖武天皇の第一皇女の井上内親王じゃ。翌十一月に皇后に定められたのじゃ。即位前記には、『続日本紀』唯一の童謡《わざうた》（時世を風刺した流行り歌）が記されておる。

「葛城寺の前なるや　豊浦寺の西なるや　おしとど　としとど
桜井に白壁沈《たましづ》くや　好《よ》き壁沈くや　おしとど　としとど

しかしては国ぞ昌《さか》ゆるや　吾家《わぎへ》らぞ昌ゆるや　おしとど　としとど
（葛城寺の前だろうか　豊浦寺の西だろうか　桜井の井戸に白璧が沈んでいる　好い璧が沈んでいる　そうすれば国は栄えるよ　我が家も栄えるよ（おしとど、としとどは囃子詞））」

このような歌が、天皇になる前に歌われたそうじゃ。ここで、白璧《たま》は白壁王のことであり、井戸とは井上内親王のこととされる。即位前記にこのような歌を入れたのは、人々から待ち望まれた天皇だったことを強調したかったのじゃろう。

即位から二年後には、井上皇后が天皇を呪詛するという前代未聞の事件が起こり、井上皇后の息子・他戸《おさべ》皇太子も廃されてしまうのじゃ。代わって身分の低い女性が産んだ山部親王が皇太子になる。そこには、なにやらドロドロとしたものが感じられるのじゃ。

2　山林修行の再開を許可（宝亀元年（七七〇）十月）

十月二十八日に、僧綱が次のように言上した。

「去る天平宝字八年（七六四）の勅を承りまして、朝廷に逆らう輩が、山林寺院において密かに一人以上の僧を集めて読経や悔過《けか》（罪を懺悔する）を行う者に対して、僧綱が固く禁制を加えてきました。このため、山林や樹下に禅行を行う修行者が居なくなって久しく、伽藍の院内でも長く仏事が行われなくなっています。……出家した僧侶で山林に侘び住まいするものが無くてよいでしょうか。伏してお願いいたします。どうか出家者が山林でその修行を行えるよう許可してください」と。天皇は、詔して、これを許したのじゃ。

ここで言う天平宝字八年（七六四）の勅は、『続日本紀』には見らん。この年の九月に仲麻呂の乱が起きておる。仲麻呂の残党が山林に逃れ、山林修行者に紛れ込むのを恐れ、山林での修行が禁止されたのじゃ。山林修行の実体を熟知する道鏡の施策と考えられておる。この禁止令が行き過ぎて、正常な仏教活動まで停滞させてしまったわけじゃ。仏教への悪影響が顕在化してきて、頭書の解禁につながったのじゃ。

山林修行が解禁されたとはいえ、あくまで僧尼令の規定の範囲内でじゃ。すなわち、山林修行が許されたのは太政官の許可を得た僧尼であり、許可された地域の山林に限られた。じゃが実際には、天平宝字二年（七五八）の詔が十年以上山林修行した者をことごとく得度させたように、得度した僧尼に限らず、多くの優婆塞《うばそく》・優婆夷《うばい》が山林修行に励んだのじゃ。朝廷からの許可の有無にかかわらず、多くの修行者が山林に入ったわけじゃ。

多くの人々を山林修行に駆りたてたのは、いったい何だったのか。衆生済度などわずかで、租税逃れを直接原因とする人たちも多かったかも知れん。じゃが、心の平安を求めた人々が大半だったのではないかの。心の平安を得たいのは現代でも同じじゃ。いやもしかすると現代の方が強いかも知れん。今はどこに心の拠り所を求めておるのかの。

3　辺遠地域の任期（宝亀二年（七七一）十二月）

十二月二十一日に、大宰府が次のように言上した。

「日向・大隅・薩摩の三国と、壱岐島・種子島などの国博士や医師は、ひとたび赴任させられると生涯交替することがありません。このため、人事が停滞し後進の者に対する学問奨励が困難になっております。願わくば、朝廷の法の定めと同じ八年で交替させて、任官できることを示し、後進の者の励みにさせて頂きたい」と。

太政官は、これを許可したのじゃ。

国博士とは、諸国におかれた国学の教官の事じゃ。国博士や医師の任期は、選叙令の規定では郡司と同じ十年なのじゃが、慶雲二年（七〇五）二月の詔で八年に短縮されていたのじゃ。また、神亀五年（七二八）八月の太政官奏でも、国博士と医師の任期は八年とし、八年経過すれば交替解職することとなっておるのじゃ。なぜ大宰府が言うように終身赴任になったのか分からん。おそらくは、当初日向などの辺遠の地では人材が不足し交代要員がおらなかったため、例外措置として終身赴任が認められていたのじゃろう。それがいつの間にか定着したのではないかの。

この場合は、太政官の許可を得て中央と同じ制度になった。当時は、辺遠の地といえども希望者があったわけじゃ。今は積極的にそのような地域に行きたいとする者が少ないところに問題がある。むしろ、そのような地域に住む若者が富や便利さを求めて都市に出て行ってしまう。辺遠地域の過疎化・高齢化が進み、医療や福祉などの問題も増大している。人間だけの問題ではないぞ、田畑は荒れ果て森林まで荒廃していくのじゃ。山が荒れれば、川がやせる。川がやせれば、海が細る。海が細れば、魚が減る。そして人間に跳ね返ってくるのじゃ。もっと辺境地域を大切にせにゃいかんぞ。

4　皇后が天皇を呪詛（宝亀三年（七七二）三月）

三月二日　皇后の井上内親王が呪詛の罪に連座して、皇后を廃されたのじゃ。詔は、

「… 今、裳咋足嶋《もくいのたるしま》が謀反のことを自首してきた。ことの仔細を調べ尋ねると、自白した

ことはすでに年月が経過している。法に照らせば、足嶋にも罪がある。しかし、年月が経ても臣下の道から自首して来たことを褒める意味で、足嶋の官位を上げるよう取りはからう。…　謀反のことに関わりながら隠して自首しなかった者ども粟田広上《ひろえ》・安都堅石女《あとのかたしめ》は法に従って斬罪に処すべきである。しかし思うところがあって、罪を許し和らげて、遠流に処する。…　」と、述べている。

この記事は、過去の出来事といっておるが、呪詛の中身には言及しておらず、皇后がどのように関与したかも記しておらん。他の記事とを読み比べてみると、光仁天皇を呪詛したと考えられておる。ところが、事件はこれだけでは終わらなかったのじゃ。

二ヶ月後の五月二十七日に、皇太子の他戸《おさべ》親王が廃され庶人とされてしまったのじゃ。理由は、母親が呪詛によって大逆を図ったので、その子を皇太子にとどめおくわけにはいかないからじゃそうな。さらに続く、宝亀四年（七七三）十月には、井上内親王が、難波内親王（天皇の姉）を呪い殺したとして、母子共に幽閉されてしまったのじゃ。そして、二年後の宝亀六年（七七五）四月に、井上内親王と他戸親王がともに卒したとの記事がある。

光仁天皇との間に出来た他戸親王はすでに皇太子になっており、井上内親王が天皇を呪詛する必然性に乏しい。むしろ、他戸親王以外の親王を皇太子にしようとする勢力が動いていたと考えた方が自然じゃろう。このような勢力によって、井上内親王の呪詛事件が捏造され、さらに難波内親王の死が利用されたのじゃ。そして井上内親王と他戸親王が同時に死ぬのも不自然で、殺害された可能性が高い。山部親王（後の桓武天皇）の立太子をねらった藤原百川《ももかわ》の策謀であるとの見方が有力なのじゃ。いずれにせよ、井上内親王と他戸親王は、貴族たちの陰謀の犠牲者と言えるじゃろう。

5　優れた禅師を終身保証（宝亀三年（七七二）三月）

三月六日に次のような記事が出ておる。

「禅師の秀南、広達、延秀、延恵、首勇《しゅゆう》、清浄《しょうじょう》、法義、尊敬《そんきょう》、永興、光信は、ある者は戒律を守ること称賛に値し、ある者は看病に名高い。そこで、天皇は詔によって、供物を布施し終身世話をすることとした。その時から、彼等を十禅師と呼ぶようになった。その後、欠ける者があると、行いの清い者を選んでこれを補った」

禅師とは、禅行をよくする僧に対する称号で、修行の結果得られた呪験力で医療にあたる者を看病禅師とも呼んだのじゃ。この十人は、宮中に設置された仏事を行う場所である内道場に仕えておったのじゃろう。この十人には、終身生活が保障されたわけじゃから、大変な優遇と言えるじゃろう。

この十人への処遇がもとで、内供奉《ないぐぶ》十禅師が制度化されたのじゃ。内供奉十禅師は、内道場にあって斎会での読経や夜間詰めている学徳兼備の僧侶じゃ。当然ながら定員は十人じゃ。単に内供奉と呼ばれることもある。悪名高い道鏡が、看病禅師だったことはよく知られておる。おそらくは、その反省もあって浄行の僧が選考基準になったのじゃろう。選考にあたっては大臣を天皇の御前に召し、浄行者ないし深山に住み苦行抜群の者の中から選んだそうじゃ。

今ならさしずめ、該当者ゼロではないかの。おっと、口が滑ったかの。今でも山にこもり修行を続けている修験者もおるし、仏道に励む僧侶もおる。じゃが問題は、国費で終身生活を保障してやれるほどの人物かどうかじゃ。それも大多数の者が納得できなくてはなるまい。ワシは、ちょっと絶望的になったわけじゃよ。ワシの見方が、誤りであることを願っておるがの。

6　新旧両銭を等価で流通（宝亀三年（七七二）八月）

八月十二日に、太政官が次のように奏上したのじゃ。

「去る天平宝字四年（七六〇）三月十六日に初めて新銭を鋳造して、旧銭とともに並用することとしました。新銭一枚で、旧銭十枚に相当させました。しかし、年が経るにつれて新銭の価値が低下したため、格《きゃく》で規定した比率に限定しますと、まことに穏やかでありません。それればかりでなく人民の間では、債務を返済する者が、価値の低い時の新銭一貫を、価値の高い時の旧銭十貫に相当させています。法令によれば交換比率は妥当ですが、価値を考えればかけ離れていることになります。これによって物情騒然とし、不利になった者がしきりに提訴しています。そこで、新旧両銭を等価として通用させるよう請い願います」

天皇は、この上奏を許可したのじゃ。

第六章8項で述べたように天平宝字四年に、金、銀、銅三種の新銭を鋳造した。このうち銅銭の「万年通宝」に、旧銭の「和同開珎」の十倍の価値を与えたのじゃ。そこには、新銭の鋳造によって政府が利益を得ようとしたのではないかとの見方があるほどじゃから、実際の流通段階ではじきに新旧両銭は等価として扱われるようになったのじゃろう。

このため、交換比率の解釈で不利になった者の訴訟が相継いだというわけじゃ。確かに、交換比率の扱いによっては違法な高利になったり、債務額を超えた取り立てになったりしうるわけじゃ。これらはいずれも提訴の対象になりうるのじゃ。市場の混乱は十分想像できるじゃろう。天皇の裁可によって、この混乱は収束したわけじゃ。

同じ銅銭でありながら、新銭だからといって、十倍の価値を持たせようとしたことに無理があったのじゃ。市場がそれを是正したということは、「和同開珎」からおよそ六十五年たち、貨幣経済が着実に定着してきたことを意味しておるのじゃろう。

7 淳仁帝を改葬（宝亀三年（七七二）八月）

八月十八日の記事は次のように記しておる。

「従五位下の三方王《みかたのおおきみ》、外従五位下の土師《はじ》宿禰和《やまと》麻呂と六位以下の者三人を遣わして、淡路国で廃帝（淳仁天皇）を改葬させた。淡路国の僧侶六十人を招いて、法会で食を施し、行列し読経しながら巡り歩かせた。また、当地の年若く行いの清い者二人を得度させ、つねに墓の辺の庵に住まわせ読経などの功徳を修めさせた」

第六章19項で述べたように、淳仁天皇は称徳天皇によって淡路国に流され、天平神護元年

（七六五）十月二十三日に没しておる。その死が異常だったため、光仁天皇が改めて葬送したのじゃろう。なお、派遣された土師宿禰は葬礼に関わることを家業としていたのじゃ。また、宝亀九年（七七八）三月には、その墓を山陵《みささぎ》と呼ばせ墓守をおかせておる。最初の墓は不明じゃが、山陵の所在地は兵庫県南あわじ市賀集じゃ。

淳仁天皇は、死後十三年にして光仁天皇によって、死後再び天皇としての扱いが回復されたことになる。この件から、光仁天皇が称徳天皇の治世に修正をかけておることが分かるじゃろう。道鏡が権勢をふるっていた称徳天皇の治世は、世間の評判も悪く、天皇自身も是正の必要性を感じておったのじゃろう。本章２項で述べた即位直後の山林修行の解禁もその一環なのじゃ。また、即位直前の宝亀元年（七七〇）九月には称徳天皇によって大隅国に流された和気清麻呂らを召喚したのもそうなのじゃ。また、宝亀五年（七七四）には員外国司の削減指示も出されておる。これなども道鏡時代に貴族の関心を得るために員外国司が乱発された事への反省なのじゃ。

このように政治体制が転換すれば、大なり小なり国民は影響を受けることになる。たとえ転換があっても、常に政治を主導する人々が、真に国民の幸せを願って行動してくれるならば、国民への影響は少ないはずなのじゃが。

8　災害による被害調査（宝亀三年（七七二）九月）

九月二十六日に次のような記事が見られる。

「従五位下の藤原朝臣鷹取を東海道に、正五位下の佐伯宿禰国益を東山道に、外従五位下の日置《へき》造《みやつこ》道形《みちかた》を北陸道に、外従五位下の内蔵《くら》忌寸《いみき》全成《またなり》を山陰道に、正五位下の大伴宿禰潔足《きよたり》を山陽道に、従五位上の石上《いそのかみ》朝臣家成を南海道に派遣して、各道毎に分担して損害の状況を調査させた。道毎に判官一人、主典《さかん》一人をつけた。ただし、西海道は大宰府に委ねて調査させた」

ここで任命された人々は覆損使《ふくそんし》と呼ばれた。覆損とは、旱魃・洪水・台風・虫害などによる農業被害の状況を調査することをいうのじゃ。その調査結果によって租税の減免率が決められたのじゃ。ここには、何による損害か書かれておるぬが、おそらくは大雨と大風による被害じゃろう。八月末の記事に、

「この月は一日から雨が降り続き、大風も加わった。河内国の茨田《まんだ》堤の六個所、渋川堤の十一個所、志紀郡の堤五個所が決壊した」とあるからじゃ。

令の規定では、国司の上申によって覆損使が派遣されることになるが、七道すべてに派遣していることから太政官の判断で派遣した可能性もある。この時、派遣された覆損使が

どのような報告をしたかについて記されておらん。しかし、二月後の十一月十一日の記事に、「去る八月に大風が吹いて農作が損壊し、全国の人民に被害を被る者が多かった。詔により、京畿・七道諸国の田租を免除した」とある。この詔は、おそらく覆損使の報告に基づいて出されたのじゃろう。

今回以外の覆損使は、天平宝字七年（七六三）八月が最初で二カ国、同年九月が六カ国、そして宝亀五年（七七四）九月にも全国に派遣されておる。農民にとっては、有難い施策じゃったろう。しかし、なぜか淳仁天皇と光仁天皇の時代の四回のみというのが残念じゃ。

9　王《おおきみ》が内親王《ひめみこ》を姦す（宝亀三年（七七二）十月）

十月五日に、こんな記事が記されておる。

「中務大輔で従五位上、少納言で信濃守を兼務する菅生王《すごうのおおきみ》が、小家内親王《おやけのひめみこ》を姦した罪で除名になった。内親王は皇族の籍から削られた」

除名になると、名例律21の規定により、官位・勲位をことごとく剥奪されるのじゃ。除名の対象は、名例律18で定められており、八逆、殺意による殺人、反逆縁坐、および監守する所において姦し、盗し、人を略し、収賄により法を枉《ま》げるなどの行為じゃ。

ところで、小家内親王《おやけのひめみこ》とはどのような人物なのか、よく分からんのじゃ。小家内親王の記録はこの記事以外にない。小家は小宅とも書かれる。小宅内親王は、孝謙天皇の皇女であると書かれた書物もあるが、孝謙天皇は独身の女帝じゃから皇女がおるはずがない。舎人親王の子である三原王の娘に小宅《おやけ》女王がおり、この人の可能性がある。もしそうなら、内親王と書かれるのは誤りなのじゃ。そして小家内親王がその後どうなったかも分からん。

菅生王《すこうのおおきみ》の系譜も未詳じゃ。菅生王の所属した中務省は、天皇の側近くに仕え詔勅などを扱い女官の叙位などにも関わる。したがって、その除名は「監守する所において姦」に該当したのかもしれん。強姦の場合は女子は罰せられんが、和姦の場合は男子と同罪じゃった。この姦通事件では、小家内親王《おやけひめみこ》は皇籍から外されておるから、和姦だったと考えられるのじゃ。そのためかどうか分からんが、菅生王は半年ほど後の宝亀四年（七七三）四月に本位の従五位上に復しておるのじゃ。そして宝亀九年（七七八）一月に正五位下となり、二月に大膳大輔になっておる。その後の記録は『続日本紀』にはない。

このような記事が『続日本紀』にあるということは、当時大きな話題になったからじゃろう。何時の時代でも、この種の事件は人々の関心を呼ぶものなのじゃろう。

10 活断層動く（宝亀三年（七七二）十月）

十月十日に、大宰府が次のように言上したのじゃ。

「去年の五月十三日に、豊後国速見郡朝見郷で山が崩れて谷を埋め、水が流れなくなりました。十余日を経て、突然谷を埋めていた土砂が決壊しました。このため、人民四十七人が水に沈み、家屋四十三軒が宅地とともに埋没しました」

これに対し、天皇は詔を出して、被害にあった人々の調庸を免除し、食料などを施されたのじゃ。

このような自然災害によって人民が被害を受けた時は、被害の大きさにしたがって賦役令9に課役の免除が規定されておるのじゃ。また災害によって食糧などが不足するため、戸令45によって天皇から食料等がくだされることになっておる。今回は、この二つが施行されたわけじゃ。それにしても、被害発生から一年半後の対処とはどうしたことじゃろうか。原文は「去年」となっておるが、いささか納得しかねるところじゃ。じゃが、去年の五月にも今年の五月にも地震の被害は記録されておらん。今回の山崩れは、局所的なものだったのじゃろう。

場所は、現在の別府市朝見付近じゃろう。別府市の南部には朝見断層線と呼ばれる活断層がある。おそらく、この活断層が動いて地滑りが発生したのじゃろう。それによって河道閉塞（天然ダム形成）が起きたわけじゃ。そのダムが決壊して大きな被害が出たのじゃ。第二章25項でも同様な被害が出たのじゃが、これは東海地震の歴史を伝えるものじゃった。今回のものは、地上に延びた活断層の歴史を伝えておるわけじゃ。

『日本書紀』や『続日本紀』のような歴史書から、人間の足跡を見るだけではなく、人間に無関係な自然の動きを取りだしてみるのも興味深いものがあるのではないかの。

11　山部親王立太子（宝亀四年（七七三）正月）

正月十四日、天皇は山部親王を皇太子に立てられたのじゃ。本章4項で述べたところじゃが、前年五月に井上皇后の呪詛事件に連座した形で他戸《おさべ》皇太子が廃されてしまった。称徳朝で見たように皇太子の不在は、政治の乱れにつながりかねない。そのように影響が多いだけに、立太子には多くの思惑が交錯するのじゃ。

光仁天皇には、即位した時点で五人の息子がおった。その息子の名前と年令を、母の身分・素性の良さの順に並べてみよう。

① 他戸親王（二一歳） 母は井上内親王（聖武天皇の皇女）

② 薭田《ひえだ》親王（二〇歳） 母は尾張女王（光仁天皇の弟の娘）

③ 山部親王（三四歳） 母は高野新笠（渡来系氏族の和《やまと》乙継の娘）

④ 早良《さわら》親王（二一歳） 山部王の同母弟

⑤ 諸勝《もろかつ》親王（？歳） 母は女孺・県犬養宿禰勇耳《いさみみ》（後に従五位下）

令の規定によれば、皇后の資格を持つのは井上内親王のみじゃから、他戸《おさべ》親王が皇太子になるのは順当なのじゃ。他戸皇太子が廃されると、山部親王が皇太子の最有力候補になるわけじゃ。しかし、母親の身分が低いこと（卑母）が問題になったのじゃ。

『水鏡』によれば、藤原浜成は、「第二の御子薭田《ひえだ》親王、御母卑しからず。この親王こそ立ち給ふべけれ」と主張したそうじゃ。これに対し、藤原百川《ももかわ》は、目を怒らし太刀を引きつけて、浜成を罵りつつ、母の尊卑ではなく親王の器量・実力こそ大事だと主張したそうじゃ。百川は、桓武天皇（山部親王）にとって恩人と言えるじゃろう。その百川は、娘・旅子を桓武天皇の夫人《ぶにん》にあげ、五十三代淳和天皇を誕生させておる。一方、藤原浜成は、桓武天皇の即位とともに太宰帥《そち》に任命され、さらに員外の帥《そち》に降格させられてしまったのじゃ。誰を皇太子に推すかによって、その後の栄達が大きく左右された典型じゃろう。

12　穀価騰貴と飢饉対策（宝亀四年（七七三）三月）

三月十四日、天下の穀物価格が騰貴し、人民への飢饉救済は緊急を要している。食料などを施したが、まだ十分救済できていないとして、太政官が穀価安定のための二つの施策を奏上し、認可を得たのじゃ。一つは、各国に貯えてある米穀を安い時の価格で貧しい人々へ売却することじゃ。ただし、国司、郡司、富裕な者が購入したら、違勅の罪を科すとしたのじゃ。二つは、民間貯蔵穀の廉価による放出の奨励じゃ。一万束を放出したら、位一階を与えるとした。ただし、五位以上は除外されておる。

本章8項で述べたように、昨年来の天候不順で全国的に飢饉となり、穀物価格が騰貴していたのじゃ。これに対して朝廷が打った手は、四つじゃ。まずは、除災のための神仏への祈りじゃ。神々への神馬や幣帛の奉納、国分寺での吉祥悔過、度重なる大赦などじゃ。次が、貧民への食料などの施しじゃ。これも全国各地に及んでおる。そして、太政官が策定した二つの穀価安定策じゃ。とくに、太政官の二つの施策は有効だったじゃろう。民間貯蔵米の放出については、実際に宝亀五年三月に、諸国で私稲を売った七人に位階を一階ずつ与えておる。神様も協力したのじゃ。雨乞いのため黒毛の馬がこの三月と四月に丹生《にう》川上神に奉納されたのじゃが、好い雨を得たとして丹生川上神に神戸《かんべ》として四戸があてがわれておるのじゃ。神戸は、神社に所属し経済的に神社を支える民のことじゃ。

食料価格の安定は、何時の世でも政治の枢要じゃ。奈良時代は自然災害が原因のほとんどじゃが、今は多くの要因がからんでくるだけにその対策も複雑じゃ。なにしろ本来食料として栽培されてきたものが、自動車のガソリンに変わってしまう時代じゃからの。しかし、ガソリンはなくても生きていけるが、食料無しでは生きてはゆけん。そこのところをしっかりと押さえて置かなくてはならんのじゃがの。

13　社《やしろ》の建て替え（宝亀四年（七七三）九月）

九月二十日の記事は次のように伝えておる。

「丹波国天田郡の奄我社《あむがのやしろ》に盗人が入り、供え物を食べて社の中で死んだ。このため十丈ばかり離れたところに新たに社を立てた」

奄我社《あむがのやしろ》とは、京都府福知山市中にある奄我神社のことじゃ。それにしても気の毒な盗人ではないか。神の供物を盗んだため罰があったたわけじゃが、よほど腹が空いていたのじゃろう。おそらく腐った供物を食べて食中毒になったのじゃろう。地元の人々もとんだとばっちりじゃ。穢れた社をそのままにするわけにもいかず、立て直したわけじゃから。

我が国本来の神信仰では、神聖な山や森、巨岩や古木などに神が宿るとして、信仰の対象にしておった。このため、信仰のための施設は必要なかったのじゃ。ところが、仏教や儒教が伝来すると、寺院や廟所が建造された。この影響を受けて、古来の神信仰でも社が建てられるようになったわけじゃ。しかし、古来の信仰形式を保っておる神社も多い。

有名な大神《おおみわ》神社もその一つじゃ。三輪山全体を神体山としてお祀りするため、拝殿はあるが本殿はないのじゃ。三輪山に鎮まりいます御祭神が、大物主大神で、大国主神としてよく知られておる国土開拓の神様じゃ。ところで、この三輪山は登山できるのをご存じかの。大神神社の境内にある摂社・狭井神社に三輪山への登山口がある。社務所に入山料三百円を納め、参拝証のタスキを受けてこれを首に掛ければ誰でも登れるのじゃ。俗人が神体山を踏みつけるなど、罰が当たると心配になりゃせんか。でも心配はいらん。山そのものが神というわけではないのじゃ。神は山に宿っておられるので、いわば山は神の所有物のようなものじゃ。したがって、山を汚しさえしなければ登山は許されるのじゃ。

『続日本紀』の編者は、この記事で何を伝えたかったのじゃろうか。ワシにも分からん。

14　員外国司の削減（宝亀五年（七七四）三月）

三月十八日に、天皇はつぎのように詔されたのじゃ。

「近年、員外の国司の数がまことに多い。いたずらに煩雑という損失があり、簡易な政治に背いている。長くその弊害を考えてきたが、道理として廃止するか、減らすべきである。式部省に命じて、歴任五年以上の員外国司は、皆解任退職させよ。また任期が満たない者は、五年になる毎に解任して解放せよ。この件については太政官の符を待つ必要はない」

員外国司の整理を指示する詔じゃ。員外官は、令や格で定められている定員以外におかれた官員じゃ。事務量の多い官を対象に置かれたと考えられておる。員外国司も、多忙な国務の処理にあたるため置かれたのじゃ。員外国司は、正規の国司に準じる給与を受けることになっていたので財政面からも問題があった。

員外国司が、正規の国司とともに任地にあったのでは、両者が対立したり国務の処理が煩雑化したりすることは十分考えられる。おそらくそのためじゃろう、天平神護二年（七六六）十月に員外国司の現地への赴任が禁止されたのじゃ。在京のまま、国司並みの収入があるとなると非常に魅力的なポストと言える。このため俸禄を目的として選任する傾向を生み出したのじゃ。とくに道鏡が政治の実権を握っていた時代には、その政権基盤を強化するため官人の歓心を買うことを目的に、員外国司が濫造されたのじゃ。道鏡が追放されたあと、員外国司の整理は、重要な政治課題であり、頭書の詔が発せられたわけじゃ。

光仁天皇は、員外官の弊害について強い問題意識を持っておられたのじゃ。まだ皇太子だった宝亀元年（七七〇）九月にも、主要な官司を除き令外の官を廃止するよう令旨を出しておられる。小さな政府を実現するためには、このくらいの大胆な決断が必要なのじゃ。今の政治家は、光仁天皇を見習うべきではないかの。

15　蝦夷征討の勅（宝亀五年（七七四）七月）

七月二十三日に、河内守で従五位上の紀朝臣広純《ひろすみ》に鎮守副将軍を兼務させ、陸奥按察使《あぜち》・陸奥守を兼務する鎮守将軍で正四位下の大伴宿禰駿河麻呂らに、次の勅を出された。

「将軍らは、先に蝦夷征討に関し勅断を求め、ある者は討つべきでないと言い、ある者は必ず討つべきだという。朕は、征討による人民の労をいとい、征討軍を起こさないことにした。今、将軍らの奏上によれば、うごめく蝦夷どもは野心を改めず、しばしば辺境を侵して、あえて王命に従わないと。ことはやむを得ない。届いた奏上によって、早急に軍を発して、時に応じて蝦夷を討ち滅ぼすべし」

この時期、蝦夷の反抗が活発になってきたため、『続日本紀』に記載はないがこの勅にあるように蝦夷征討に関するの勅許を仰いできていたのじゃ。その答がこの勅じゃ。

蝦夷の反抗は急を告げてきたのじゃろう、二日後に陸奥国は次のように言上してきた。「海道（多賀城から牡鹿半島への海沿いの地域）の蝦夷が、突然衆を発して、橋を焼き道を塞いで往来を遮断しました。桃生城《もものうのき》を攻略してその西郭を破りました。城の守備兵は、敵の勢いに押され支えきれませんでした。国司は、事態を判断して国内の兵士を動員してこれを討ちました。ただし、まだ戦闘での殺傷者数は分かりません」

これを受けて、天皇は板東の八国に、もし陸奥国が急を告げてきたら援兵を派遣するようにとの勅を出されておる。

強力な戦闘態勢が取られたようじゃが、鎮守将軍の腰が引けていたようで、八月二十四日には、「蝦夷は大した害を与えていないし、今は蝦夷を攻めると後悔することになる」などと言上してきたのじゃ。天皇は、用兵が首尾一貫していないと譴責《けんせき》されておる。東北の経営は朝廷とってても重要じゃが、将軍がこの有様ではなかなかうまくはいかん。

以後、朝廷軍と蝦夷とのいわゆる三十八年戦争が展開することになるのじゃ。

16　大仏師の卒伝（宝亀五年（七七四）十月）

十月三日に、大仏師・国中連公麻呂の卒伝を次のように伝えておる。

「散位で従四位下の国中《くになか》連《きみ》公麻呂が卒した。もとは百済の人である。その祖父の徳率《とくそつ》（百済の官位十六位中四位）・国骨富《こくこつふ》は、近江朝廷の癸亥《きがい》年（天智二年（六六三））に起きた本国が滅びる戦乱（白村江《はくすきのえ》の戦い）により、我が国に帰化した。天平年間に聖武天皇が大きな願いごとを発して盧舎那仏の銅像を造らせた。その高さは五丈（約十五メートル）であった。当時の鋳造工はあえて手を下すものがなかった。公麻呂は、大変巧みな思案があり、ついにその仕事を成し遂げた。その功労によりついに四位を授けられた。官職は、造東大寺次官兼但馬員外介になった。天平宝字二年に、大和国葛《かずらぎのしも》下郡国中《くになか》村に居住していたので、地名により「国中」の氏《うじ》を命じられた」

東大寺の盧舎那大仏を鋳造した仏師の卒伝なのじゃ。『東大寺要録』にも、「大仏師従四位下国《こく》公麻呂」と書かれておる。国は、朝鮮の姓なのじゃ。大仏造営にあたった工人として、『東大寺要録』には、公麻呂を含む六人の名が見られることから、公麻呂が仏師の中心にあったことは確かじゃろう。

仏師として名高いのはなんと言っても、止利仏師じゃろう。渡来系の仏師で、鞍作止利《くらつくりのとり》（鳥）とも呼ばれておる。飛鳥時代に活躍し、法隆寺金堂本尊の銅造釈迦三尊像（六二三年）がその代表作じゃ。飛鳥寺の本尊の釈迦如来坐像（飛鳥大仏）も止利作とされておる。鞍作鳥の名は『日本書紀』の推古十三年と十四年に見られる。また、漢山口直大口《あやのやまぐちのあたいおおぐち》は、白雉元年（六五〇）に詔を賜って千仏像を刻んだと、『日本書紀』は伝えておる。法隆寺の百済観音や広目天もその作品ではないかとされるが、定かではない。そして、その次に仏師として歴史に名をとどめたのが、東大寺の大仏を作った公麻呂なのじゃ。このように見ると、仏師・公麻呂の卒伝を『続日本紀』が記したのも分かるじゃろう。

17　陸奥国にも漏刻を（宝亀五年（七七四）十一月）

十一月十日に、陸奥国の国司が次のように言上してきたのじゃ。

「大宰府と陸奥国は、同じように思いがけない事態を警戒しています。緊急事態を飛駅《ひやく》（早馬）で奏上する際、時刻を記入するべきであります。しかしながら、大宰府にはすでに漏刻（水時計）がありますが、この国には有りません」

そこで、陸奥国に使いを遣わして漏刻を設置させたのじゃ。

飛駅は、緊急事態発生の際に中央と地方との連絡のために発せられる早馬のことじゃ。その使いが携行する公式文書について、公式令《くうじきりょう》9と10に規定があり、中央からの下達については時刻の記入が定められておるが、地方からの上奏には時刻の規定はないのじゃ。しかし、本章15項で述べたように蝦夷の反抗が活発になったことなどもあって、この頃から上奏にも時刻を記入する必要が生じたのじゃろう。

ところで、漏刻のことじゃが、『続日本紀』ではここ一個所しか記述がない。漏刻は、流れ落ちる水の量によって時間を計測する仕掛けで、日本では斉明六年（六六〇）五月に中大兄皇子（後の天智天皇）が初めて漏刻を作り、人民に時を知らせたと『日本書紀』が伝えておる。律令時代になると、職員令9の陰陽寮に漏刻博士と守辰丁《しゅしんちょう》の規定がある。博士は二名で、丁は二十名おったのじゃ。辰は時刻を意味し、守辰でトキモリとなる。博士は、守辰丁を使って時刻を計り、守辰丁は時刻の計測とともに時刻を知らせる鐘鼓を撃つ。陰陽寮式の諸時鼓条には時刻毎の撃つべき数が定められておる。また、宮中諸門の開閉を知らせる撃鼓については、季節毎の細かい時刻が、諸門鼓条に定められておるのじゃ。

役人は、漏刻によって動かされておったが、多くの人々は時刻など知る必要はなかったのじゃ。太陽の高さが分かれば十分じゃ。そんな生活の方が良くはないかの。

18　天長節を定める（宝亀六年（七七五）九月）

九月十一日に、天皇は次のように勅したのじゃ。

「十月十三日は、朕が生まれた日である。この日が来るたびに感慨と慶びとを深くする。諸寺の僧尼に、毎年この日に経の転読と行道《ぎょうどう》（経を誦しながら仏座の周りを巡る）をさせるようにせよ。全国に殺生を禁断させせよ。内外の百官は、一日中宴《うたげ》を賜る。この日を「天長節」と名付ける。この功徳を巡らして、謹んで亡き母に奉り、この慶びの情を広く天下に及ぼしたいと願っている」

我が国における天長節の始まりじゃ。もともとは、唐の玄宗の誕生日を祝う行事に始まるのじゃ。唐のこの行事をもたらしたのは、遣唐副使であった吉備真備だと言われておる。「天長」は、「天長地久」という老子の言葉に拠るそうじゃ。

当時の日本には、今のように毎年誕生日を祝うような習慣はなかったのじゃ。この天長節が実際に祝われたのは、『続日本紀』によればこの年と宝亀十年十月十三日の二回だけなのじゃ。平安時代以降も時々祝われていたようじゃが、天長節が国民の祝日として定着するのは、明治元年（一八六八）以降なのじゃ。そして、戦後は「天皇誕生日」と改められてしまったのじゃ。

誕生日を祝う習慣の無かった日本で、光仁天皇が天長節を受け入れた背景には仏教の影響が指摘されておる。すなわち、毎年四月八日に行われる釈迦の生誕を祝う灌仏会じゃ。この勅でも、経の転読や殺生禁断など、仏教的色彩が強い。また、光仁天皇がこの年に六十七歳という長寿で慶祝に相応しかったことや政治情勢が安定し皇室の慶事を祝う雰囲気があったとの指摘もある。いずれにせよ、我が国の天長節は、光仁天皇によって始められたことを知っておくのも悪くはなかろう。

19　神社を清潔に保て（宝亀七年（七七六）四月）

四月十二日に、天皇はつぎのように勅された。

「天神・地祇を祭るのは国家の大いなるきまりである。もしも真心をもって敬わないならば、どうして福を招くことが出来ようか。聞くところによると、諸社は管理しないために、人間や家畜が壊したり汚したりしており、春秋の祭りも多くは怠ってやらないという。このため目出度いしるしは現れず、災異がしきりに起こっている。そこでこのことを思って、深く恥じ恐れている。諸国に命じて二度とこのようなことがないようにせよ」

この勅は、当然ながら全国の国司に通達され、管内の諸社に伝達される。同様の勅は神亀二年（七二五）にも出ている（第四章6項参照）。五十年も経ち前回の勅が忘れられたのじゃろう。毎日の生活に追われ、神社の管理にまで手が回らないのじゃろうか。

しかし、今回の天皇はよほど危機意識を持っておられたのじゃろう。同年八月一日には、地方の神社の神職である祝《はふり》に対し、次のような指示を出しておるのじゃ。

「全国の諸社の祝で、神社の清掃に努めず荒廃させ汚す者は、その位記を取り上げ、他の者に交替させる」

宝亀五年（七七四）来の飢饉や疫病の流行などが続くのは、神社をないがしろにしているためと天皇は強く意識されたのじゃ。命に従わぬと神職を剥奪するとの強い姿勢を打ち出された。これが効を奏したようで、このあと同様の勅は『続日本紀』には見られぬ。

神社は清浄であって欲しいものじゃ。神社はその地域の人々にとって心の拠り所なのじゃから、そこが汚れておるということは、その地域の人々の心が荒んでおることを示していると言えよう。神社が清潔になれば、人々の心も落ち着きを取り戻す。天皇の勅の裏には、そのような効果をも狙ったのかもしれんの。

20　女官の官位と俸給（宝亀八年（七七七）九月）

九月十七日に、天皇は次のような勅を出された。

「天平宝字四年（七六〇）の格《きゃく》を調べてみると、「尚《ないしのかみ》侍と尚《くらのかみ》蔵の職掌は重いので、他の女官（養老令で女性の俸給は半減と定められている）とは異にして、全封戸を支給せよ」とある。そうならば、官位と俸給は同等なのが理屈である。尚侍は尚蔵に準じ、典《ないしのすけ》侍は典《くらのすけ》蔵に準じるようにせよ」

これは、いささか分かり難いが、尚侍と典侍の処遇を改善せよとの勅なのじゃ。まず、養老令の後宮職員令ならびに禄令9に見られる女官の職掌とその俸給を見てみよう。なお、「尚《かみ》」は長官を、「典《すけ》」は次官を意味する。

まず、内《ないしのつかさ》侍司じゃが、尚《ないしのかみ》侍二人、典《ないしのすけ》侍四人、掌《ないしのまつりごとひと》侍四人、女《めのわらわ》孺一〇〇人からなる。尚侍は、天皇の側近くに仕え、奏上して勅を請うたり詔を伝えたりするのじゃ。また、女孺の監督を行う。禄令によると、尚《ないしのかみ》侍の俸給は従五位に準じ、典《ないしのすけ》侍は従六位に準じ、掌侍は従七位に準じて支給されることになっておる。

つぎに、蔵司《くらのつかさ》じゃが、尚蔵《くらのかみ》一人、典蔵《くらのすけ》二人、掌蔵《くらのまつりごとひと》四人、女孺《めのわらわ》一〇人からなる。尚蔵は、神璽を始め天皇ご用の物品・食事・衣服、賞賜のことなどを司る。禄令によると、尚蔵《くらのかみ》の俸給は正三位に準じ、典蔵《くらのすけ》は従四位に準じ、掌蔵は従七位に準じて支給される。なぜか、長官・次官とも内侍司より官位が高い。

このように両者を比較すれば、内侍司が如何に重要な仕事であったかが分かるじゃろう。にもかかわらず、その長官の俸給は従五位に準じ、尚蔵の正三位に比べあまりに低いといわざるを得ない。そこで、頭書の勅が発せられたわけじゃ。尚蔵《くらのかみ》の正三位相当は、女官としての最高位で、大納言（左右大臣に継ぐ実質第二位）相当の高い地位じゃ。奈良時代の女官の地位は高かったと言えるじゃろう。

21　井上内親王の遺骸を改葬（宝亀八年（七七七）十二月）

十二月二十八日に、光仁天皇を呪詛したとして皇后を廃され二年前に亡くなった井上内親王の遺骸を改葬することとし、その塚を「御墓《みはか》」と称して、墓守一戸を置いたのじゃ。実際の改葬は、翌正月二十日に行われた。

なぜ死後二年もして改葬されたのか理由は書かれておらん。ただし、本章4項で述べたようにこの呪詛事件は捏造の可能性が高いのじゃ。息子の他戸《おさべ》親王とともに死んだとされる、その死も殺害だったと考えられる。だとすると、井上内親王は怨みを呑んで死んでいったじゃろう。このような場合、怨霊となって祟ることがあるのじゃ。

二月前の九月十八日に藤原良継が死んだ。良継は、他戸親王の廃太子を画策したとされる藤原百川《ももかわ》の兄で、他戸皇太子が廃されてのち皇太子となった山部親王の室に娘の乙牟漏《おとむろ》を入れていたのじゃ。十一月には光仁天皇が病気になられた。さらに、山部皇太子が病気になったため、十二月二十五日には畿内五カ国の諸社に使者を遣わして幣帛を奉納したのじゃ。皇太子の病状は芳しくなく、元旦恒例の朝賀の儀も中止されておる。このように凶事が続くと、怨霊の祟りだと考えたくもなるじゃろう。そこで、今回の改葬となったわけじゃ。さらに、『日本後紀』によれば延暦十九年（八〇〇）七月に「故廃后・井上内親王を皇后に戻し、その墓を山陵とせよ」との桓武天皇（山部親王）の詔も出されておるのじゃ。

養老令では、即位した天皇の墓のみを「陵」と呼び、それ以外の墓は三后や皇太子であってもすべて「墓」としていたのじゃ。ただし、この時期に限っては光明皇后などの墓を

「御(みはか)墓」と称しておった。九世紀以降は、天皇および三后の墓を「陵」、皇太子や天皇の外戚などは「墓」と呼ばれた。井上内親王の墓を光明皇后なみあるいは天皇と同じように扱ったということは、井上内親王への鎮魂なのじゃ。やはり、井上内親王は無罪だったのじゃろう。

22 唐からの使者（宝亀十年（七七九）五月）

五月三日、唐からの使者が天皇に拝謁し、唐皇帝の勅書を奉り、あわせて贈り物を貢上したのじゃ。これに対し、天皇は唐の国書を見たことを告げ、行路に艱難辛苦したと聞くので客館でゆっくり休むようにとの詔を出されたのじゃ。

遣唐使については、第一章19項や第四章30項で述べたようにその行路は大変な困難がともなったのじゃ。このたびの唐の使者は、宝亀八年（七七七）に出発した第十四回の遣唐使の帰国にあわせて、唐朝が派遣したものなのじゃ。遣唐使と唐使らは四隻に分乗して出発したのじゃが、風波激しく副使の小野石根ら三十八人と唐使の趙宝英ら二十五人が海中に没したとのことじゃ。天皇がねぎらいの言葉をかけられたのも分かるじゃろう。

ところで、「遣唐使」や「新羅使」はよく目にするが、「唐使」は珍しいじゃろう。そうなのじゃ、唐朝から我が国に派遣された使節は、記録に留まる限り三度しかないのじゃ。最初は、舒明四年（六三二）に帰国した第一回遣唐使に同行して来日した高表仁らじゃ。しかし、表仁は朝廷の政争に巻き込まれ、天皇に朝命を述べることもなく帰国したと言われておる。二回目は、天智四年（六六五）で劉徳高ら二百五十四人であった。これは、唐の高宗が六六六年に行う「封禅の儀」（中国皇帝が行う祭祀）への参加要請と考えられ、守大石《もりのおおいし》らの遣唐使が派遣されておる。この派遣は、白村江の戦い（六六三年）の直後でもあり、両国関係修復の意味合いもあったのじゃろう。

そして百年以上の間をおいて、今回の唐使となったわけじゃ。朝貢先である唐からの正式の使節団にどのように対応するかには苦慮したようじゃ。使節入京時の進退の礼などについては「別式」を作成したのでそれに従えとの指示が四月二十一日に出されているほどじゃ。残念ながら、「別式」は未詳なので、具体的な内容は分からんのじゃ。接遇は、外交の基礎、前例の少ないなか「別式」作りも大変だったのではないかの。

23　怠慢な国郡司は処分（宝亀十年（七七九）八月）

八月二十三日に、天皇は次のような勅を出された。

「国司たちは、朝集使などの諸使に従って京に入り、ある者は返抄《へんしょう》（業務完了報告書）のないまま独り任地に帰国し、ある者は病気と称して京内にとどまり、しかも定例の勤務評定を得、兼ねて公廨《くがい》稲の配分を受けようとしている。また、悪だくみをする人民が納税を忌避しても、愚かな官吏は未納分を催促することを忘れ、公用費として正税を浪費している。道理から考えれば、甚だ政道に背いている。今後、この類の者があれば、執務に就かせてはならない。国司は、公廨稲を没収し、公文書に記載して申し送りせよ。郡司は、解任して、有能な人物を採用せよ。怠慢な官人を許容する国郡司らも同様の扱いとせよ」

如何かな、無能な地方官僚に対し天皇が怒りを露わにしておるのが分かるじゃろう。しかし、見方を変えればこの勅で指摘された役人はまだ良い方なのかもしれん。少なくとも、地方の役人どもが積極的に悪事をはたらいておるわけではないからじゃ。人民の窮乏を救うための無利子貸付制度を利用して私腹を肥やす役人（第二章13項）や国家を食いつぶす大きな害虫のような役人（第二章23項）ではないからじゃ。地方の役人を監督する按察使《あぜち》の設置（第三章8項）によって、役人の質が向上したと考えたいところじゃが、それほど簡単な話ではない。むしろ手口が巧妙になっていったというのが実体じゃろう。

地方官僚に限らず、中央官僚の中にも、無能・怠惰な者がおるのは、奈良時代に限ったことではあるまい。奈良時代は、この勅のように簡単に解任できたからまだ良いが、現代はそうもいかず問題は大きいのかもしれん。役所の役人なら無能でも仕事の効率が下がる程度ですむかもしれんが、無能・怠惰なまた偏った思想の教員の場合は、子供たちに悪影響を与えかねぬので、解雇は無理でも教育の場からは外す必要があるのではないかの。

24　僧尼の実態確認（宝亀十年（七七九）八月）

八月二十三日に、治部省が次のように奏言したのじゃ。

「大宝元年以降僧尼については僧尼籍がありますが、記載された僧尼のその後の生存・死亡が不明であります。このため、諸国から提出された僧尼の名帳と僧尼籍とを照合する手段がありません。かさねて京職と国守に命じて、僧尼籍に記載の僧尼が住所にいるか否かの状況を報告させるようお願いいたします。そうすれば、官度僧（官が認めた僧尼）の所在が明らかになり、私度僧（官の許可無く出家した僧尼）は自然になくなるでしょう」

この奏言は認可され、太政官によって僧尼の在亡と住所での在不を報告するように全国に下知されたのじゃ。
一般庶民は、六年毎に作成される戸籍と毎年提出される計帳によって管理されておった。とくに計帳は、人頭税の根拠になるため正確性が要求された。僧尼については、同様に六年毎に僧尼籍が造られ、毎年寺は僧尼の名帳を提出していたのじゃ。しかし、僧尼には租税負担の義務はなかった。このため、次第に名帳が実体から乖離していったのじゃろう。また、課税を回避するために勝手に出家と称する者（私度僧）も増え、税収減にもつながる問題になっていったのじゃ。そこで、僧尼の実態を把握しようとしたわけじゃな。

この結果と思われる記事が、九月十七日の天皇の勅にある。それによると、死亡した僧尼の名前を使い不正に僧尼の身分を得ている者が多い。しかしなかには、かなり知恵と徳行を備えた者もいるので、今回は特別に現状を追認し僧尼の免許を与える。しかし、今後二度とこのようなことがないようにせよとしておるのじゃ。死者になりすましてまで、僧尼になっておったわけじゃ。僧尼は、それだけ魅力があったのじゃ。そのため、能力の高い者も多くいたわけじゃ。今は如何かの。

25 利息は法定を厳守せよ（宝亀十年（七七九）九月）

九月二十八日に、天皇は次のような勅を出された。

「近年、人民は競って利潤を求め、わずかな銭を貸し付けて多くの利息をむさぼり取り、あるいは多額の貸借契約を結び無理やり質とした財産を取り立てている。幾月も経たないうちにたちまち利息は元本と同じになる。困窮した民は返済のために、とうとう家を滅ぼすようになる。今後は令の条文によって、利息は十割を超えてはならない。もし、心を改めず、貸したり与えたりする者は、蔭《おん》や贖《しょく》の特典を認めず、違勅罪の実刑を科す。即刻、不正な手段で得た財貨を取り上げて、それを告げた人に与えよう。質物の持ち主に対してだけでなく、それを他人に転売した場合も同様である」

養老令では、利息は六十日毎に取り八分の一を超過してはならない。また、四八〇日以上でも元本の一倍すなわち十割を越えてはならないと決められておる。ところが、実際には月の利息として一割三分とか一割五分などと、法定の二倍を超える高利が通用していたのじゃ。このため、このような勅が出されたわけじゃ。人間の欲は、このような勅で押さえきれるものではない。四年後の延暦二年（七八三）十二月六日に、今度は桓武天皇が同じような勅を出し、違反すれば違勅の罪を科すとされた。しかも対象は各寺の僧侶なのじゃ。すなわち、各寺の僧侶が違法な金利で利潤を貪り、家を質に取ったりしておったのじゃ。俗界から離れたはずの僧侶が高金利で利潤を貪っていたのでは、天皇も激怒して当たり前じゃろう。僧侶までがこの有様では、俗界では高利貸しが横行していたじゃろう。

現代では、さしずめ「消費者金融」いわゆるサラ金じゃろう。出資法による上限金利は年率二十九・二パーセントじゃが、暴力団などによる違法金利のなかには利率が二十割などというのもあるそうな。年率ではないぞ、一日の利率じゃよ。奈良時代の悪徳僧侶もこれにはビックリじゃろうよ。

26 天皇の提案を否定（宝亀十年（七七九）十一月）

十一月十九日に、太政官が、宝亀六年（七七五）八月十九日の格《きゃく》を停止して旧の慣例に戻したいと奏上し、天皇の許可を得た。その格が作られた発端は、次の勅によるのじゃ。

「朕が聞くところによると、中央の官人は禄が薄く飢えや寒さの苦しみから免れないのに対し、地方官の国司は利益が厚くおのずから衣食が豊かである。そのため、一般の官僚はことごとく地方勤務を望み、多くの官人が恥じ入る心を無くしているという。朕は天下に君主として臨むにあたり平等を心掛けている。諸国の公廨稲《くがいとう》（国司の禄となる稲）を割いて、在京の官人の俸禄に加えようと思う。卿らは詳しく審議して結果を上奏せよ」この天皇の配慮がもとで、太政官が検討した結果作られたのがここでいう格なのじゃ。すなわち、公廨稲の四分の一を割いて在京の官人の俸禄を増やすことにしたわけじゃ。

ところが、実際に運用をしてみると、京の官人を喜ばせるほどの財源は地方にもなく、中央への財源を捻出するための地方の負担が増大してしまったのじゃ。そこで、格の停止を奏上するに至ったというわけじゃ。天皇のアイデアを受けた太政官の検討は、実効性に欠け、実用上の配慮も不足していたのじゃ。

天皇が、官人の俸禄の不平等を憂慮され、対策を提案しているのは立派ではないか。また、太政官も自分たちの検討不足があったとはいえ、作られた格が適切ではないと判断すると、天皇からの提案にもかかわらず廃止を奏上するのもすごいことじゃろう。

まさに、「過ちては則ち改むるに憚ることなかれ」である。これが難しいのじゃ。とくに、国政レベルの事柄では、その影響が大きいだけに、なおさら適切な方向転換が必要になる。人は過ちを犯すものじゃ。「過ちて改めざる、これを過ちという」（論語）という言葉を噛みしめる必要があるじゃろう。

27　官稲の不正使用禁止（宝亀十年（七七九）十一月）

十一月二十九日に、天皇は次のように勅された。

「官稲を出挙《すいこ》するには、国毎に出挙する官稲の数量が決められている。もし違反すれば法に基づいて処罰する。この頃、在外の国司は、朝廷の委任に背いて、いやしくも利潤を貪ろうと、官稲の一部を枠外で私的に出挙し利息を着服している。無知の人民は、争って借用しことごとく食料にしてしまう。その元利を徴収される際に、償うものがないため、ついには家を売り田を売って、他郷に浮浪・逃亡してしまう。人民の受ける弊害はこれよりひどいものはない。今後、官稲を私物化するものは、その多少に従って、解任および除名とし、官界から永久追放にして懲らしめることとする」

出挙の制度を利用して私腹を肥やすことを厳しく戒めた詔は、和銅五年（七一二）五月にも出されておる（第二章13項参照）。この時は、人民の窮乏を救おうと、三年間無利子で貸し付けよとの詔を悪用して、実際には利子を取りそれを着服しておったのじゃ。こんどは、出挙の枠以上の官稲を貸し付けて、枠外の利息を着服しておったのじゃ。悪徳役人は、次々と悪知恵を巡らすものじゃて。しかし、こんどの懲罰はなかなか厳しいものなのじゃ。通常「除名」でも満六年で官界に復帰できるのじゃが、その権利を剥奪し、永久追放するると言明しておる。天皇の怒りが想像されるじゃろう。人民の浮浪・逃亡は、税収の減少を意味するわけで、国家財政を揺るがしかねないから当然のことじゃ。

前回の詔からおよそ七十年、出挙を利用した役人の悪行は続いておる。自分の置かれた地位を利用して、私腹を肥やそうとする役人は絶えることはないのじゃ。役人だけではない、本章24項でも触れたように聖職であるはずの僧侶までが悪事に走っておる。人間の欲を押さえるのが如何に難しいかということじゃ。今も変わらぬ人間の業じゃ。

28　僧侶は襟を正せ（宝亀十一年（七八〇）正月）

正月二十日に、天皇は僧侶は襟を正せとの詔を出された。その概要は次の通りじゃ。

「……この頃、天が咎を告げて、災難が伽藍に集中している。朕は、このことを顧みて、心に深く畏れ悼んでいる。朕の不徳による咎とも言えようが、仏教界もまた恥じるところが無いであろうか。聞くところによると、『近頃の僧侶の行為は、俗人と異ならない。上は無上の慈悲深い仏道からはずれ、下は国の法律を犯す』という。僧綱《そうごう》（僧侶を統領する僧官）が率先してこれを正せば、皆正しくなるだろう。また、諸国の国師（各国の僧侶の監督官）や諸寺の鎮（僧職の一つ、三綱の上）・三綱《さんごう》（寺内の役僧）や講師と複講（講師の講義を繰り返して講じる役目の僧）は、罪悪と福徳を考えることもなく、もっぱら権力者に私事を頼み込んでいる。また人員ばかり多く、損失が少なくない。このような弊害は、これ以上放置すべきでない。僧侶は、護国の仏法を修め、禍を転じる優れた仏縁を弘めるべきである。すべてのそれらの僧徒に朕の意《おもい》を知らしめよ」

天皇が、このような詔を出されたのは、僧侶の堕落ぶりが目に余ったからじゃろう。この詔には、僧侶の管理系統のすべてが出てくるのじゃ。すなわち、中央にあって全国の僧侶を統轄する僧綱、各国内の寺や僧侶を統轄する国師、各寺の僧侶を纏める鎮と三綱、そして僧侶じゃ。ということは、仏教界という組織の頂点から末端まですべての段階で、不正が横行しておるということなのじゃ。しかしこのような詔だけで僧侶の悪行が無くなるはずはない。本章25項でふれたように、やがて僧侶の高利貸しまで現れるのじゃ。

「天が咎を告げて、災難が伽藍に集中している」とは、五日前に起きた雷による火災のことじゃろう。この火災で、新薬師寺の西塔や葛城寺の塔と金堂などが皆焼け落ちたのじゃ。僧侶がこの体たらくでは、天も災難を与えたくなるじゃろうよ。

29　小さな政府を（宝亀十一年（七八〇）三月）

三月十六日に、太政官は次のように奏上した。

「……大宝令を制定した時には、官司毎に官人の定員が決められており、才能ある者を職に就けていたので、職務は滞りませんでした。今は、官人は多く仕事も増えましたが、公費を消費する者も多くいます。穀物と絹は作りにくいのに、これらを節約して使いません。一年でも稔らなければ、人々は飢えてしまいます。昔は、人が多く田は少なかったのに、貯蓄があったのは、節約して用いていたからです。今は、土地は開かれ戸数は減っているのに不足を憂えるのは、無駄に使うからです。我らが思いますには、『現在の急務は、官人を減らし民の労役を止め、上下心を同じにしてひたすら農耕に努めることである』と。……どうか、天皇の裁定をお聴かせ下さい。」

天皇はこの奏上を許可されたのじゃ。

これは、光仁天皇が行われた官制改革、すなわち小さな政府づくりの一環じゃ。本章14項で述べた員外国司の廃止など、光仁天皇はしきりに官制の改革を行われたのじゃ。もちろん、政府における冗費の削減を意図したものじゃが、その背景には中央集権を支えてきた班田収受法が崩れ、税収が減少してきたことも大きいのじゃ。この官制改革は、桓武天皇にも引き継がれたのじゃ。桓武天皇が即位した直後の天応元年（七八一）六月に、一部例外を除いて内官・外官の文官・武官を問わずすべての員外官を解任しておるのじゃ。

員外国司の解任は、多くの官人の反感をかったに違いない。しかし、光仁天皇も、桓武天皇も敢然としてこれを断行されたのじゃ。行政の肥大化は、何時の世でも起こりうる事じゃ。これを是正するのは、時の為政者の責務じゃろう。国家のためじゃ、強い意志を持って取り組んで欲しいものじゃ。

30　脆弱な兵士を帰農（宝亀十一年（七八〇）三月）

三月十六日に、太政官は次のように奏上したじゃ。

「…今、諸国の兵士は概して脆弱な者が多く、兵士として庸を免除しているのに軍務に耐えられないのでは、何ら国の役に立っていないことになります。国司や軍毅（軍団の将）は、勝手気侭に兵士を使役し、いまだに軍務に習熟していません。ただ弓馬を支給するのみで、薪や草を採らしています。たとえこれらの兵士を戦に赴かしても、それは兵士を棄てるようなものです。私どもが考えますに、三関の国と辺境の防衛上重要な国を除いた諸国は、国の大小に従って定数を定め、富裕な百姓の中から弓馬の才能ある者を選び、番に当たる毎に武芸を習わせれば、兵の徴発の際に集めやすくなるでしょう。脆弱な者どもは努めて農耕に就かせます。これは、守備を充実させて不必要なものを省く方法であります。私どもが勘案して定めたことを詳しく申し上げると以上のようなことであります。どうぞ天皇の御裁可をお願い申し上げます」

天皇は、奏上通りに許可し、国毎に差をつけて兵士を減員されたのじゃ。ここで、三関の国とは、愛発《あらち》関の越前国、不破関の美濃国、鈴鹿関の伊勢国のことじゃ。また、防衛上重要な辺境の国とは、陸奥国、出羽国、佐渡国、壱岐嶋、対馬嶋などのことじゃ。

この太政官の奏上は、庸の代わりとして兵士を徴発することの問題点を指摘しておるわけじゃ。徴発された兵士は、そのほとんどが農民じゃから、第一章28項でも触れたような厳しい訓練に耐えられない者がおっても不思議ではない。そのため兵士として徴発されることとその事を嫌がった者も多かったのじゃ。そこで、徴兵の方法を変えようとしたのじゃ。

我が国を守るための兵士については、宝亀十一年（七八〇）七月の詔（本章32項）について再度述べるが、当然ながら朝廷は極めて重視していたのじゃ。この太政官の奏上も軍政強化の一環として捕らえるべきじゃろう。

31　伊治呰《これはりのあざ》麻呂の反乱（宝亀十一年（七八〇）三月）

三月二十二日に、陸奥国上治郡（伊治郡《これはり》）の大領で外従五位下の伊治公呰《これはりのきみあざ》麻呂が反乱を起こしたのじゃ。呰麻呂が、徒党を率いて、按察使で参議・従四位下の紀朝臣広純《ひろすみ》を伊治城で殺したのじゃ。反乱の概要は、次の通りじゃ。

「呰《あざ》麻呂は、もとは夷俘《いふ》（新たに服従した蝦夷）の類であった。初めは事情があって広純を嫌うことがあったが、呰麻呂は怨みを隠して媚び仕えるふりをした。広純は大いに信用して、呰麻呂の怨みなど意に介さなかった。また、牡鹿《おじか》郡の大領の道嶋大楯《みちしまおおだつ》は、常々呰麻呂を侮り辱めて、夷俘《いふ》として扱った。呰麻呂はこれを深く根に持っていた。時に、広純は建議して覚鱉柵《かくへつのき》を造り、守りの最前線を遠くにした。そして、夷俘軍を率いて伊治城に入った時、大楯と呰麻呂がともに従っていた。ここで、呰麻呂がひそかに敵に通じて、軍隊を導き誘って反乱した。まず大楯を殺し、多数を率いて按察使の広純を囲み、攻めて殺害した。ただひとり陸奥介の大伴宿禰真綱を呼んで囲みの一角を開いて連れ出し、多賀城に護送した。多賀城は、長年国司が統治したところで、兵器や食糧の蓄えは数えきれないほどであった。城下の民衆は競って城に入り保護を求めたが、陸奥介の真綱と陸奥掾の石川浄足《きよたり》はひそかに後門から出て逃走した。このため、民衆は拠り所を無くし、すぐに散り去っていった。数日後に、賊徒が来て、争って府庫の物を取り、貴重な物をことごとく持ち去った。残った物には火を放って焼いた」

この反乱には複雑な背景がある。呰麻呂は、帰順した蝦夷の族長じゃが、律令社会で上手く立ち回り外従五位下まで出世しておる。一方の大楯は、同じ族長でも蝦夷の誇りを失っていなかったようなのじゃ。この両者の確執、朝廷側として同族の蝦夷に立ち向かわざるを得ない立場など、鬱屈した心が呰麻呂の反乱を引き起こしたのじゃろう。

本章15項でも述べたように、朝廷軍と蝦夷との戦いはこれからも続くのじゃが、この乱以後征夷軍に夷俘軍が加わることはなく、朝廷軍と蝦夷との完全対決になるのじゃ。

32　外敵に備えよ（宝亀十一年（七八〇）七月）

七月二十六日に、天皇は北陸道沿海の諸国に警備を強化せよと勅したのじゃ。

「筑紫の太宰府は西海道に位置し、諸蕃の国々の朝貢してくる船舶を眺められる。そのため、兵士と馬とを選び出して鍛え、武装兵を精鋭にして、権威と武力を示し、非常の事態に備えている。今、北陸道もまた蕃国の使者を供応するが、所有する軍兵は未だ教習を受けておらず、変事にあって徴発しても、用いるにたる者は全くいない。平安な時にも必ず危険を予測すべきなのに、どうしてこのようなことで良かろうか。太宰府に倣って、式により警戒し備えるように」

この前段に続いて、六条からなる具体策を命じられたのじゃ。
一、沿海の村で賊船を発見したら、ただちに国に報告し、国守以下が協議して警戒態勢を強化すること。
二、賊船が来着した時は、当該地の人民は自らの武器と食料で応戦し、救援の兵を待て。
三、兵士の集合する場所には地勢を考えて標識を立て、兵士や一般人民で弓馬に巧みな者を道のりの遠近を考慮して部隊を編成せよ。
四、部隊の者は、賊の来襲を知ったならば、自らの武器を取り干飯の袋を身につけ、本軍に集合し隊列を整え、攻撃せよ。
五、戦場に赴く国司らは私有の馬に乗れ、もし馬が足りなければ駅馬や伝馬を用いよ。
六、兵士や庶民が戦場で待機する時は、各自の家を出てから五日目には食料を支給せよ。
　以上が、この日に出された勅の内容じゃ。平安な時にも危険を予測し、外国からの侵略に備えなくてはならないと指摘し、沿岸の住民に対し、具体的な六つの項目を指示しておる。国を守るためには国民一人一人が、死にものぐるいで戦うことを当然としておる。自分、自分の家族、そして国を守るのは自分しかない。誰か他に頼ることなど考えられん。それは、今も昔も変わらんのじゃ。外国からの侵略の危険性も同じだ。はたして、今の日本にこのような危機管理が存在するのじゃろうか。

第九章　桓武天皇の御代（七八一～七九一年）

1　桓武天皇即位（天応元年（七八一）四月）

四月三日に、光仁天皇は高齢化と体調不良を理由に皇位を皇太子の山部親王に譲られ、桓武天皇が誕生したのじゃ。御年四十五歳じゃった。母は、渡来系氏族の和《やまと》乙継の娘・高野新笠じゃ。山部親王の立太子に際し、卑母が問題にされたのは、第八章11項で述べた通りじゃ。また、光仁天皇の誕生とともに皇太子となった他戸《おさべ》親王が、母・井上皇后の呪詛事件に連座させられた形で皇太子を廃され、山部親王の立太子が実現した経緯は第八章4項で述べた。桓武天皇誕生までには紆余曲折があったわけじゃ。桓武天皇は、即位とともに同母弟の早良《さわら》親王を皇太子に立てたのじゃ。光仁天皇の意向と思われる。

桓武天皇の御代は、天応元年（七八一）から延暦二十五年（八〇六）まで続くのじゃが、ここでは『続日本紀』にあわせて延暦十年（七九一）までとする。この間の最大の出来事は、即位の三年後に行われた長岡京への遷都じゃろう。中断はあるものの七十四年続いた平城京が棄てられた背景等については、後に述べることにする。

遷都の翌年に、桓武天皇が最も信頼していた藤原種継が暗殺されたのじゃ。この暗殺事件に早良《さわら》親王が関与したとされ、皇太子を廃されてしまうのじゃ。早良親王は、淡路に流罪となる途中に自ら飲食を絶って亡くなられたのじゃ。新しい皇太子には、桓武天皇の皇子・安殿《あて》親王が就かれるのじゃが、桓武天皇は生涯早良親王の怨霊に苦しめられることになる。一方で、蝦夷の反乱が活発になり、幾度となく征討軍が派遣されておる。桓武治世の重大関心事の一つじゃった。

また、寺領拡大の禁止、国司らの私的な開墾の禁止、王臣家・寺院などの山林占有の禁止など、律令秩序を破壊する行為に対し厳しく取り締まっておる。とりもなおさず、社会秩序が大きく流れを変えようとしておる時代ということじゃ。

2　員外官の解任（天応元年（七八一）六月）

六月一日に、天皇は詔を出されたのじゃ。その概要は次の通りじゃ。

「…令《りょう》によって百官の定員が定められた。その後、事務量の増大につれ激務の官司に対し、令の定員外の官司・員外官が置かれた。近頃は、旧習に従って改めないため、員外官が増える傾向が強まっている。譬えて言えば、十四の羊に対し九人の牧人が世話をするようなものだ。人民が疲弊するのはまさにこのためである。朕が、初めて皇位を受けて天下に君臨するにあたり、人民を思い、慈しみ育てる心を深くした。人民の弊害を除き、人民に安静な生活と長寿を恵みたいと願っている。内官・外官の文官・武官を問わず、一切の員外官を解任せよ。ただし、郡司と軍毅（軍団の将）はこの限りではない。……」

この詔が言うように、当初は事務の繁忙を救うために設置された員外官であった。しかし、特に員外国司に見られるように、正員に準じた俸給を目的として員外官が増大していったのじゃ。特に道鏡の時代に著しかったと言われておる。このため、光仁天皇が真っ先に員外国司の削減に着手されたわけじゃ（第八章14項参照）。しかし、実際に業務繁多のため官司を必要とするところもあったはずじゃ。そのようなところには、正員の国司を増員しておるのじゃ。例えば、宝亀六年（七七五）三月には、伊勢・三河などの二十三カ国に四十八人を増員しておる。また、宝亀十年（七七九）閏五月には、国の大小によって史生の定員を増減し、適正化を図っておる。

今回は、員外国司にとどまらず、すべての員外官の解任を命じられたところに意義があるのじゃ。この詔によって、少なくとも員外官そのものは僅かな例外を除き無くなったと考えてよかろう。しかし、形を変えて存在したとする学者の意見もあるようじゃ。「上に政策あれば、下に対策あり」という中国の諺もある、考えられぬことではなかろう。

3　富士山の噴火（天応元年（七八一）七月）

七月六日に、駿河国が次のように言上してきたのじゃ。

「富士山の麓に灰が降りました。灰が降ったところは、木の葉が枯れ、萎みました」

富士山は、万葉集でも「不尽」、「不自」などとも書かれ、多くの歌が残されておる。その富士山の降灰を観測したとの報告じゃが、富士山の噴火に関する最初の記録じゃろう。幸い、この時は麓に灰を降らせる程度の小規模なものだったようじゃ。

ところが、延暦十九年（八〇〇）三月に大噴火が起こるのじゃ。この時は、三月十四日から四月十八日まで続き、山頂からの噴火で昼は噴煙であたりが暗くなり、夜は火光が天を照らすようであった。噴火の音は雷鳴のようであり、雨のように灰が降り、山裾の川の水はすべて紅色になったと『日本後紀』は伝えておる。大規模な噴火だったことが分かるじゃろう。さらに翌々年の延暦二十一年（八〇二）にも噴火が起こり正月八日に天皇が次のような勅を出されておる。

「駿河・相模両国が駿河国の富士山が昼夜をわかたず火を噴き、砂礫が霰のように降っていますと言上してきた。これを卜筮で占うと、旱魃と疫病の前ぶれとでた。そこで、両国は神の怒りを鎮め、読経をなし、災いを除くようにせよ」

五ヶ月後には、噴石で道がふさがり足柄路が使えなくなり、筥荷路《はこに》（箱根路）を開いたとの記録がある。かなりの噴火だったのじゃろう。

貞観六年（八六四）五月から六月にかけても大噴火が起こり、溶岩流が甲斐側に流れ河口湖が出来たとの記録がある。延暦十九年、貞観六年、そして宝永山が出来た宝永四年（一七〇七）十一月の噴火を、記録に残る富士山の三大噴火というそうじゃ。

桓武天皇は、富士山の噴火に対して神の怒りを鎮めよとの勅を出された。今もし富士山が噴火したとしたら、今でもこれ以上の対策は取れぬのではないかの。

4　「氷上川継事件」（延暦元年（七八二）閏正月）

閏正月十一日に、氷上川継の謀叛が露見し、川継が逃走したのじゃ。ただちに、三関を固め、諸国に逮捕するよう下知された。そして十四日に、大和国葛上郡《かづらきのかみ》で、川継は捕らえられたのじゃ。この日の詔は次のように言うておる。

「氷上川継は、ひそかに反乱を企てたが、事はすでに発覚した。法に則って処断すれば、罪は極刑にあたる。その母・不破内親王は反逆者の近親なので、また重い罪に当たる。ただし、光仁天皇の喪が始まったばかりで山陵の土もまだ乾かない状況なので、哀しみの情で罪を論じるに忍びない。そこで、川継は死刑を免じて遠流とし、不破内親王並びに川継の姉妹は淡路国に移せ」

これを「氷上川継事件」と言うが、その事件の発覚の経緯が妙なのじゃ。川継の従者・大和乙人《おとひと》がひそかに武器を携えて宮中に潜入したところ、衛兵に取り押さえられたと言うのじゃ。そして、「川継は、今月十日に衆を集めて、皇居の北門から侵入し謀反を起こそうとひそかに計画している。そのため、乙人を遣わし仲間の宇治王を将として当日赴かせようとした」と白状した。そこで、天皇は勅使を出して川継を召し出そうとしたところ、川継は、勅使が到着したと聞いて、ひそかに後門から出て逃走したと言うのじゃ。逮捕された大和乙人の行動はいささか異常ではないかの。仲間への連絡なら武器を携行する必要などなく、禁じられている武器を帯びて宮中に侵入するなど逮捕してくださいといっているようなものじゃろう。

母の不破内親王は、第七章11項で述べたように巫蠱《ふこ》事件の誣告により息子・氷上志計志《しけし》麻呂を失っておる。今度は、川継が流罪になったのじゃ。二人の父親は、天武天皇の孫の塩焼王《しおやきのおおきみ》じゃ。母は聖武天皇の皇女じゃから、二人の血筋の良さは桓武天皇以上だったのじゃ。そこら辺がこの事件の背景にあるように思えてならん。血筋の良さも時としてあだとなるのやもしれん。

5　官制改革の実施（延暦元年（七八二）四月）

四月十一日に、天皇は造宮・勅旨の二省などを廃止する詔を出されたのじゃ。

「朕は、天下に君主として臨み、人民を慈しみ育ててきたが、官民ともに疲弊しており、心から憂えている。そこで、大規模な造営を止めて農業に努め、政治は倹約を旨として、財物が倉に満ちることを願うものである。今、宮殿は住むに十分であり、宮中の調度類も使用に足りる。また、寺院の造営も終わり、銭も充足し価値が下がっている。そこで、造宮省（宮殿の造営を司る）・勅旨省（勅旨により宮中調度類の調達を司る）の二省ならびに造法華寺司・鋳銭司の二司を廃止して、倉に財物を充たすとともに官制の簡易化を貴ぶべきである。ただし、造宮省・勅旨省に配属の種々の技術者は、その技能に従って木工寮《もくりょう》（宮殿の造営・修理などを司る）・内蔵寮《くらりょう》（天皇の調度類の調達・保管などを司る）に配属し、その他の者は本来所属していた官司に隷属させよ」

造宮省は、平城宮の造営のために置かれた令外の官じゃが、殿舎の修理をもその所掌としたため、これまで存続していたわけじゃ。また、勅旨省については何時創設されたかは不明じゃが、天平宝字八年（七六四）十月が初見なので、その前じゃろう。天皇の調度の調達などは、令制では内蔵寮が行うことになっておるが、この勅旨省は天皇の意向を直接受けて調達などを行っていたより私的な令外の官と考えられておる。確かに令内の官の所掌との重複が見られるため、廃止は妥当なものじゃろう。しかし、令外とはいえ造宮省の長官は卿であり、また八十年ほどの歴史をもつわけで、これを廃止するということは大きな決断ではなかったかの。

現在でも、官制改革はしきりに叫ばれるが、国民が快哉を叫ぶような改革が行われたことはない。時として、桓武天皇のような大ナタも必要なのではないかの。

6　左大臣罷免（延暦元年（七八二）六月）

六月十四日に、左大臣・正二位で太宰帥を兼務する藤原朝臣魚名《うおな》が、左大臣を罷免され即刻大宰府への赴任を命じられたのじゃ。さらに、長男の鷹取《たかとり》は中宮大夫・侍従で越前守から石見介《すけ》に左遷され、三男の末茂《すえしげ》は中衛少将から土佐介に左遷されたのじゃ。五男の真鷲《まわし》は、父とともに大宰府への赴任が命じられた。

議政官のトップが左遷され、三人の息子が連座させられるという大変な事件じゃ。しかし、『続日本紀』は事件の内容について何も語っておらぬのじゃ。まずは、魚名と三人の息子のその後を追ってみよう。急きたてられるようにして京を発った魚名は、二十八日に摂津国まで到るのじゃが、発病して進めなくなったのじゃ。そこで天皇は、魚名の大宰府への出発を病気回復まで延期する旨の勅を出された。しかし、病状は回復せず、結局翌年五月十一日に老病を理由に京に帰ることが許されたのじゃ。さらに、七月二十三日には鷹取、末茂らの入京も許された。その二日後に、魚名が六十三歳で薨じ、天皇から絁《あしぎぬ》や役夫などを賜っておる。七月三十日には、魚名には元の左大臣の官位を贈られるとともに、頭書の免官関係の詔勅官符をすべて焼却する旨の詔が出され、魚名の地位は回復されたのじゃ。

大きな事件のはずじゃが、一年ほどで元へ戻ってしまった。一体これは何だったのか。魚名左降の理由については、学者の間でも色々な意見があるようじゃ。ここでは、魚名が光仁天皇の寵臣であったため、若い桓武天皇との間に政治姿勢の上で齟齬が生じたのではないかとの見方を採りたい。魚名左降の理由は、桓武天皇にとって好ましくないため、記述されなかったのではないかと思われるからじゃ。『続日本紀』は、桓武天皇の命で編纂されたため、後に述べるが桓武天皇に不都合なことは削除された例が見られるからじゃ。

いずれにせよ、奈良時代の政治家も厳しい現実を生きていたことは分かるじゃろう。

7 命婦らの服色の乱れ（延暦二年（七八三）正月）

正月一日に、天皇は次のような勅を出されたのじゃ。

「内親王と内外の命婦《みょうぶ》には、服色に制限があり、身分を越えた色を使ってはならない。この頃、所管の役人は寛容で、決して禁制を加えない。庶民に到るまで、自由に禁制の色を身につけ、すでに貴賤の差がなくなり、また上下の差の序列を欠いている。今後は、厳しく禁断せよ。もし違反する者があれば、通常の処罰規定を適用せよ。このことは、別式に詳しくある」

内《ない》命婦とは、五位以上の女官であり、外《げ》命婦は五位以上の官人の妻をいうのじゃ。衣服令8に内親王の、9に女王の、10に内外命婦の礼服について、また11に内親王・女王・内命婦用の朝服についての規定があり、服色についても規制がある。自己の身分より下位の服色の着用は許可されているので、陽には書かれていないが上位の服色は禁じられていたのじゃ。ところが、女性の中にはこの禁制を犯すものが多く現れてきた。これを所管の役人（弾正台など）が取り締まらないため、服色の乱れが激しくなり、身分差が分からなくなってきたというわけじゃ。それを天皇が正そうとしたのじゃ。

律令国家において、身分制度は重要な柱の一つじゃ。しかし、道鏡政権下での秩序の乱れが、ここにも影響しておるのじゃろう。治世者としては、身分制度の乱れはとても容認できるものではなかったはずじゃ。そこで、厳しく禁断を加えたわけじゃ。

しかし、禁断の対象は女性じゃ。それも身分の低い女性ほど禁断の服色は多くなるわけじゃ。何時の世でも女性は女性、自分の好きな色の服を着たかったのじゃろう。この禁断は女性には不評だったのではないかの。楽しみを奪われた奈良時代の女性が気の毒じゃ。

8　平城京の治安悪化（延暦三年（七八四）十月）

十月三十日に、天皇は次のような勅を出されたのじゃ。

「聞くところによると、この頃平城京内に盗賊が多くなり、街頭で物を掠奪し、人家に放火しているとのことである。担当の左・右京職が厳しく取り締まれないため、かの凶徒がかかる賊害を起こすのである。今後は、隣保（隣組：五戸を単位とする組織で、相互に検察させる）を作り、もっぱら戸令9条の如く非法を検察させせよ。仕事に就かず遊び暮らす者や博打を打つ輩は、身分が高くても蔭《おん》や贖《しょく》（ともに高官の子孫への特典）を適用せず、杖百の実刑に処せ。放火や恐喝・掠奪の類は、必ずしも法律にとらわれず、懲らしめに死刑で罰し、努めて賊を捕縛して悪者を根絶せよ」

平城京の治安がひどく悪化しておる様子が分かるじゃろう。これには当然ながら理由がある。この年の五月に、京を平城京から長岡京に移すための準備が始まったのじゃ。六月には造長岡京使が発令され、都城の工事が始まっておる。また、おなじ六月に今年の調と庸および宮殿造営用度物を長岡京に貢進させ、さらに長岡京に新しい邸宅を作る財源として諸国の正税稲が参議以上の官人や、内親王、夫人、尚侍《ないしのかみ》などに支給されておる。経済活動も長岡京へ傾斜していったのじゃ。このため、平城京の警備が手薄になり、盗賊などが跋扈し始めたのじゃ。そこで、厳罰をもって治安維持を図ろうとして、このような勅が出されたわけじゃ。

「咲く花の匂うがごとく」と歌われた平城京は、政治の舞台から退場し、二度と登場することはなかった。恐らくそれが幸いしたのであろう、奈良には多くの文化財が保存されてきたのじゃ。もちろん多くの文化財が失われてもおるが、その多くは災害や戦火を受けてのことで、治安の悪化による影響は僅かなものじゃ。とはいえ、この勅も文化財の保護にも幾ばくかの効果をもたらしたかもしれんの。

9　国司らの私営田禁止（延暦三年（七八四）十一月）

十一月三日に、天皇は次のような詔を出された。

「人民はこれ国の根本である。根本が強固ならば国は安定する。人民の生活のもととしては、農業と養蚕がもっとも大切である。この頃、諸国の国司達はその政治に不正が多く、民を安定させる方策に背いていることを恥じず、ただ人民からの収奪がうまくいかないことを恐れている。ある者は広く林野を占有して人民の生活手段を奪ったり、またある者は多くの田畑を経営して人民の生業を妨げている。人民が衰え弱るのはこれがもとである。これらの行為を禁止し、欲深く汚れた心を懲らしめ改めさせるべきである。今後、国司らは公廨田《くがいでん》（俸給として与えられる田）の外に水田を営んではならない。また欲に駆られて勝手に開墾して、人民の農業や養蚕の土地を侵してはならない。もし違反する者があれば、収穫物と開墾した田はともに没収し、直ちに現職を解任して違勅の罪を科す。……」

国司による私営田や墾田を禁止する詔じゃ。国司らがその立場を利用して私的に開墾・営農を進めていたのじゃ。なかには、一般の人々の生活をも脅かす役人が多くいたのじゃろう。役人がその立場を利用して、私腹を肥やすのは何時の時代でも変わらないようじゃ。

しかし、私有地の拡大を図るのは、役人ばかりではなかったようじゃ。この年の十二月十三日には、皇族・貴族や諸々の役所や寺院が、山林を囲い込んでいるとして、厳しく禁断を加える詔が出されておる。山や川、草木の茂った沢などの利用は、公私が共にすることとは令文に詳しい規定があるのじゃが、それを勝手に囲い込んで利益を独占しておったのじゃ。人民が不利益を蒙らされておったわけで、天皇が怒るのも当然じゃろう。

しかし、墾田永年私財法が成立してから四十年（第四章35項参照）、律令制度が次第に崩壊していく中での足掻きの一つと言えるかもしれんの。

10　長岡京遷都（延暦三年（七八四）十一月）

十一月十一日に、天皇は平城京から長岡京へ移られたのじゃ。途中、恭仁京などへの遷都はあったものの七十四年におよぶ平城京での治世が終焉したわけじゃ。本章8項でも触れたが、造長岡京使が任命されたのが六月じゃから、わずか五ヶ月で遷都したことになる。まだ宮城なども出来てはおらなんだ。なぜそれほど急ぐ必要があったのか。また、なぜ長岡京へ遷都しなくてはならなかったのか。

この月の一日に、天皇は勅を出し、「十一月朔日の冬至は歴代の奇遇であり、王者の吉祥である」と慶び、王・公卿らに賜物を与え、京ならびに畿内の今年の田租を免除されておる。太陰太陽暦では、冬至を含む月を十一月と定義し、朔日が冬至と重なることを朔旦冬至《さくたんとうじ》と呼んでおる。この朔旦冬至は十九年に一度巡ってくるのじゃが、この年は暦の初めにあたる甲子年であり、甲子朔旦冬至は四千六百十七年に一度しか巡ってこぬ。このため特に目出度いとされたのじゃろう。古代では、冬至を年の始めとしておった。そこで、この甲子朔旦冬至を選ばれた天皇としての新しい王朝の門出にしようとして、桓武天皇は遷都を十一月に行ったのではないかの。

なぜ平城京を棄て長岡京に遷都したのかについては、

① 大都市機能を維持するための淀川水系による水陸交通の必要性
② 桓武天皇の専政に批判的な旧勢力の排除
③ 秦氏などの山背《やましろ》の渡来系有力氏族の経済力への依存
④ 平城京に根強い仏教勢力の排除

などが考えられておる。延暦六年（七八七）十月八日の記事に、天皇の言葉として「朕は、水陸交通の便を考慮して、都をこの長岡村に移した」とあり、①の要素は強いようじゃが、おそらくは複合的な理由じゃろう。

その長岡京も十年足らずで棄てられ、平安京への再遷都となる。最近の発掘では長岡京の完成度は高かったという。では何故再遷都がなされたのか？これも定かではない。

11　造営人夫を雇用（延暦四年（七八五）七月）

七月二十日に、天皇は、「長岡宮の造営は不可欠なことなので、役夫に労賃を払うべきである」と勅されたのじゃ。そこで、諸国から集められた三十一万四千人と契約し雇用（和雇と言う）したのじゃ。

律令制度における租税は、物を納める物税と労働力を提供する労働税に大別されるのじゃ。物税は、租（稲）、庸（実役十日分相当の布や米）、調（絹、水産物など各地の特産品）、公出挙《くすいこ》（貸し付けた稲の利息）があった。また、労働税は、雑徭《ぞうよう》（成人男性で六十日以下）、仕丁《しちょう》（五十戸から二人）、兵役（一戸から一人）があったのじゃ。賦役令《ふえきりょう》によれば、仕丁は三年間を限度として上京し宮廷の雑務などに当たったのじゃ。兵役としての衛士や仕丁の食費は庸による収入があてられ、その残り分が、宮殿や寺院など大規模な造営事業のための雇役《こえき》（強制的雇用）の経費とされたのじゃ。しかし、雇役は、農閑期で五十日以内、農繁期には三十日以内と定められておる。従って、長岡京造営のような超大規模な工事には、雇役だけでは十分な労働力が確保できなかったのじゃ。そこで、賃金を支払ってでも必要な人数を集めようとしたわけじゃ。

それにしても、三十余万人とは莫大な数じゃが、残念ながら述べ人数なのか一年分の必要人数なのかは分からん。恭仁京の造営では、畿内の四カ国から五千五百人の役夫を徴発したと『続日本紀』は伝えておるが、まさに桁違いの人数じゃ。平城京や平安京の造営に関して、このような記録がないのが残念じゃ。

奈良時代というと、公営工事はすべて徴発によると思われがちじゃが、法的な強制力を持たず、賃金を支払っての雇用形態もあったのじゃ。日当は、大人で十文、女子供で五文が標準だったようじゃ（青木和夫「日本の歴史三」中公文庫）。

12　不法行為は共同責任（延暦四年（七八五）七月）

七月二十四日に、天皇は次のような勅を出されたのじゃ。

「そもそも正税は国家の資本であり、水害や干害に対する備えでもある。しかしこの頃、国司のなかに、しばしば正税出挙の利稲を貪って使用してしまう者が多い。官物が少しずつ減って倉庫が充たない原因はこれによる。今後は厳しく禁止せよ。国司のうち一人でも正税を犯し用いる者があれば、他の国司も同じく連座して現職を解き、永く任用してはならない。不正に入手した財貨も共同で返納させ、死による免除、また恩赦による免除も認めない。国司は互いに検察しあい、違反することのないようにせよ。国司の不正を見逃した郡司もまた国司と同様に処置せよ」

正税の不正流用がはびこっていたようじゃ。本来、国司の不法行為は按察使《あぜち》が処罰するはずじゃった。しかし、第三章8項で述べたように養老三年(七一九)七月に設置された按察使は、数カ国に一人なのでとても細部に眼は届かんじゃろう。そこで、国司に互いに検察させ、共同責任で対処させようとしたのじゃ。

この勅の四日後に、次のような記事がある。

「土佐国から貢納された調は、期限に遅れた上その品質も劣悪であった。そこで、天皇は勅して、国司の目《さかん》（四等官）以上全員を解任した」

これも二十四日に出された国司の共同責任制強化の一環と考えられておるのじゃ。まさに共同責任の実例なのじゃ。

それにしても、不正に関与していない関係者までも解雇してしまうとは厳しい措置ではないか。何も悪いことをしていないのに解雇されたのではかなわんと、同僚の不法行為に目を光らせることになる。抑止効果は有るじゃろうが、疑心暗鬼の職場になりはせんかの。

13　武人・大伴家持の死（延暦四年（七八五）八月）

八月二十八日の記事は、中納言で従三位の大伴家持の死を伝えておる。三位の死は、「薨」と表すのを常とする『続日本紀』が、「死」と記しておる。それは、記事の中に、「死後二十日余り後、家持の屍がまだ埋葬されないうちに、大伴継人《つぐひと》・大伴竹良《つくら》らが藤原種継を殺害し、事が発覚して投獄された。これを取り調べると、事は家持らに関係していた。そこでさかのぼって家持を除名とした」とあることから理解できる。すなわち、次項に述べる藤原種継暗殺事件に家持が関与していたとして除名されてしまったため、「死」と記されたわけじゃ。『日本後紀』によれば、大同元年（八〇一）三月に病床の桓武天皇が種継暗殺事件の連座者を本位に復す勅を出され、家持も従三位に復したのじゃ。しかし、家持が暗殺事件に関与したかについては疑問が残る。

死の四ヶ月前の四月七日に次のような記事が見られるのじゃ。

「中納言・従三位で春宮大夫・陸奥按察使・鎮守将軍を兼務する大伴宿禰家持らが次のように言上した。「名取より南の十四郡は、遠く山や海の地にあり、多賀城から遥かに遠く離れています。…（多賀・階上《しなかみ》の二郡を行政上の郡とし国府防衛の備えとすべしとする奏言）…。」　天皇はこれを許可した」

従って、その死は任地陸奥でのことと思われる。反乱を続ける蝦夷《えみし》に対し、鎮守将軍として陸奥で活躍中の死であったろう。まさに武人としての死だったのじゃ。前年から陸奥に赴任し、蝦夷との戦いに明け暮れていた家持が、九月に起きた種継暗殺事件にどのように関与し得たのじゃろうか。

『万葉集』の選者・編纂者にも擬せられ、万葉歌人としても名高い大伴家持じゃが、なぜか四十歳以降歌の道から離れ、ひたすら官僚として生き、鎮守将軍として死んだわけじゃ。歌人から武人への心の変化を知りたいものじゃの。

14 藤原種継の暗殺（延暦四年（七八五）九月）

九月二十三日の記事は、中納言・正三位で式部卿を兼務する藤原朝臣種継《たねつぐ》が賊に射られて薨じたと伝えておる。長岡京の造営を急ぐ種継は、松明を照らして工事を促し検分している最中に射られたのじゃ。翌二十四日には暗殺に関与した数十人が捕らえられ、ある者は斬首、ある者は流罪に処されたのじゃ。その取り調べの中で大伴家持の関与が明らかとなり、前項で述べた家持の除名になったとされておる。

種継は、藤原宇合《うまかい》の孫で、右衛士督《かみ》兼近江按察使《あぜち》などを歴任し、「内外のことすべてを決済させた」と言われるほど桓武天皇の厚い信頼を得ていたのじゃ。長岡京遷都も種継が中心になって建議されたと言われておる。天皇の信頼は専横につながり、長岡京遷都と共に反感をかうことになった可能性は高い。

その後、種継暗殺は意外な展開を見せる。『続日本紀』には何も書かれておらぬのじゃが、暗殺事件に関与したとされ桓武天皇の弟・早良《さわら》親王は皇太子を廃されてしまうのじゃ。『日本紀略』によれば、九月二十八日に早良親王は乙訓《おとくに》寺に幽閉されたのじゃ。無実を訴えたかったのじゃろう、親王は飲食を絶つのじゃが、淡路島への流罪となり、その途上で絶命する。そして遺体は淡路島に埋葬されたのじゃ。ところが、『日本後紀』によると皇太子となった桓武天皇の息子・安殿《あて》親王の長患いを占うと（延暦十一年（七九二）六月）、崇道天皇（早良親王）の祟りであることが分かり、その霊に謝罪するのじゃ。以後しきりに謝罪がおこなわれておる。恐らく冤罪だったのじゃろう。

『続日本紀』は、早良親王のことにほとんど触れておらぬのじゃが、『日本後紀』によれば、「早良親王と種継に関する記事は、早良親王の怨霊が好まないので『続日本紀』から削除された」としておる。桓武天皇は死ぬまで早良親王の怨霊に悩まされ続けたのじゃ。

15　考課基準の策定（延暦五年（七八六）四月）

四月十一日、天皇は国司・郡司の不正や怠慢が横行しているとして、考課基準を策定するようにとの詔を出されたのじゃ。それを受けて太政官が作った条例を列記してみよう。

①人民を慈しみ育てるための方策を有し戸数を増加させる。②農業と蚕業を奨励し、税収で倉庫を充たす。③各種物品の貢進に際し、期限内に送り納入する。④管内を厳しく取り締まり、盗賊を生じさせない。⑤判決が理にかない、訴訟には冤罪がない。⑥職務にあっては公平にして、生活態度は清廉で慎み深い。⑦国を守りながら農耕に従事し、兵糧の蓄えがある。⑧辺境が平穏であり、城郭が修理されている。

これらはプラス考課を与える項目で、赴任して三年以内に治世に成果を上げ、この二ヶ条以上に該当すれば抜擢されるのじゃ。

一方マイナス考課を与える項目は次のようなものじゃ。

(一)官職にあっては欲が深く不正が多く、事を処するに公平でない。(二)ほしいままに狡猾な行いをし、名誉を求める。(三)狩りの遊びに限度がなく、百姓の生活を騒がせ乱す。(四)酒を好んで酒色に溺れ、公務を怠る。(五)公務に節度があるとの評判は聞かれず、私的に家を訪ねる人が日ごとに多くなっている。(六)子弟を気ままにさせ、情実上の依頼を公然と受ける。(七)逃亡する人数が多く、捕らえることの出来た人数が少ない。(八)統率の方法が不適切で、守備兵が命令に違反する。

この場合は、官人達が職務に励まず、この一ヶ条以上に該当する者があれば、現職を解任するとしておるのじゃ。

これらの十六項目はいずれも天皇の裁可を得ており、その多くが令の規定に記述されておるのじゃ。この考課基準は、一部現代に通ずるものもあるが、奈良時代を象徴する項目も多く興味深いものがあるじゃろう。

16　高年齢者に穀《もみ》を支給（延暦六年（七八七）三月）

三月二十日、天皇は次のような詔を出されたのじゃ。

「老人を養う意義は古の君子が明らかにしており、歴代の天皇もこの道理に従ってこられた。今はちょうど春の農作の時期で、人々は田畑に出ている。そこで民を心にかけ、深い情けで憐れみ恵むこと（賑給《しんごう》）にする。左右京、畿内の五カ国および七道諸国の百歳以上の者に、それぞれ穀二石を与えよ。九十歳以上の者には一石を、八十歳以上の者には五斗を与えよ。また、連れあいのいない老人（鰥《かん》（男）と寡（女））、父親のいない子供（孤）、子供のいない老人（独）、たちの悪い病気の者には、その年令に応じて三斗以下一斗以上を与えよ。すなわち、その国の長官自らが村里に出向き、心を込めて施し与えよ」

高年齢者や弱者を案じて穀を支給するとの詔じゃ。賑給《しんごう》は、凶作などの際に地域的に行われるものと、大赦などにより全国的に行われるものとがある。特に困窮者の救済のために行われる賑給では、鰥《かん》、寡、孤、独はセットで対象になるのじゃ。『続日本紀』では、慶雲元年（七〇四）五月が初出で、以下何度となくこのセットが対象になっておる。これら弱者の救済は、戸令32にその規定が定められておるのじゃ。

さらに当時は、高齢者への介護は手厚いもんじゃった。戸令11の一部を紹介しよう。
「八十歳以上および篤疾（盲目などの重い障害者）には、侍《じ》（介護人）一人をつけよ。九十歳以上には二人を、百歳以上には五人の侍を付けよ。侍は、まず子孫とせよ。もし子孫がいなければ、近親者でよい。近親者がいなければ、無位無冠の男子でも良い。……」
この侍（介護人）となった者には、庸《よう》と雑徭《ぞうよう》とが免除されたのじゃ。奈良時代に百歳を超える高齢者がいたのかと思われるかもしれんが、延暦九年（七九〇）十月には百十二歳の元気な老人に天皇が衣服を与えたとの記事もあるのじゃ。

老老介護や高齢者の孤独死が問題となっておる現代とは雲泥の差じゃ。安心して過ごせる老後こそ最も幸せな人生なのではないかの。だとすると、…。

17　和気清麻呂の治水工事（延暦七年（七八八）三月）

三月十六日、和気清麻呂が次のように言上したのじゃ。

「河内・摂津両国の境に川を掘り堤を築いて、荒陵《あらはか》（現大阪市天王寺区）の南から河内川（大和川支流の平野川）を西方に導いて海に通じさせます。そうすれば、肥沃な土壌がますます拡がりますので、耕地として開墾できます」

そこで、清麻呂を派遣して事業担当として、延べ二十三万余人に食料を支給してその事業にあたらせることとした。


清麻呂は、第七章12項で述べたように道鏡事件で流罪に処せられたのじゃが、光仁天皇の御代に復位し、桓武天皇によって重用されておったのじゃ。この時、清麻呂は従四位上で民部大輔じゃった。民部省は、諸国の戸数、田畑、山川、道路などを所掌しておった。民部卿は藤原継縄《つぐただ》じゃが大納言として政治の重要な地位にいたため、実務は次官の清麻呂に委ねられておったのじゃ。清麻呂の提案は、四天王寺の南に疎水を切り開いて河内川の水を大阪湾に導こうというものじゃった。これによって、河内川の洪水を抑え、耕地を拡大しようとしたわけじゃ。

この事業の成否に関して『続日本紀』は何も述べてはおらぬ。しかし、『日本後紀』の清麻呂の薨伝（延暦十八年（七九九）二月）によれば、費用が膨大になり工事を完成させられなかったとしておる。これは、上町台地を構成する砂礫層を深さ二メートルから十五メートルも掘り下げねばならない大規模工事のためだったと考えられておる。当時の技術レベルからすれば、黒部トンネルや青函トンネルの工事にも匹敵するものだったのじゃ。

事業は結局失敗したわけじゃが、それによって清麻呂が責任を取らされた様子はない。それどころか後に、民部卿・従三位を賜ったのじゃ。誠心誠意業務に専心すれば、失敗さえ許容されるおおらかさがあったのじゃ。良き時代であったと言えるのではないかの。

18 天皇の祈雨で雨降る（延暦七年（七八八）四月）

四月三日の記事に、使者を畿内に使わして雨乞いをさせたとあり、十日には黒馬を丹生川上神に奉納して雨乞いをしておる。そして、十一日には、天皇は畿内五カ国に次のような勅を出されたのじゃ。

「この頃厳しい旱が数ヶ月にわたり、溝や池の水も乏しくなっている。人々は、代《しろ》掻きや田植えが出来ずにいる。そこで所轄の官司に命じて、皇族・臣下を問わず田に水のある所は自由に人民に任せて水を与えて苗代へ種蒔きさせ、農業の時期を逸しないようにさせよ」

このような状況の中で、十六日の記事は次のように伝えておる。

「去年の冬から雨が降らず、すでに五ヶ月が経った。灌漑の水はすでに涸れはてて、すべての人々は望みを断たれていた。この日の早朝に、天皇は沐浴して、庭に出て自ら雨乞いをされた。しばらくすると、空が暗くなり雲が集まってきて、大雨がとめどなく降った。群臣らは喜んで舞い踊り、万歳を叫ばない者はいなかった。そこで、五位以上の者には夜具と衣を賜った。皆は、天皇には立派な徳と真心とがあり、天皇が祈り請うたことに天が感応したためであろう、と思った」

五ヶ月もの日照りのあとじゃ、皆が舞い踊るのも分かるじゃろう。その後、五月二日に天皇が伊勢神宮や明神大社に雨乞いをさせたところ、十分な雨が降り、全国で田植えが行われたのじゃ。

天皇が雨乞いをし、雨を得た例は、『続日本紀』ではここだけで、『日本書紀』でも一件（皇極元年（六四二）八月）見られるだけなのじゃ。雨乞いによって雨が降る可能性は高くない。もし雨が降らなければ、天皇の権威に傷が付きかねない。『続日本紀』が編纂される九年前の出来事じゃ、まだ皆が覚えておろう。天皇の祈雨で雨が降ったのは、事実だったのじゃろう。強運の天皇だったのではないかの。

19　良賤間の子の身分（延暦八年（七八九）五月）

五月十八日に太政官が、おおよそ次のような奏上を行い、天皇の裁可を得たのじゃ。

「謹んで令の条文を調べてみますと、良民と賤民との結婚は明らかに禁じられております。ところが、公民の男女や高位者の子弟は、色っぽい顔つきを求めて婢を犯したり、あるいは淫らな心から奴と姦通し、ついには氏族の後胤なのに賤民に沈められ、公民の子孫なのに奴婢にさせられています。その弊害を改めなければ、何で迷っている者どもを導くことが出来ましょうか。臣らが望みますところは、今後婢が良民の男子と通じ、あるいは良民の女子が奴の妻になり生まれた子供は、共に良民とすることをお許し願いたいのです。また、寺院・神社の賤民についても、もしこのようなことがあれば、また先の例に準じて解放し良民としたいと思います」

賤民は、陵戸、官戸、官奴婢、家人、私奴婢の五種に分けられ、五色の賤とも呼ばれておった。戸令35では、賤民は同じ種同士で結婚するよう定められており、良賤間の通婚は禁じられておったのじゃ。また、戸令42では、良民と賤民が結婚したら、事情の如何を問わず離婚させることとしておる。ただし、相手が賤であることを知らなかった場合は、生まれた子供は良民とするとしておる。良民と賤民との結婚は禁じられ、生まれた子供の身分も規定されておったのじゃ。

ところが、しょせんは男と女の関係じゃ。法律だけですべてを規制できるわけではない。現実には、太政官の奏上のように良民と賤民との間に多くの子供が出来ていたわけじゃ。この奏上が裁可されたことによって、良民と賤民の間に出来た子供はすべて良民となり、戸令の規定は意味を失うことになったわけじゃ。男と女の関係は、法律をも変えてしまう力があるということじゃろうか。

20　三関の廃止（延暦八年（七八九）七月）

七月十四日、天皇は伊勢・美濃・越前の各国に次のように勅されたのじゃ。

「関を設置するのは、もともと非常事態に備えるためであった。今は、天子の支配が行き届き、天下に外患がなくなった。いたずらに険阻な関を設けているだけで防御に用いることもなく、畿内外を隔絶して流通の便宜を失い、公私ともに往来には常に滞留の苦を生じさせている。今の政務に益なく、人民の憂いは切実である。今までの弊害を改めて、臨機応変に適応したいと思う。そこで、三関を廃止し、関の保有する兵器・兵糧は国府に運んで倉に収め、その他の関司らの館舎は便の良い郡に移築せよ」

ついに三関（伊勢の鈴鹿、美濃の不破、越前の愛発《あらち》）が廃止されてしまったのじゃ。三関は、もともと畿内の反乱者が東国の武力と結びつくのを防ぐのが目的じゃった。第六章18項で述べたように藤原仲麻呂が謀反を起こし越前に脱出しようとしたのを愛発関で防いだのは、その典型じゃろう。このように関の機能を維持するために、軍防令54で、三関には鼓吹、兵器を置き兵士を配して国司が関を固守するよう定められておるのじゃ。しかし、この勅によって軍防令54そのものが役割を終えることになったわけじゃ。

三関を廃止したということは、勅も言うように朝廷の支配が行き届き、変事が生じても十分制圧できるとの判断からじゃろう。桓武天皇の自信の現れといえるかもしれんの。従来、大喪や変事（長屋王の変、仲麻呂の謀叛など）においては三関の防備を強化すること（固関という）が行われてきた。三関の廃止にもかかわらず、桓武天皇の薨去の際にも使いが派遣され固関が行われておる。大喪の儀式として固関が継承されていったのじゃ。固関の本来の意義が失われ、儀式化していったということじゃ。

三関はいずれも交通の要衝にあったため、その廃止は人や物の流通に大きく寄与したわけじゃ。流通を促進させながら、固関の儀式のみを残すというのも洒落た施策と言えよう。

21　敗軍の将を処分（延暦八年（七八九）九月）

九月十九日、天皇は大納言の藤原継縄《つぐただ》らに征討将軍らの蝦夷《えみし》での敗戦状況を取り調べるよう命じられたのじゃ。それを受けて、天皇は次のような詔を出された。

「陸奥国で荒れまわっている蝦夷らを征討し治めるために任命した大将軍・正四位下の紀古佐美朝臣《きのこさみのあそみ》らは、任命された本来の計画に従わず、進み入るべき奥地をも極め尽くさず、戦に敗れ兵糧を費やしただけで帰還してきた。これを法に従って詰問し処罰すべきであるが、以前から奉公してきたことを考えて追求せず許すことにする。また、鎮守副将軍・従五位下の池田朝臣真枚《まひら》と外従五位下の安倍猨嶋《さしま》臣墨縄《すみなわ》らは、愚かで頑なであり、臆病にして稚拙なため、軍を進めるべき時に進めず、退くべき時に退かず、戦機を逸してしまった。今、これを法に従って考えれば、墨縄は斬刑に当たり、真枚は官職を解き位階を剥奪すべきである。しかし、墨縄は久しく辺境の守備を歴任して仕えてきた功労があるので、斬刑を許し官職と位階のみを剥奪する。真枚は、日上の湊で溺れている兵士を救助した功労により、位階の剥奪を許して官職のみを解くことにする。また、少しでも功労のある者は、その軽重にしたがって処遇し、小さな罪のある者はこれを問わず許すこととする」

古佐美は、前年七月に大将軍に任じられ、十二月に出陣の挨拶に天皇に謁見した時、天皇から副将軍以下に軍令を厳しく守らせ、遠征を成功せるように厳命されておったのじゃ。ところが、大将軍自らが天皇のおしかりを受ける有様じゃ。何とも情けない将軍があったものじゃ。三月には蝦夷への侵攻が始まったのじゃが、五月十二日には天皇から官軍の動きが遅すぎる、早く侵攻しないと戦機を逸してしまうとの叱責までとんでおるのじゃ。六月六日の古佐美の報告に対して天皇は、「たくみに体裁の良い言葉のみを連ねて罪や過ちを逃れようとするなど、不忠これに過ぎるものはない」と怒りを露わにしておるのじゃ。ちなみに、この時の蝦夷のリーダは、かの有名な阿弖流為《あてるい》だったのじゃ。

征夷大将軍というと勇ましい話が多いが、このような軟弱な将軍もいたわけじゃ。このような記事を記述しておるのも、『続日本紀』の価値と言えるじゃろう。

22　姓の変更を申請（延暦九年（七九〇）十一月）

十一月十日に、外従五位下の韓国《からくに》連源《みなもと》らが次のように言上し、許されたのじゃ。「源らは物部大連の末裔であります。物部連は、それぞれ居住地や行事によって百八十（多く）の氏に分かれております。このため源らの先祖塩児《しおこ》は祖父が使者として赴いた先の国の名によって、物部連は韓国連を賜りました。つまりは、大連の子孫は、日本の古くからの人民であります。韓国の氏では、かえって朝鮮から新たに渡来した氏族と疑われてしまいます。名乗るたびに常に人の耳を驚かせます。居住地に因んで姓を賜うのは、古今のきまりであります。韓国の二字を改め高原の氏を賜らんことを伏して御願い申し上げます」この申請理由はもっともで、許されてしかるべきじゃろう。

この申請からも分かるように、古代の姓は多くが居住地の地名に基づいて付けられたのじゃ。現在も使われておる姓の多くは、地名に由来していると言えるじゃろう。ところで、申請によって姓を変更することは従来余り見られなかったのじゃ。延暦六年、七年には一件もなく、八年に一件、九年には本件を含めて三件じゃった。ところが、十年になるとなんと十一件になるのじゃ。『続日本紀』の記録は延暦十年までじゃから、その後同様の申請が続いたか否かは分からん。『続日本紀』を引き継いだ『日本後紀』は編者が異なり編纂方針が異なるためか、このような記録はないのじゃ。

それにしても、なぜこのように申請が急増したのかは分からん。申請した者の位階を調べてみると、初めの二件は八位じゃが、残りの十三件は五位と六位の者達なのじゃ。すなわち、中央にコネのある比較的弱小氏族であったと言えるかもしれん。ちなみに延暦九年七月には、津連《むらじ》真道《まみち》らが申請を出し、居住地に因んだ菅野朝臣の姓を賜っておる。さよう、『続日本紀』の最終編者の菅野真道じゃ。

この記事からも分かるように古代においても姓を変えるためには、天皇を説得できるだけの根拠が必要で、簡単なことではなかったのじゃ。

23　班田収受の乱れを訂正（延暦十年（七九一）五月）

五月二十九日の記事は次のように告げておる。

「これまで、諸国の国司らは何時も荒れたままの田や収益の上がらない田を調べて収用し、それを人民の口分田に割り当てていた。口分田とは名ばかりで、人民は田租を納めることも出来ない。また、皇族・貴族・国郡司・富裕な人民らは、下田（収穫量の少ない田）を上田（収穫量の多い田）と交換させたり、不便な田地を便利な田地と交換して、自らの利を図っている。このようなことが各所で行われていた。ここにおいて、関係官庁に通達をくだし、以前の天平十四年（七四二）・天平勝宝七年（七五五）の班田時の田図・田籍（班田収受の結果を図や帳簿に記したもの）に依拠するよう、ことごとく皆改正させた。来年、班田が行われるためである」

何時の世でも権力者が、その力にものを言わせて弱者を虐げ、己の利益を図ろうとする輩がいるものじゃ。延喜式の主税上には、公田を四種に分け上田は五百束、中田は四百束、下田は三百束、下々田は百五十束の稲を得るとしておる。したがって、上田を下田に換えられたのでは収穫は六割に減少することになる。このようなことが罷り通っていたのでは、一般庶民はたまらない。諸国の田図・田籍を管掌していたのは民部省じゃから、ここが班田の乱れを直そうとしたわけじゃ。庶民にとっては有難い通達だったのではないかの。

この時、民部省の実務は、本章17項でも述べたように、和気清麻呂によって統括されていたのじゃ。清麻呂の薨伝は、その人柄は高潔で庶務に練達していたと伝え、自らの私墾田百町を賑給田《しんごう》（貧民に恵みを与えるための財源とする田）としたと伝えておる。いかにも清麻呂が出しそうな通達じゃろう。政治家は、常に庶民の味方であって欲しいものじゃ。

あとがき

西暦二〇一〇年は、平城京遷都千三百年にあたる。それを期に、奈良時代にどのようなことが起きていたかを見直してみるのも意味があるのではないかと考えた。信頼性が高いとされる『続日本紀』の記事の中から、何らかの意味で現代の我々に参考になると思われる二百三十二項目を選び出した。各項目は、なるべく特徴的な内容で選び、同様の内容が複数回記述されている場合はなるべく初出の個所に集約するようにし、項目間の重複は極力避けることとした。このため、各項目は、相互の関連性より、どの時代に起きたことなのかを明確に出来るよう時系列で並べることにした。『続日本紀』は、文武天皇から桓武天皇まで九代の天皇の御代を記述しているので、各天皇毎の章立てとした。

このように現代にも関連する記事を網羅的に抽出することにより、従来の著作では欠落しがちな記事をも拾い出すことが出来た。例えば、第三章7項「着物は右前に」などである。我々が日常的に着ている和服は右前に着るのが常識だが、その習慣は養老時代に作られたことが分かる。さらに、流罪になった高級官僚とトップレディーのスキャンダル（第四章29項）も、その例だろう。さらには、羅列された記事を見ていると、①奈良時代を嚆矢とする出来事、②奈良時代を特徴づける出来事、③現在に置き換えられる、あるいは参考にすべき出来事、④歴史の証人とも言える出来事、などが目につく。それらの代表的な項目を列挙しておく。

①については、「着物は右前に」のほかに、第一章16項の「火葬の始まり」や同じく21項の「元号の常用開始」、第二章3項の「和同開珎の鋳造」、第三章6項の「一般人が神に」などが挙げられる。②については、第二章6項の「平城京に遷都」、11項の「蓄銭叙位令」、16項の「風土記編纂命令」、第三章10項の『日本書紀』誕生」、第四章14項の「「天平」と改元」、36項の「大仏造営を発願」などのほかに、藤原広嗣の乱（第四章31項）など多くの大事件がある。③については、第一章11項の「少子化対策の好例」によれば、三つ子以上の誕生に対しては朝廷から褒賞が行われ、乳母まで与えられている。少子化対策が今後の日本にとって最重要課題の一つなのだから、大いに参考にすべきだろう。また、老老介護が大きな問題となるなか、高齢者に十分な介護を付ける奈良時代の施策も大いに参考にしてほしいものだ（第九章16項）。この他、第一章18項の「人材の有効活用」、第二章23項の「国家を食いつぶす害虫」、第五章5項の「席次変更を要求」、第九章5項の

「官制改革の実施」などを初めとして、現在日本の内政・外交の両面にわたたって参考とすべき項目は多い。④については、第二章25項の「東海地震発生」、第八章10項の「活断層動く」、第九章3項の「富士山の噴火」、などまさに『続日本紀』は歴史の証人になっていると言えよう。

読者各位の関心は一様ではない。二百三十二の羅列された項目ではあるが、各読者がそれぞれの興味で一項目でも関心を持って頂けるのなら、著者の目的は十分達せられたと考える。項目を羅列するという、このような体裁に本を纏めたねらいもそこにあるからだ。さらにまた、たとえ一項目でも、そこから奈良時代への関心が深まるなら、これに勝る喜びはない。

本書の出版に際して、貴重なご教示を頂いた作家・石原藤夫先生に深謝する。また、お世話になった栄光出版社石沢三郎社長に謝意を表する。本書を纏めるまでに多くの専門書を参考にさせて頂いた。謝意を込めて、以下に主要な文献を列記する。

文献

（1）「続日本紀」青木和夫ほか校注、新日本古典文学大系12〜16（岩波書店）
（2）「続日本紀　全現代語訳　上、中、下」宇治谷　孟（講談社）
（3）「完訳注釈　続日本紀　1〜7分冊」林　陸朗校注訓訳（現代思潮社）
（4）「続日本紀」黒板勝美編、新訂増補国史大系　普及版（吉川弘文館）
（5）「続日本紀索引」（吉川弘文館）
（6）「続日本紀索引年表」新日本古典文学大系別巻（岩波書店）
（7）「続日本紀の世界」中村修也編著（思文閣出版）
（8）「日本後紀」黒板勝美編、新訂増補国史大系　普及版（吉川弘文館）
（9）「日本後紀　全現代語訳　上、中、下」森田　悌（講談社）
（10）「日本霊異記」中田祝夫校注・訳、新編日本古典文学全集10（小学館）
（11）「日本書紀」坂本太郎ほか校注、日本古典文学大系67、68（岩波書店）
（12）「日本書紀索引」（吉川弘文館）
（13）「日本の歴史三」青木和夫（中公文庫）
（14）「延喜式」黒板勝美編、新訂増補国史大系＜普及版＞（吉川弘文館）
（15）「日本暦日原典」内田正男編著（雄山閣）
（16）「律令」井上光貞ほか、日本思想大系新装版（岩波書店）

『続日本紀』主要年表

西暦	和　暦	天 皇	記　　事
697		文 武	8月、軽皇子即位
			10月、新羅からの朝貢使来朝
701	大宝　元		1月、遣唐執節使任命（粟田真人、山上憶良ら）
			8月、大宝律令完成
702	2		3月、度量を諸国にわかつ
			12月、持統太上天皇崩御
703	3		7月、庚午年籍を戸籍の原本とする
704	慶雲　元		7月、粟田真人ら帰国
707	4	元 明	6月、文武天皇崩御、　7月，母の阿閉皇女即位
708	和銅　元		1月、武蔵国秩父郡より銅献上。　改元
			5月、和同開珎（銀銭）発行、8月銅銭発行
710	3		3月、平城京に遷都
711	4		10月、蓄銭叙位令制定
712	5		1月、太安万侶「古事記」撰上
713	6		5月、風土記の編纂を命ず
715	霊亀　元	元 正	9月、天皇譲位し、氷高内親王が即位
716	2		8月、遣唐使任命（吉備真備、玄昉、阿倍仲麻呂ら）
			4月、行基らの活動を制限。　11月に養老と改元
718	養老　2		この年、養老律令撰修開始（藤原不比等ら）
720	4		5月、舎人親王ら「日本書紀」を完成・献上
			8月、藤原不比等没
723	7		4月、三世一身法を制定
724	神亀　元	聖 武	2月、元正天皇譲位、首皇子即位。　改元
729	6		2月、長屋王の変
729	天平　元		8月、光明子を皇后にし、天平と改元
730	2		4月、皇后宮職に施薬院を置く
735	7		3月、吉備真備、玄昉ら帰朝
			この年、北九州より天然痘流行、翌々年に畿内に及ぶ

737	9	聖 武	この夏から秋にかけて藤原四兄弟ら高官が没す
			8月、玄昉が僧正になる
738	10		1月、阿部内親王が立太子
740	12		9月、藤原広嗣謀反
			10月、聖武天皇の行幸始まる。 12月に恭仁京へ遷都
741	13		2月、国分僧寺・尼寺建立の詔
742	14		1月、太宰府を廃止 (745年まで)
743	15		5月、墾田永世私有を認める
			10月、大仏造営の詔を発す
744	16		2月、難波宮に遷都
745	17		1月、行基を大僧正に任ず
			5月、都を平城京に復帰
			11月、玄昉筑紫に左遷。翌年6月死去
749	天平勝宝元		2月、行基没す。陸奥国から初めて黄金献上
			4月、聖武天皇東大寺で三宝の奴と自称。 改元
		孝 謙	7月、聖武天皇譲位、阿部内親王即位。 改元
			8月、藤原仲麻呂、紫微中台の長官に
750	2		9月、遣唐使任命(藤原清河、大伴古麻呂ら)
752	4		4月、東大寺大仏開眼会
754	6		1月、鑑真らをともない遣唐使帰朝
			4月、鑑真、東大寺に戒壇院、太上天皇らに授戒
756	8		5月、聖武太上天皇崩御。道祖王立太子
			6月、遺品を東大寺に施入(正倉院御物)
757	天平宝字元		3月、道祖王廃太子。 4月、大炊王立太子
			7月、橘奈良麻呂の変。 八月改元
758	2	淳 仁	8月、孝謙天皇譲位し、大炊王即位
759	3		1月、大伴家持万葉集最後の歌を詠む(因幡国庁にて)
760	4		6月、光明皇太后没
762	6		6月、孝謙上皇が国政掌握を宣言
763	7		9月、道鏡小僧都となる

764	8	淳仁	9月、藤原仲麻呂の乱
		称徳	10月、淳仁天皇を淡路に移し、孝謙女帝が重祚
765	天平神護元		閏10月、道鏡を太政大臣禅師とする。　1月に改元
766	2		10月、道鏡を法王とする。　員外国司の赴任禁止
769	神護景雲3		9月、道鏡事件。このため和気清麻呂大隅国に配流
770	宝亀　元		8月、称徳天皇崩御、白壁王立太子。道鏡下野に左遷
			9月、和気清麻呂ら召還
		光仁	10月、白壁王即位、　改元
772	3		3月、井上皇后呪詛事件。3月廃后、5月廃太子
773	4		1月、山部親王立太子
774	5		3月、員外国司の削減指示
775	6		10月、吉備真備没す
781	天応　元	桓武	4月、光仁天皇譲位、桓武天皇即位。早良親王立太子
784	延暦　3		11月、長岡京に遷都
785	4		8月、歌人・大伴家持没す
			9月、藤原種継暗殺事件。早良親王廃太子
797	16		2月、菅野真道ら「続日本紀」を完成・撰進

皇室系図

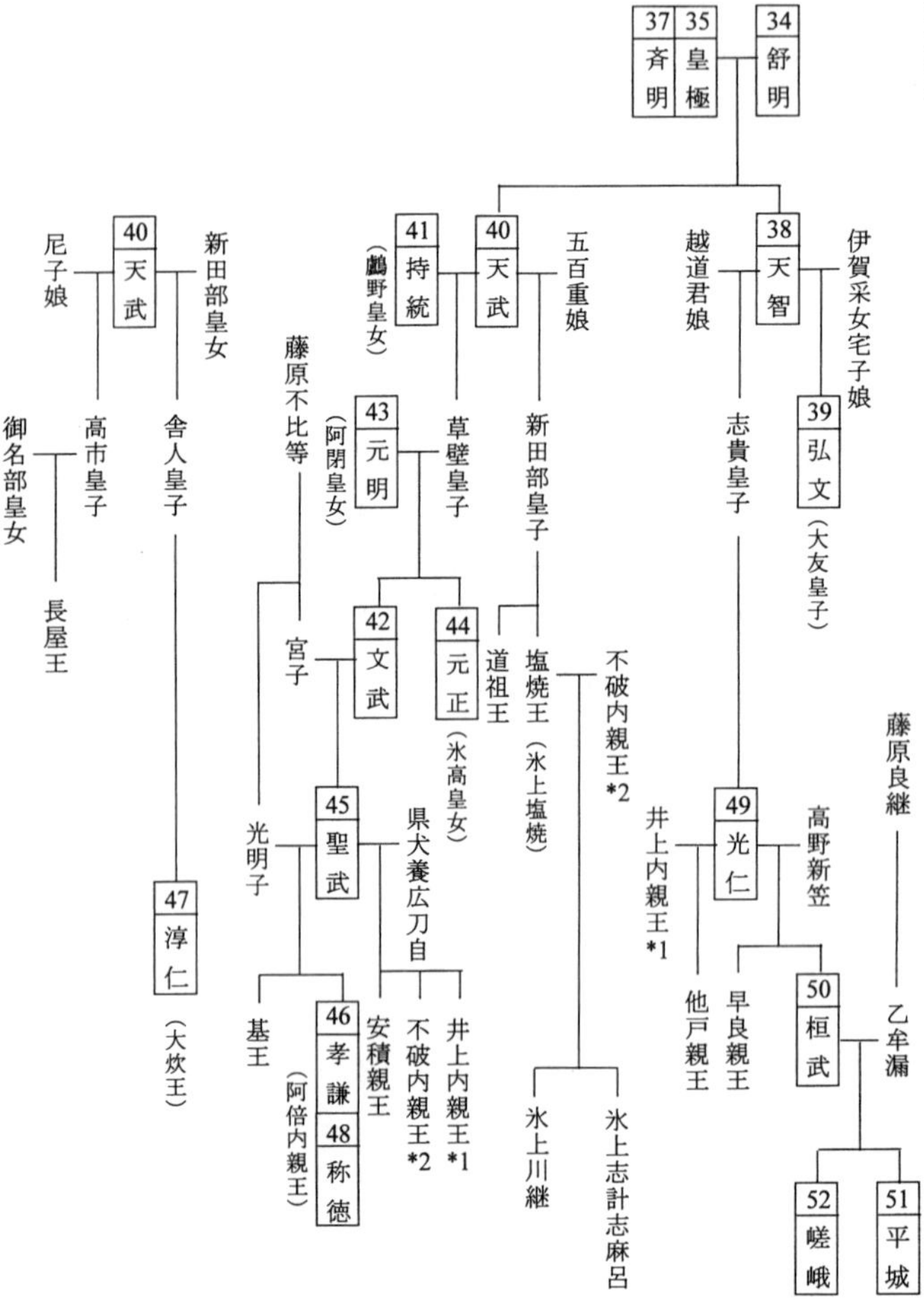
34 舒明
35 皇極
37 斉明
38 天智
伊賀采女宅子娘
越道君娘
39 弘文
（大友皇子）
志貴皇子
40 天武
五百重娘
41 持統
（鸕野皇女）
新田部皇子
草壁皇子
43 元明
（阿閉皇女）
藤原不比等
42 文武
44 元正
（氷高皇女）
宮子
道祖王
塩焼王
（氷上塩焼）
不破内親王
*2
45 聖武
光明子
県犬養広刀自
46 孝謙
48 称徳
（阿倍内親王）
基王
安積親王
不破内親王
*2
井上内親王
*1
氷上川継
氷上志計志麻呂
49 光仁
井上内親王
*1
高野新笠
他戸親王
早良親王
50 桓武
藤原良継
乙牟漏
51 平城
52 嵯峨
40 天武
新田部皇女
尼子娘
舎人皇子
高市皇子
御名部皇女
長屋王
47 淳仁
（大炊王）

著者略歴

石田　則明（いしだ　のりあき）

1966年　早稲田大学大学院　理工学研究科　修士課程終了
1966年　日本電信電話公社（当時）
1991年　（株）日立製作所
1999年　早稲田大学大学院　国際情報通信研究科　教授
2003年　無線システム研究所　代表
　　　　工学博士
（関連著書）
「日本は礼の国だった－『続日本紀』は語る－」（栄光出版社）
「奈良朝の謎を追う」（栄光出版社）
「『道鏡事件』の真相」（栄光出版社）

奈良時代にこんな事が

平成22年3月20日　　初版発行

著　者　　石《いし》　田《だ》　則《のり》　明《あき》
発行者　　石　澤　三　郎
発行所　株式会社 栄光出版社

郵便番号　140-0002
東京都品川区東品川 1-37-5
電話（03）3471-1235　FAX（03）3471-1237
印刷　モリモト印刷株式会社

ISBN978-4-7541-0118-3

日本は礼の国だった

―『続日本紀』は語る―

石田則明著

本体1800円＋税
〈A5判・ハードカバー・380頁〉

少年・少女の異常な犯罪、少子化問題、環境保護、朝鮮半島との外交等々、現代の日本が抱える諸問題を解くカギが、奈良時代にあった！

奈良朝の謎を追う

石田則明著

本体1600円＋税
〈四六判・ハードカバー・306頁〉

人麿呂はサルか、謀反人が大忠臣？称徳天皇激怒の理由、皇后が天皇呪詛？怨霊が語る事実とはなどなどの奈良朝の謎に光を当て、歴史の真相に迫る。